W0088270

■ Moskau

Kuibyschew ●

ьbalten

SOWJETUNION

Minsk

Saratow ●

● Woronesch

Wolga-Deutsche

Stalingrad ●

● Kiew

● Charkow

Donezk
●

Saporoschje
●

**Schwarzmeer-
Deutsche**

Melitopol
●

wina-
sche

NIEN

Odessa
●

●arabien-
●eutsche

Sewastopol
●

**Dobrudscha-
Deutsche**

■ Deutsches Reich
■ Geschlossene
   deutschsprachige
   Siedlungsgebiete
□ Gebiete mit deutsch-
   sprachigen Streu-
   siedlungen

weitere Siedlungsgebiete
in den Sowjetrepubliken
Kasachstan, Kirgisien,
Tadschikistan, Usbekistan
und im Kaukasus

DIE FLUCHT

DIE FLUCHT

Über die Vertreibung der Deutschen
aus dem Osten

Weltbild

STEFAN AUST
STEPHAN BURGDORFF (HG.)

DIE FLUCHT

Über die Vertreibung der Deutschen aus dem Osten

Die Autoren:
Rudolf Augstein, Thomas Darnstädt, Ullrich Fichtner, Christian Habbe, Volker Hage,
Hans Henning Hahn, Hans Halter, Clemens Höges, Robert Jungk, Uwe Klußmann,
Claus Christian Malzahn, Walter Mayr, Cordula Meyer, Fritjof Meyer, Hans-Joachim
Noack, Karl Schlögel, Bruno Schrep, Hans-Ulrich Stoldt, Michael Schwartz, Heinrich
Schwendemann, Rainer Traub, Hans-Ulrich Wehler, Erich Wiedemann, Klaus Wiegrefe

Weltbild

Genehmigte Lizenzausgabe für Verlagsgruppe Weltbild GmbH,
Steinerne Furt, 86167 Augsburg
Copyright der Originalausgabe © 2002 Deutsche Verlags-Anstalt,
Stuttgart/München und SPIEGEL-Buchverlag, Hamburg
© Die Weltwoche, Zürich, für den Beitrag von Robert Jungk
Umschlaggestaltung: coverdesign uhlig, Augsburg
Umschlagmotiv: © SHAYKHET Arkadiy | FotoSoyuz
Gesamtherstellung: CPI – Clausen & Bosse, Leck
Printed in the EU
978-3-8289-4520-3

2013   2012   2011
Die letzte Jahreszahl gibt die aktuelle Lizenzausgabe an.

Einkaufen im Internet:
www.weltbild.de

Inhalt

Vorwort

Das überraschend starke Echo auf die vierteilige SPIEGEL-Serie über Flucht und Vertreibung der Deutschen aus dem Osten ermutigte die Redaktion, das bislang in der Öffentlichkeit und in den Medien eher vernachlässigte Thema erneut aufzugreifen und in einem erweiterten Kontext zu behandeln. Die bereits erschienenen Berichte wurden ergänzt durch Beiträge über das Leiden nicht nur der Deutschen, sondern auch der Polen, über die Rache der Sieger auf dem Balkan, die lange Geschichte deutsch-tschechischer Konflikte und das langsame Sterben der deutschen Kultur im Karpatenbogen.

Mehrere Historiker lieferten Beiträge über ihre von der Zunft wenig erschlossenen Fachgebiete. Die unrühmliche Rolle von Wehrmachtsoberen bei der Flüchtlingstragödie schildert der Freiburger Dozent Heinrich Schwendemann. Aufzeichnungen von Generälen, die bis zuletzt Truppenbewegungen oder den Endsieg planten, statt Zivilisten zu retten, schlummerten jahrzehntelang in den Archiven. Karl Schlögel, Geschichtsprofessor in Frankfurt (Oder), verfolgt Spuren, die das Jahrhundert der Vertreibungen im östlichen Mitteleuropa hinterließ. Schlögel, der die viel geplagte Region in mehreren Büchern beschrieb, vervollständigt so das grausame Szenario der Zwangsmigration.

Zu danken ist allen, die an diesem Buch mitgearbeitet haben: Den Autoren, die das historische Geschehen detailliert und anschaulich nachzeichnen. Den SPIEGEL-Dokumentaren, die sämtliche Fakten überprüft haben, den Gestaltern der Infografiken, den Layoutern und Beschaffern des exklusiven Bildmaterials, den Schlussredakteuren und Sekretärinnen. Vor allem aber: Meinem Kollegen Christian Habbe, ohne dessen Rat und tatkräftige Unterstützung das Buch so nicht entstanden wäre.

Stephan Burgdorff

Einleitung

Von Hans-Ulrich Wehler

Zur Epoche der totalen Kriege im 20. Jahrhundert gehören auch Vertreibungsaktionen von einem beispiellosen Ausmaß. Am Anfang steht der mitten im Ersten Weltkrieg vom Osmanischen Reich veranstaltete Genozid an den Armeniern: Rund 1,5 Millionen Menschen fielen ihm zum Opfer. Dieser bis heute offiziell geleugnete Gewaltakt entsprang keiner anachronistischen Xenophobie oder dem Christenhass fanatisierter Muslims, vielmehr dem Eifer der jungtürkischen Reformbewegung, die das europäische Ideal des ethnisch homogenen Nationalstaats verwirklichen wollte.

Nach Kriegsende wurden, demselben Impuls folgend, 1,5 Millionen Griechen aus Kleinasien vertrieben, im Gegenzug 600 000 Türken aus dem europäischen Gebiet auf der anderen Seite des Bosporus. Nachdem die schlimmsten Exzesse passiert waren, regelte 1923 der Friede von Lausanne einen „geordneten Bevölkerungsaustausch". Damit endeten 3000 Jahre griechischer Geschichte in Kleinasien, wo Griechen seit der Zeit von Homers „Ilias" gelebt hatten.

In den Religionskriegen des 16. und 17. Jahrhunderts waren zwar auch Abertausende vertrieben worden oder ins Exil gegangen, so zogen etwa hunderttausende von calvinistischen Hugenotten aus Frankreich nach Holland oder Preußen. Aber die Zeitgenossen des frühen 20. Jahrhunderts empfanden die von Massakern begleitete Vertreibung der Armenier, Türken und Griechen zu Recht als einen unerhörten, neuartigen Vorgang.

Er stand auch Hitler und der NS-Führung klar vor Augen. Als der „Führer" im August 1939 der Generalität den Charakter des künftigen Ostkrieges beschrieb, zu dem auch Bevölkerungsverschiebungen gehören würden, suchte er Einwänden mit der zynischen rhetorischen Frage zu begegnen: „Wer redet heute noch von der Vernichtung der Armenier?"

Unmittelbar danach hat die nationalsozialistische Bevölkerungspolitik der „ethnischen Flurbereinigung", wie sie im SS-Jargon hieß, einen neuen Höhepunkt der Massenvertreibung erreicht. Ihr folgte seit 1944 der Gegenschlag, der im größten Exodus der neueren Geschichte zur Vertreibung und Flucht von rund 14 Millionen Deutschen und „Volksdeutschen" führte.

Jahrzehntelang blieb die Diskussion über dieses euphemistisch „Transfer" genannte Verbrechen eine Sache der Landsmannschaften und Vertriebenenverbände. Dagegen wurde die allgemeine Öffentlichkeit in Westdeutschland – in der Sowjetischen Besatzungszone und dann in der DDR blieb das Thema ohnehin tabu – durch dieses Problem nur relativ selten bewegt. Diese Zurückhaltung besaß geraume Zeit ihre Berechtigung. Denn die Deutschen mussten sich erst den eigenen Verbrechen stellen, mithin die Gefahr vermeiden, deutsches Leid sogleich gegen deutsche Untaten aufzurechnen – etwa gegen das Menschheitsverbrechen des Holocaust. Bei diesem Massenmord an zwei Dritteln der europäischen Judenheit ging es um eine geradezu industrielle Liquidierung ohne Ansehen von Person, Alter und Geschlecht, während die deutschen Vertriebenen trotz aller Schrecken ungleich verteilte Überlebenschancen besaßen.

Jahrzehntelang lief die Mehrheitsmeinung darauf hinaus, den Vertriebenen die Privatisierung ihres Leids zuzumuten. Nach ersten Untersuchungen in den 1950er/60er Jahren kam auch im Grunde keine seriöse Vertreibungsforschung in Gang. Erst in den letzten zehn, fünfzehn Jahren ist Bewegung in diese Problematik geraten. Mit der Fusion der beiden Neustaaten von 1949 entstand erstmals ein deutscher Staat, der ohne Grenz- und Minderheitenprobleme existiert. Diese neuartige Konstellation erleichtert die nüchterne Analyse, die nach Möglichkeit eine vergleichende Perspektive besitzen sollte. So gehört etwa die Vertreibung der Deutschen aus Schlesien in ein und den selben Zusammenhang mit der Vertreibung der Polen aus dem im Hitler-Stalin-Pakt der Sowjetunion zugesprochenen Ostpolen. Überdies haben die Balkankriege der 1990er Jahre die Gräuel der „ethnischen Säuberung" erneut heraufbeschworen. Sie erinnern an die Erfahrungen der Vertriebenen ein halbes Jahrhundert zuvor, und sie demonstrieren auch den damals nicht betroffenen jüngeren Deutschen die barbarischen Schrecken dieser Gewaltpolitik.

Die jetzt in der Bundesrepublik einsetzende Diskussion könnte eine befreiende Wirkung insofern haben, als die verdrängte, abgesunkene Leidensgeschichte von Millionen Menschen zutage gefördert wird und endlich im hellen Licht der Öffentlichkeit ernsthaft diskutiert werden kann. Offensichtlich gibt es dabei aber eine Gefahr: Wenn diese Diskussion nicht behutsam, auch ohne Selbstgerechtigkeit, geführt wird, könnte sie eine Hemmschwelle aufbauen, die sich gegen den EU-Beitritt der osteuropäischen Staaten auswirkt. Doch ihre Aufnahme ist nach den Schrecken des Zweiten Weltkriegs und der Sowjetisierung schon deshalb geboten, um die politische und sozialökonomische Verfassung dieser genuin europäischen Länder endlich zu stabilisieren.

Allerdings handelt es sich dabei nicht allein um eine latente Gefahr der deutschen Debatte. Vielmehr zeigt etwa die Starrsinnigkeit der Prager Verteidigung eines Teils der Beneš-Dekrete, was die tschechische Öffentlichkeit, etwa im Vergleich mit der polnischen, über die eigenen Verbrechen noch zu lernen hat, ehe die EU-Mitgliedschaft mehrheitlich wirklich akzeptiert werden kann.

Wie konnte es zu den Massenvertreibungen in Osteuropa und Ostdeutschland kommen: erst der Polen durch die deutsche Besatzungsherrschaft, dann der Deutschen und „Volksdeutschen" in Polen und der Tschechoslowakei, in Ungarn, Rumänien und Jugoslawien? Die Vorläuferphänomene, die Vertreibung der Armenier, Türken und Griechen, galten bis 1939 als Schreckenstaten in Kleinasien und auf dem Balkan, abseits der Kernzone europäischer Zivilisation. Wozu man aber eben dort fähig war, trat seit 1939 zutage. Den Anfang machte die NS-Politik, mitten in Europa, mit einer riesigen „Umsiedlung" von Polen, um für „Volksdeutsche" aus Osteuropa Platz zu schaffen: für die Baltendeutschen und die deutschsprachigen „Volksgruppen" aus Wolhynien, Galizien und den Karpaten, später aus der Bukowina, aus Siebenbürgen und Bessarabien, aus der Dobrudscha und der Gottschee.

Hitler hatte im Herbst 1939 die Neuordnung der nationalen Landkarte Europas angekündigt. Dem „Reichsführer SS" Heinrich Himmler wurde als neu ernanntem „Reichskommissar für die Festigung Deutschen Volkstums" die umfassende Germanisierung des Ostens übertragen. Dort sollte ein riesiges Vorfeld des „Großgermanischen Reiches" entstehen, besiedelt mit „volksdeutschen" und reichsdeutschen Wehrbauern. Nach dem Überfall auf die Sowjetunion sollte sich dieses Gebiet bis zum Ural erstrecken, da der „Generalplan

Ost", später umfassender noch der „Generalsiedlungsplan", eine derartige Expansion mit einer kühl einkalkulierten Verlustquote von rund 32 Millionen Russen vorsah.

Zunächst wurden in kurzer Zeit 500 000 Polen aus Westpreußen und Posen in das südliche Restpolen, das „Generalgouvernement", abtransportiert, während zwei Millionen polnische Zwangsarbeiter ins Reich verschleppt wurden. In die entleerten polnischen Dörfer wurden „volksdeutsche" Umsiedler eingewiesen, die nach drei, vier Jahren vor der Roten Armee flüchteten. Der Hexenkessel dieser deutschen Germanisierungspolitik mit ihren brutalen Bevölkerungsverschiebungen von gewaltigem Ausmaß erzeugte einen selbstgeschaffenen Druck, der auch den Übergang zur „Endlösung" der „Judenfrage" beförderte, da das Chaos ausgenutzt wurde, um „judenfreie" Gebiete zu schaffen. Die Umsiedlung von „Volksdeutschen" erfasste die Zone vom Baltikum bis zur Krain, aber für die Germanisierung der weiten Räume des Osten fehlten dann nach Himmlers Berechnungen immer noch fünf bis sechs Millionen reichsdeutsche Siedlungswillige. Doch die Bauernsöhne im „Altreich" dachten nicht daran, als Wehrbauern in die Ungewissheit des östlichen Vorfelds zu ziehen.

Angeregt durch das türkisch-griechische Vorbild geisterten Umsiedlungspläne auch in radikalnationalistischen Kreisen der osteuropäischen Nachfolgestaaten des zarischen und des österreichisch-ungarischen Vielvölkerreichs herum, ohne zu konkreten politischen Plänen zu führen. Solche Überlegungen tauchten dann aber unter den Exilpolitikern dieser Länder seit 1939/40 wieder auf. Zum einen ging es ihnen um eine radikale Lösung all jener belastenden Probleme, die bisher mit großen deutschen Minderheiten verbunden gewesen waren; zum anderen um die Beseitigung von Konfliktherden nach dem Sieg der Alliierten über die Achsenmächte.

Hinzu kam seit 1941 aber auch noch die rabiate Umsiedlungspolitik Stalins. Der ließ, als die deutschen Truppen schnell vorrückten, ganze Völkerschaften, wie etwa die Tschetschenen, und die große Minderheit der Wolgadeutschen wegen des Kollaborationsrisikos in die kasachische Steppe abtransportieren, ohne jede Rücksicht auf die horrenden Verluste an Leben. Eine künftige Siegermacht demonstrierte damit ganz konkret die Möglichkeiten menschenfeindlicher Politik.

Nach dem Kriegsende erwies sich: Der gewaltsame „Transfer" als Folge deutscher und russischer Politik hatte den Erfahrungs- und Denkhorizont der Zeitgenossen unheilvoll ausgeweitet. Die Planung eines neuen „Transfers" der deutschsprachigen Minderheiten aus Osteuropa und der deutschen Bevölkerung aus Ostdeutschland galt seither als ein legitimes Mittel zur Beseitigung künftiger Konflikte (wie das auch Churchill glaubte), zugleich als verständlicher Racheakt, um den Todfeind aus dem eigenen Land oder aus dem soeben annektierten ehemaligen deutschen Staatsgebiet möglichst lückenlos zu vertreiben. Als Folge des anlaufenden „Transfers" wurden die Deutschen, sofern sie nicht rechtzeitig geflüchtet waren, mit gnadenloser Härte vertrieben. Die riesige Verlustziffer liegt weit über einer Million, nähert sich aber vielleicht, wenn man die späteren Todesfälle als Folge wochenlang anhaltender Transporte oder Trecks mit einbezieht, sogar der Zwei-Millionen-Grenze.

Wurde dadurch tatsächlich, wenn man das unermessliche Leid einmal verdrängt, der innere Frieden in Europa gesichert, wie das die politisch verantwortlichen Akteure anfangs beansprucht haben? Hunderttausende von deutschsprachigen Bewohnern Ungarns und Rumäniens, wo keine derart fanatische Vertreibung wie in Polen oder in der Tschechoslowakei stattfand, warfen mit ihrer Anwesenheit für diese Staaten kein gravierendes Problem auf. Die inhumane Vertreibung aus Polen, der Tschechoslowakei und aus Jugoslawien löste auch nicht die inneren Nachkriegsprobleme dieser Länder, reduzierte aber die Konfliktmöglichkeiten der Nationalitätenpolitik.

Ein bitter erkaufter Gewinn: Die Bundesrepublik hat heute keine Irredentaprobleme, keine „unerlösten" Minderheiten jenseits ihrer Ostgrenzen, auch wenn eine Landsmannschaft wider alle Vernunft die kleine deutsche Minderheit in Polen künstlich zu vergrößern sucht. Solch eine Entspannung entkräftet indes nicht die Gefahr, dass aus der Konfliktminderung auf dem Feld der Nationalitätenspannungen eine quasi-moralische Rechtfertigung grässlicher Verbrechen hergeleitet wird.

Gegen die unterkühlte, mit dem Argument des inneren Friedens operierende Legitimierung der Vertreibung der Deutschen und „Volksdeutschen" lässt sich einwenden: Im Kalten Krieg sorgte das Gleichgewicht des atomaren Schreckens für einen prekären Frieden, nicht aber die „ethnische Säuberung" mit ihrer Nomadisierung von Millionen Menschen. Die verblüffend schnelle Integration der Vertriebenen und Flüchtlinge in die Wachstumsgesellschaft des westdeutschen Wirtschaftswunders verhinderte einen militanten Revanchismus, mithin die Erzeugung gefährlicher Spannungen nicht nur in Deutschland, das die Alliierten doch hatten ruhig stellen wollen.

Was bleibt? Die osteuropäischen Siedlungsgebiete und die ostdeutschen Provinzen sind ein für allemal verloren. Es überlebt ein wenig Folklore, die Erinnerung an historische Leistungen, für Ältere die nostalgische Beschwörung der Heimat. Millionen zahlten mit dem Verlust ihrer Heimat und den erlebten Schrecken der Vertreibung einen hohen Preis für den zweiten verlorenen totalen Krieg, für den Gegenschlag gegen die nationalsozialistische Bevölkerungspolitik. Doch die Lebensverhältnisse in der Bundesrepublik haben es ermöglicht – und ermöglichen es weiterhin – diese Bürde zu ertragen.

Sollte es in naher Zukunft tatsächlich zu einem „Zentrum der Erinnerung" an die Vertreibung kommen, müssen zwei Vorbedingungen erfüllt sein. Zum einen müsste eine solche Begegnungsstätte der Erinnerung einer gemeineuropäischen Katastrophe gewidmet sein, mithin nicht auf eine isolierte Behandlung der Vertreibung der Deutschen beschränkt werden. Zum anderen läge ein solches Zentrum ungleich besser in Breslau als in Berlin. Denn in Schlesien fördert es die Verständigung mit Polen, das ebenfalls den Millionen seiner Vertriebenen eine neue Heimat schaffen musste. Vor allem aber implizierte die symbolpolitische Konkurrenz eines Berliner Zentrums mit dem Holocaust-Denkmal die Gefahr, dass in nächster Nähe des Totenmals doch noch eine Aufrechnung unvergleichbaren Leidens unternommen würde.

Die Deutschen als Opfer

*Mehr als ein halbes Jahrhundert nach Ende des Zweiten
Weltkriegs bricht in der von Normalität beseelten Berliner
Republik ein Thema auf, das längst vergessen schien:
Die unbelastete nachgewachsene Generation interessiert
sich für Flucht und Vertreibung.*

Von Hans-Joachim Noack

Ende Februar 2002 geraten die seit Wochen angespannten Beziehungen zwischen Berlin und Prag derart in Schräglage, dass sich der Kanzler zum Handeln gezwungen sieht. „Stinksauer", wie es in seiner Umgebung heißt, storniert er da kurzerhand eine bereits fest gebuchte Besuchsreise in die tschechische Hauptstadt.

Der Auslöser für die abrupte Kehrtwende sind mal wieder die so genannten Beneš-Dekrete – jene Erlasse des ersten Präsidenten der von der Nazi-Herrschaft befreiten ČSR, auf deren Grundlage nach dem Zweiten Weltkrieg Millionen Sudetendeutscher und Ungarn ihre Heimat verloren.

In den fruchtlosen Streit darüber, wieweit diese Papiere noch Gültigkeit haben (und womöglich gar den EU-Beitritt Tschechiens erschweren), will sich Gerhard Schröder nicht einmischen. Der Sozialdemokrat distanziert sich vom Prager Parteifreund und Regierungschef Milos Zeman, der die Vertriebenen aus vormals Böhmen und Mähren rüde als „fünfte Kolonne Hitlers" an den Pranger gestellt hatte.

Während sich Außenminister Joschka Fischer vor Ort um Verständnis bemüht, zeigt der Kanzler dem Kollegen die kalte Schulter – eine mit Bedacht kalkulierte Demonstration neuer deutscher Unbefangenheit, die nun kaum noch jemanden in Wallung bringt.

Denn die Zeiten haben sich geändert. Mehr als ein halbes Jahrhundert nach dem Ende des „Tausendjährigen Reiches" und seiner blutrünstigen Protagonisten greifen die nachgewachsenen und unbelasteten Bundesbürger ihrerseits ein Thema auf, das längst vergessen schien: In der von Normalität beseelten Berliner Republik werden unvermittelt die Gründe für Flucht und Vertreibung debattiert.

Wie sehr die Enkelgeneration dieses Drama umtreibt, belegt vor allem die binnen weniger Wochen in über 300 000 Exemplaren verkaufte Günter-Grass-Novelle „Im Krebsgang" – eine aus fiktiven und realen Versatzstücken gefügte Schicksalsstory, die den Untergang der „Wilhelm Gustloff" nachzeichnet. Die russische Marine hatte den von den Nazis gebauten Touristendampfer in den letzten Kriegsmonaten mit nahezu 10 000 Flüchtlingen und Soldaten an Bord in der Ostsee versenkt.

Und der in Danzig geborene, ehedem eher als Ankläger deutscher Verbrechen geltende „Praeceptor Germaniae" („Süddeutsche Zeitung") textet nicht nur, er schlägt auch wirksam die Trommel: Welche Qualen die eigenen Landsleute unter dem von Hitler entfachten Weltenbrand erlitten, sei zu lange in Schweigen gehüllt worden. Er selbst habe sich ein „bodenloses Versäumnis" anzulasten.

Die Deutschen als Opfer – ein im Jahre zwölf der wieder vereinigten Bundesrepublik aufbrechendes dunkles Kapitel, das aber nicht allein Günter Grass entdeckt hat. Der Leidensweg von über 14 Millionen Ostpreußen, Pommern oder Schlesiern, die zwischen 1944 und 1947 aus ihrer Heimat fortgejagt wurden (und von denen Hunderttausende, vielleicht gar zwei Millionen dabei umkamen), wird schon vorher aus einem zunehmend neuen Blickwinkel betrachtet.

Über Flucht und Vertreibung schreiben der bei Bremen lebende Kollege Walter Kempowski, 72, („Echolot") und die 33 Jahre alte Autorin Tanja Dückers („Himmelskörper"). Der Klassiker der im März 2002 mit einem Staatsakt in Hamburg zu Grabe getragenen Publizistin Marion Gräfin Dönhoff, 92, – „Namen, die keiner mehr nennt" – ist inzwischen in die 32. Auflage gegangen.

In Berlin, Düsseldorf oder Potsdam veröffentlichen Historiker gelehrte Abhandlungen – etwa der junge Philipp Ther über das tragisch ineinander verschlungene Schicksal der deutschen und polnischen Vertriebenen oder Manfred Zeidler, der sich der grässlichen Racheakte der Roten (Besatzungs-)Armee annimmt.

Was geschah da, als sich der von Hitler und seinen willigen Vollstreckern geführte Vernichtungskrieg dem bitteren Ende näherte? Wie es kam, dass in einem harten, schneereichen Winter 1944/45 bereits Zigtausende auf dem großen Treck Richtung Westen erfroren oder erschossen wurden, möchten nun vor allem die jüngeren Jahrgänge wissen.

„Die fragen jetzt häufig ihre Großväter", berichtet der aus Nordböhmen stammende Osteuropa-Experte Hans Lemberg. In dieser Altersklasse zeige sich „eine bemerkenswerte Veränderung der Optik – going to the roots".

Über alle Erwartungen hohe Einschaltquoten von TV-Dokumentationen bestätigen das ebenso wie etwa die Serie des populären Fernseh-Historikers Guido Knopp im Massenblatt „Bild". In einem SPIEGEL-Gespräch erklärte der Geschichtswissenschaftler Hans-Ulrich Wehler einen Teil der Gründe: Die Deutschen hätten nun augenscheinlich „ein zeitliches und emotionales Sicherheitspolster", das ihnen die Möglichkeit gebe, den Schrecken an sich heranzulassen – eine insgesamt heilsame Art der Befassung.

So ähnlich scheint darüber auch eine stattliche Anzahl vorwiegend nachgeborener Bundesbürger zu denken. Die Geschichten aus der alten kalten Heimat, die lange Zeit eher Verdruss erzeugten oder mit unverhohlenem Argwohn verfolgt wurden, haben plötzlich Hochkonjunktur.

Passé jedenfalls die Wortführerschaft derer, die sich nahezu ausschließlich auf die Schandtaten der Nazis und ihrer Mitläufer fixierten. Wer wie die Erfinder des Holocaust und anderer Scheußlichkeiten den Völkern unsägliche Gräuel zugemutet habe, möge in eigener Sache den Mund halten, hatten zumindest die gegen ihre Väter als Täter antretenden 68er verlangt.

Die Enkelgeneration jedoch wertet in einem Land, das in atemraubender Geschwindigkeit vorher ungeahnte Normalisierungsprozesse durchläuft, die zurückliegenden Ereignisse erkennbar nüchterner. Eine Verhaltensweise, die in eine dritte und letzte Stufe der viel zitierten Vergangenheitsbewältigung münden könnte.

Denn die erste, die gleich nach dem Verlust der Ostgebiete von den unmittelbar Betroffenen forciert wurde, lag noch zu nahe an der Katastrophe. Zwar beklagten im Westen zahllose Ostpreußen oder Schlesier das ihnen auferlegte Schicksal, mehr als andere büßen zu müssen – bloß, was half das schon?

Tabu war die von den Siegermächten etwas gefühllos zum „Bevölkerungstransfer" heruntergeredete Zwangsumsiedlung im sowjetischen Vasallenstaat DDR. In der Bonner Republik bildete sich zwar ein „Block der Heimatvertriebenen und Entrechteten" (BHE), der zeitweilig sogar in den Bundestag einzog, aber dann rasch wieder an Einfluss verlor. Während die Funktionäre der einzelnen Landsmannschaften radikal und zusehends weltfremd auf einem Vaterland „in den Grenzen von 1937" beharrten, pflegten Millionen von Flüchtlingsfamilien zwischen Flensburg und Garmisch ihren privaten Erinnerungskult.

Die Entwurzelung schmerzte so sehr, dass selbst Vertriebene wie die später strikt auf Ausgleich bedachte Marion Gräfin Dönhoff jahrzehntelang darunter litten. Noch im September 1964 bekundete die trauernde Ostpreußin ihr Verständnis für den hinhaltenden Widerstand gegenüber allen Verzichtsleistungen: „Das wäre so", schrieb sie im Namen der Flüchtlinge, „als verlangte man von ihnen, ihre Toten zu verraten."

Ein schönes Bekenntnis, das sich dann allerdings peu à peu am anfangs noch tristen Alltag aufrieb. Den ihrerseits erheblich belasteten „Einheimischen" gingen die Geschichten von der verlorenen Scholle zunehmend auf die Nerven – und vor allem die Kinder der Vertriebenen, die traumatische Erlebnisse abzuschütteln versuchten, arrangierten sich mit den neuen Verhältnissen.

Das Kind aus Masuren oder der Pommerschen Schweiz sprach sehr bald pfälzisch oder hessisch – Verdrängung und Anpassung als Überlebensprinzip.

Und auch sonst veränderten sich aus guten Gründen die Perspektiven. Spätestens mit der auf Versöhnung ausgerichteten Ostpolitik Willy Brandts haftete den Verbandslobbyisten, die Massenveranstaltungen wie das berüchtigte Pfingsttreffen der Sudetendeutschen inszenierten, etwas lähmend Gestriges an.

Zwar hatten die Vertriebenen in einer 1950 verabschiedeten „Charta" Gelüsten nach „Rache und Vergeltung" abgeschworen, aber nicht nur das Ausland bezweifelte den Verzicht: Alle, die sich dafür stark machten, Königsberg oder Breslau im Herzen zu bewahren, galten in einer sich liberalisierenden und pragmatischen deutschen Öffentlichkeit prompt als „Revanchisten".

Was immer sich die Hardliner noch klammheimlich an Chancen ausrechnen mochten – der Lauf der Geschichte verwehte ihre Träume. Selbst als nach der 89er Wende der marode Ostblock zerbrach, änderte das nichts an den Beschlüssen von Potsdam und Jalta. Um die Einheit zu sichern, trat die Bundesrepublik die 1945 faktisch ein-gebüßten Ostprovinzen auch juristisch ab.

Aber dann kamen die Kriege auf dem Balkan, die politisch enga-gierte Zeitgenossen mit einer bestürzenden Realität konfrontierten. Flucht und Vertreibung – und ärger: die „ethnische Säuberung" als erklärtes militärisches Ziel – gehörten, wie man nun erlebte, keines-wegs der Vergangenheit an. Sie erzwangen als europäisches Gegen-wartsphänomen eine dem bitteren Dilemma adäquate Antwort.

Im Angesicht der im Kosovo fliehenden und gejagten Menschen setzte bei der lange unwilligen deutschen Linken ein allmähliches Umdenken ein. Waren das nicht die gleichen Bilder wie vor mehr als einem halben Jahrhundert auf der Kurischen Nehrung oder im Stettiner Haff?

Zunächst bemühte sich – 1995 – die Vizepräsidentin des Bun-destags, Antje Vollmer, zerknirscht um eine neue Einschätzung: Wie sie und ihresgleichen sich bei der „Aufarbeitung historischer Wahr-heiten" geirrt hätten, räumte die spürbar verunsicherte Theologin ein, sei „kein Ruhmesblatt" gewesen.

Das war es auch nicht, sondern laut Innenminister Otto Schily „Ausdruck von Mutlosigkeit und Zaghaftigkeit", den er jetzt gründ-lich zu korrigieren versprach. Im September 2000 wagte sich als erster sozialdemokratischer Bundeskanzler der für Umschwünge mit feiner Antenne ausgestattete Gerhard Schröder auf einen „Tag der Heimat". Spontan regte er dort an, „miteinander zu reden" statt die alten „Vorurteile zu pflegen".

So wurde das Ende einer seit der „68er"-Zäsur andauernden Poli-tical Correctness eingeläutet, die auch sensible Charaktere wie den einstigen Bundespräsidenten Richard von Weizsäcker beeinflusste. Hatte der nicht noch am 8. Mai 1985 in seiner im Übrigen zu Recht gerühmten Rede über die Vertreibung seiner Landsleute seltsam gewunden von einer „erzwungenen Wanderschaft" gesprochen?

Aus und vorbei. Mit der unumkehrbaren Hinnahme dessen, was ja schon vom ersten Nachkriegstag an irreversibel war, fühlen sich die neuen Deutschen nun locker entfesselt.

Von Verdrängung keine Spur mehr. Sogar die in Fragen nationaler Introspektion vorsichtige „Frankfurter Rundschau" konstatiert ein inzwischen „ungeheuer großes Bedürfnis, das Vertreibungsthema in ein breites öffentliches Geschichtsbewusstsein zu integrieren".

Woher das rührt, lässt sich nicht mit Sicherheit bestimmen. Eine Rolle spielt dabei gewiss die Erkenntnis, dass sich solche Katastrophen auch dann ereignen, wenn den Betroffenen keinerlei Schuld nachzuweisen ist. Allein in Europa mussten zwischen 1939 und 1947 schließlich nahezu 50 Millionen Menschen unter Zwang ihre Heimat verlassen. Nur jeder Vierte davon war Deutscher.

Aber reicht das, darüber in einem Land, das den verheerenden Zweiten Weltkrieg zu verantworten hat, endlich unbefangener zu debattieren? Als eine der wenigen kritischen Stimmen bemängelt die „Neue Zürcher Zeitung", der gegenwärtige Diskurs spiegele den „mentalen Status quo der Berliner Republik": Zu deren fortwährendem Normalisierungsgerede gehöre nun offenbar der begehrte „Eintritt in die internationale Opferkultur".

So mögen – immer noch oder schon wieder – auch die Tschechen denken, während sich die Polen anders verhalten. Ihre einschneidende Erfahrung, selbst vertrieben worden zu sein, bevor sie in den entvölkerten Provinzen Schlesiens, Pommerns oder Westpreußens eine Heimat fanden, hat zu einer bemerkenswerten Erinnerungsarbeit geführt.

Polnische Schriftsteller, und gerade solche, die in den einstigen deutschen Ostgebieten leben, sehen in den vormaligen Bewohnern eher Schicksalsgefährten. Sie verfassen Bücher, die davon handeln, dass Beschweigen nicht befreit, sondern die Geschehnisse benannt werden wollen, weil sie nur auf solche Weise wirklich zu befrieden sind.

„Der Aussöhnung zu dienen, indem man sich wechselseitig seine Geschichten erzählt", wünscht sich etwa Philipp von Bismarck, lange Zeit Sprecher der Pommerschen Landsmannschaft, und vor allem die Enkel scheinen nun einen unverstellten Blick jenseits von Schuld und Selbstkasteiung zu riskieren. Sie wollen das Unabänderliche nicht infrage stellen, sondern wissen, was war.

„Vater, erschieß mich!"

Millionen Menschen – Frauen, Kinder, Greise – waren in den letzten Kriegsmonaten auf der Flucht vor der Roten Armee. Für Hunderttausende endete der Treck gen Westen im Inferno. Sie erfroren, ertranken, wurden erschossen oder vergewaltigt.

Von Thomas Darnstädt und Klaus Wiegrefe

In Nemmersdorf lebt heute niemand mehr, der sich daran noch erinnern kann. Der Ort heißt heute Majakowskoje, und jetzt wohnen Russen in den kleinen Häusern mit den grauen Dächern. Von der Brücke über den Fluss Angerapp sind nur Steinreste und ein Pfeiler übrig, der mitten aus dem Wasser ragt.

Wer konnte, ist damals rechtzeitig geflohen – oder wenigstens danach.

Danach? Gibt es das überhaupt?

Am 21. Oktober 1944, als eine Vorhut der Roten Armee über das ostpreußische Nemmersdorf herfiel, war für Millionen Deutsche die Geschichte zu Ende. Das Massaker von Nemmersdorf war der Vorbote von Flucht und Vertreibung, mit der alles zerfiel in Hass, Hunger, Entwürdigung, Angst. Hunderttausende, vielleicht sogar zwei Millionen überlebten die Katastrophe nicht.

Als am 21. Oktober noch der Frühnebel über der ostpreußischen Moränenlandschaft lag, rollten die sowjetischen Tanks des 2. Bataillons der 25. Panzerbrigade die Chaussee von Gumbinnen herab. Die erschöpften Rotarmisten waren seit Tagen im Einsatz. Verbissen verteidigte die Wehrmacht die Ostgrenzen des Reiches.

Über drei Jahre hatten die Landser auf polnischem und russischem, ukrainischem und lettischem Boden Hitlers Vernichtungskrieg geführt – und waren zurückgeworfen worden. Nun standen Stalins Truppen erstmals auf deutschem Siedlungsgebiet.

Bei Nemmersdorf, vor den sowjetischen Panzern auf dem schmalen Damm zur Brücke über die Angerapp, drängten sich die Fuhr-

21

werke der Bauernfamilien, die aus den umliegenden Weilern und Gemeinden geflohen waren. Der Weg nach Westen führte über den Fluss.

Als er die Brücke sah, ließ der Kommandeur Vollgas geben. Um 7.30 Uhr war sie eingenommen, und hinter den Panzern verquoll auf dem Damm ein Brei aus Pferdekörpern und dem Holz der Fuhrwerke, dazwischen wohl auch Menschenleiber.

Gerda Meczulat lebte auf der westlichen Seite des Flusses. Ihr Vater Eduard, 71, hatte sich gegen die Flucht entschieden. Die Meczulats besaßen keinen Wagen. Mit einigen anderen Dorfbewohnern suchten sie in einem Unterstand Schutz.

Was dort passierte, ist bis heute nicht vollkommen geklärt. Gerda Meczulat berichtete später, dass die ersten Russen am frühen Nachmittag in den Unterstand eindrangen. Sie durchwühlten das Handgepäck, waren aber dabei unerwartet freundlich. Einer spielte sogar mit den Kindern. Doch am Abend erschien ein Offizier und befahl die Deutschen barsch nach draußen.

„Als wir rauskamen, standen zu beiden Seiten des Ausgangs Soldaten mit schussbereiten Gewehren. Ich fiel hin, da ich eine Kinderlähmung habe, wurde hochgerissen und spürte in der Aufregung nichts mehr. Als ich zu mir kam, hörte ich die Kinder schreien und Gewehrschüsse. Dann war alles still."

Gerda Meczulat überlebte – schwer verletzt – als Einzige, weil der Soldat, der sie töten wollte, ungenau gezielt hatte.

Als die Wehrmacht die 637-Seelen-Gemeinde am Morgen des übernächsten Tages zurückeroberte, fand sie wenigstens zwei Dutzend Leichen von Frauen, Kindern und Alten vor. Rotarmisten hatten sie erschossen oder ihnen den Schädel eingeschlagen.

Wie viele Frauen wurden vergewaltigt? Stimmt es wirklich, dass Menschen nackt an ein Scheunentor genagelt worden waren? Oder handelte es sich nur um die Propaganda von Joseph Goebbels, der das Massaker umgehend zum Beleg für das „Wüten der sowjetischen Bestien" hochputschte?

Über die Details der grauenvollen Szene von Nemmersdorf streiten Historiker und Vertriebenenpolitiker oft mit Zorn. Verharmloser? Revanchisten? Nemmersdorf ist zu einem Inbegriff deutschen Leids geworden.

Es lässt sich nicht bestreiten: Am 21. Oktober 1944, im vierten

Jahr des Vernichtungskrieges gegen die Sowjetunion, zeigte sich in Nemmersdorf, dass aus einem Volk der Täter ein Volk der Opfer wurde. Dabei wäre in diesem Augenblick der deutschen Geschichte die Katastrophe noch aufzuhalten gewesen. Massenpanik, Todesmärsche, erfrorene Babys, die zur Beute hungriger Ratten wurden, Hunderttausende vergewaltigter Frauen, über 33 000 Ertrunkene in der Ostsee – das ganze Grauen kam ja nur deshalb über die Betroffenen, weil Adolf Hitler und seine skrupellosen Kriegsherren und Gauleiter noch immer vom Endsieg schwadronierten.

Verteidigung jedes Quadratmeter Bodens im Osten bis zum letzten Atemzug: Diese Floskel erfüllte sich hunderttausendfach in furchtbarer Weise.

Was wäre gewesen, wenn? 2,5 Millionen Deutsche lebten 1944 in Ostpreußen, 1,9 Millionen in Ostpommern, 4,7 Millionen in Schlesien: Wochen und Wochen wäre Zeit gewesen, sie alle rechtzeitig in Sicherheit zu bringen, rechtzeitig vor diesem mörderischen Winter, der so kalt wurde, dass erschöpfte Flüchtlinge am Wegesrand einfach zu Eisblöcken erfroren.

Aber in Hitlers Reich war Weglaufen verboten in jenem goldenen Oktober 1944. Heinrich Himmler hatte auf einer Gauleitertagung in Posen verkündet, dass die Ausweitung des germanischen Reiches nach Osten „selbstverständlich" bevorstehe: „Es ist unverrückbar, dass wir hier die Pflanzgärten germanischen Blutes im Osten errichten." Was für ein Bild.

Unverrückbar war es da für den ostpreußischen Gauleiter, Erich Koch, in Königsberg, dass Fluchtvorbereitungen nur eine besonders infame Art der Sabotage sein konnten. Landräte, Kreisleiter und Bürgermeister des Gaus bekamen Anweisung, jeden, der so etwas plane, sofort zu melden.

Und da war die Hoffnung, gegen jede Vernunft, dass es so schlimm nicht werden könne. Nemmersdorf war ja zurückerobert worden. Luftangriffe hatte es hier im Osten auch kaum gegeben – und war es nicht ein wunderschöner Herbst?

„Das Licht so stark, der Himmel so hoch, die Ferne so mächtig", so beschreibt der Arzt Hans Graf von Lehndorff in seinen Aufzeichnungen aus jenem Oktober die Stimmung in seiner Heimat, dem Land des Bernsteins.

Und doch wussten alle, dass alles vorbei war. Nie würde man die Störche wieder sehen, die sich in diesen Tagen aus Ostpreußen davonmachten, nach Süden.

Vorboten einer Katastrophe: Tiere trotten herrenlos über die Wiesen, von Gehöften weiter östlich, die von ihren Besitzern schon aufgegeben waren. Auf den Feldern bei Preußisch Holland merkwürdige laubenartige Konstruktionen, nur mühsam mit Planen getarnt.

Hier sind die Güter der jungen Marion Gräfin Dönhoff, die heimlich Pferdewagen für die Flucht nach Westen ausstatten lässt.

Im Büro von Doktor Wander, dem Bürgermeister von Insterburg, geht ein Stapel Briefe von der vorgesetzten Stelle in Königsberg ein: streng geheim und im Tresor zu deponieren. Erst wenn das Kennwort „Zitronenfalter" fällt, dürfen diese Briefe an Wirtschafts- und

Ostpreußen
in den Grenzen von 1937

OSTSEE

Memel

LITAUE

Evakuierung
über die Ostsee

Tilsit

Putziger Nehrung

Karische Nehrung

Cranz

Palmnicken

Metgethen

POM-
MERN

Fischhausen

Königsberg

Insterburg

Gdingen
(Gotenhafen)

Hela

Pillau

Pregel

Gu

Nemmersdorf

Zoppot

Frische Nehrung

Frisches Haff

Heiligenbeil

Danzig
FREIE STADT
DANZIG

Elbing

OSTPREUSSEN

Dirschau

Pr. Holland

Ly

Marienburg

Weichsel

Mohrungen

Allenstein

Marienwerder
Dt. Eylau

Osterode

Graudenz

Handwerksleute in Insterburg verteilt werden: Sie enthalten die Aufforderung, Maschinen und Vorräte – nicht aber Menschen – per Bahn nach Westen zu schicken.

Als der Bürgermeister am Tag nach den Geschehnissen von Nemmersdorf bei der Gauleitung in Königsberg darum bittet, Transportzüge für die Flüchtlinge herzuschicken, die sich, aus dem Osten kommend, schon jetzt am Bahnhof drängeln, wird er spöttisch gefragt, ob er Fieber habe.

Das bohrende Gefühl, noch beim Schmücken des Weihnachtsbaumes, dass das Leben eigentlich zu Ende ist und alles versinken wird, schon in den folgenden Tagen: Am 12. Januar 1945 rollen russische Panzer in Ostpreußen ein, und niemand hält sie mehr auf. Keine Zeit mehr für „Zitronenfalter" – nun fliehen die Menschen panikartig in Richtung Westen. Die Züge, die den Bahnhof der Metropole Königsberg verlassen, sind schon am ersten Tag überfüllt.

Es sind meistens Frauen und Kinder, die überstürzt Haus und Hof im Stich lassen. Die Männer dienen entweder an der Front, oder sie gelten, unter Aufsicht der NSDAP, als unabkömmlich beim „Volkssturm", dem letzten Aufgebot zur Verteidigung.

Drei Tage später geht schon fast gar nichts mehr. Die verschneiten Straßen sind von Flüchtlingstrecks verstopft, ein träger Wurm aus Planwagen, von Pferden oder von Menschen gezogen, und dick vermummten Gestalten, die sich mit dem wichtigsten Hab und Gut, ein paar Koffern und Eimern mit Lebensmitteln, aus ihrer Heimat aufgemacht haben.

Alles, was sie besitzen, lassen sie zurück, die Häuser unverschlossen, das Vieh losgebunden. Und das bisschen, was sie mitnehmen können, werden sie unterwegs meist auch noch verlieren.

Überholen unmöglich. Zäh schleichen die Trecks voran, die Pferde rutschen auf den spiegelglatten, gefrorenen Straßen aus. Stundenlange Staus an Bahnübergängen, wo Militärtransporte – von der Front, an die Front? – ihnen den Weg versperren. Stundenlanges Stehen in der eisigen Nacht: Hinten, in den Panjewagen, sind die in Decken gewickelten Alten schon während der ersten Nächte erfroren. Das Ziel: Die Weichselübergänge bei Marienburg und bei Dirschau. Denn über die Weichsel, das war so eine wilde Hoffnung, würden es die Russen wohl doch nicht schaffen.

Die Angst vor den Eroberern wehte mit dem beißenden Nord-
oststurm über die Hügel – von Ostpreußen nach Schlesien. Östlich
der Oder brachten nun Sonderzüge Menschenmassen ins scheinbar
schützende Breslau. Der letzte Transport kam am 18. Januar durch,
von da an ging es auch dort nur noch zu Fuß weiter.

18. Januar: An diesem Tag rollen russische Panzer bereits durch
den Warthegau, früher Polen, aber seit kurzem Deutschland. Am
Vorabend ist in Posen noch ein Zug mit Frauen und Kindern nach
Westen losgefahren, aber da die Räumung viel zu spät begann, treten sich nun alle auf die erfrorenen Füße: Die Trecks stehen auf den
Straßen, ängstlich horchen die Flüchtlinge, ob sie von hinten das
typische Geräusch der Panzerketten hören – der russischen.

Mit den Pferden bis zum Bauch im Schnee versuchen manche
Familien, aus dem Stau über die Felder zu entkommen. Sie bleiben
liegen, versuchen oft, die Nacht im Schutz einer Scheune zu überstehen, aber bald sind die nassen Windeln der Säuglinge gefroren.
Dann sterben die Kinder. Sie können nicht einmal begraben werden,
weil die steinharte Erde das nicht zulässt. Wilde Tiere holen sie vom
Wegesrand. Und es schneit und schneit.

Am 19. Januar, 8 Uhr morgens, kommt im ostpreußischen Groß-
Nappen, Kreis Osterode, der Dorflehrer zu Lilly Sternberg und
schlägt Alarm.

„Es ist so weit, richten Sie Ihren Treck." Die Ostpreußin hat wie
Hunderte das Protokoll ihres Leidensweges in den fünfziger Jahren
aufgeschrieben für eine Dokumentation über Flucht und Vertreibung. Das Tausende Seiten umfassende Werk wurde von Histori-
kern im Auftrag des Vertriebenenministeriums zusammengestellt.
Die meisten Aussagen sind beeidet und bilden bis heute eine der ein-
drucksvollsten Sammlungen über das Elend am Ende des Krieges.

„Sofort los! Nur mit Handgepäck!", protokolliert Frau Sternberg.
„Im Nu sind wir auf der Dorfstraße, die voll von jammernden Frauen
ist." Der Aufbruch: „Die Kinder finden es herrlich."

„Mutti, die Russen, was werden sie mit uns machen", hat eines
von Lilly Sternbergs Kindern gefragt, als sie unterwegs die Panzer
hören. „Nichts, sage ich, während es mich schüttelt, nichts, und lege
meine Hand auf die Lippen."

Die Russen, was werden sie machen? Die schlimmsten Gerüchte
stimmten nicht – was wirklich war, war schlimmer. Die Medizin-

studentin Josefine Schleiter, in derselben Gegend auf der Flucht, hat erlebt, wie Panzer in ihren Treck rasten.

„Die Wagen wurden in den Graben geschleudert, die Pferdeleiber lagen verendet, Männer, Frauen, Kinder kämpften mit dem Tode." Die Studentin hörte ein verletztes Mädchen sagen: „Vater, erschieß mich!" Und auch der Bruder bat: „Ja, Vater, ich habe nichts mehr zu erwarten." Der Vater, weinend: „Wartet noch etwas, Kinder."

Dann ist sie dran. „Drei baumlange Kerls halten mich fest und werfen mich auf ihr Auto. Mein Rufen verhallte im Schneesturm. Der Wagen setzte sich in Bewegung, und ich stand auf dem Auto, von den lauernden Blicken eines Russen beobachtet. Eisige Kälte. Ich war seit Mittag ohne Essen. Grinsend beobachtete mich einer der Kerle: ‚Kalt?' Es folgten die entehrendsten Augenblicke meines Lebens, die nicht wiederzugeben sind."

Als der Wagen hält, springt die Studentin hinunter, flieht in den Wald und läuft, läuft, läuft.

Das hatte Methode. Vergewaltigungen waren eine furchtbare Waffe der roten Soldaten, ein Mittel des Terrors wie Quälereien, Morde und Brandstiftungen.

In Ostpommern wird ein Zug mit Flüchtlingen von russischen Soldaten gestoppt, die Lok zerschossen. „Alles raus!" Frauen und Kinder fliehen durch den Schnee über die Felder. Im Dorf Gornitz holen die Verfolger sie ein. „Frau, komm!", das ist der gefürchtete Befehl. Das Mädchen Gabi Köpp, von der ZDF-Historiker Guido Knopp in seinen Berichten über „Die große Flucht" erzählt, weiß noch nicht, was der Befehl für sie bedeutet, sie ist nicht aufgeklärt.

Wer nicht kam, musste damit rechnen, erschossen zu werden. Der russische Soldat, der im polnischen Groß Dasekow auf verschüchterte Zurückgebliebene traf, zeigte mit dem Finger auf die Jüngste im Haus. Die Schwester berichtet: „Als diese nicht gleich aufstand, trat er dicht vor sie hin und hielt seine Maschinenpistole vor ihr Kinn. Alle schrien laut auf, nur meine Schwester saß stumm da und vermochte sich nicht zu rühren. Da krachte auch schon der Schuss."

Die in den Dörfern zurückblieben, weil sie nicht fliehen konnten oder wollten, wurden von den Eroberern oft nicht besser behandelt als die Opfer von Nemmersdorf. Als das Bundesarchiv Mitte der siebziger Jahre Zeitzeugenbefragungen auswertete, zählten die Wissenschaftler rund 3300 so genannte Tatorte östlich von Oder und Neiße, an denen deutsche Zivilisten erschlagen oder erschossen, zu Tode vergewaltigt oder bei lebendigem Leibe verbrannt wurden. Das Bundesarchiv ging davon aus, dass mindestens 120 000 Deutsche auf der Flucht starben.

Wie viele Menschen insgesamt Flucht und spätere Vertreibung das Leben kostete ist ungeklärt. In den fünfziger Jahren schätzte das Statistische Bundesamt einfach die Zahl der Deutschen, die vor 1945 östlich von Oder und Neiße gelebt hatten, und zog davon jene ab, die nach dem Krieg in der Bundesrepublik, Österreich und der DDR oder in der alten Heimat lebten; die Differenz betrug über zwei Millionen.

Dass diese Größenordnung zu hoch gegriffen sein musste, zeigten schon damals Listen verschollener Zivilisten; nur knapp ein Zehntel – etwa 200 000 Menschen – wurden von Angehörigen und Freunden gesucht. Freilich machten sich bisher nur die Donauschwaben die Mühe, alle Opfer einzeln zu dokumentieren – und halbierten die Schätzungen des Statistischen Bundesamtes für ihre Region.

Auf 1,4 Millionen schätzen Historikerinnen die Zahl der Frauen, die damals vergewaltigt worden sind. Viele von ihnen nahmen sich danach aus Ekel und Entsetzen das Leben. Noch Monate später, berichten Zeugen, hätten Kinder, heil im Westen angekommen, in den Flüchtlingslagern „Frau, komm!" gespielt.

Die Rote Armee war nie sonderlich diszipliniert gewesen, und außerdem war sie durch den Krieg verroht. Heimaturlaub gab es nicht, junge Männer mussten mit Flammenwerfern in Unterstände des Feindes eindringen, Kameraden beispringen, denen nach einem Bauchschuss die Eingeweide aus der Wunde quollen, ohne solche Ereignisse jemals verarbeiten zu können. „Gleich nach dem Angriff guckt man besser nicht in die Gesichter", notierte eine russische Sanitäterin, „da ist nichts Menschliches drin."

Die Vernichtung von Millionen Menschen, wie sie Hitler für die Russen plante, hatte Stalin für die Deutschen nicht vorgesehen. Aber als die Rote Armee die Westgrenze der Sowjetunion erreicht hatte, waren viele müde, und Stalins Generäle lockerten – zur Aufmunterung – jene Sicherungen, die auch im Krieg den Unterschied zwischen Soldaten und Mördern ausmachen.

Über tausend Truppenzeitungen hatten den Hass gesät, der jetzt nötig war, zu siegen. Etwa die Aufrufe Ilja Ehrenburgs: „Wenn du im Laufe eines Tages einen Deutschen nicht getötet hast, ist dein Tag verloren. Zähle nicht die Tage, zähle nicht die Wersten, zähle nur eins: die von dir getöteten Deutschen. Töte den Deutschen."

Der Tagesbefehl an die 1. Weißrussische Front vor dem Angriff auf das Reich lautete: „Die Zeit ist gekommen, mit den deutsch-faschistischen Halunken abzurechnen. Groß und brennend ist unser Hass. Wir werden uns rächen für die in den Teufelsöfen Verbrannten, für die in den Gaskammern Erstickten, wir werden uns grausam rächen für alles."

Es scheint, dass Stalins Generäle die Wirkung ihrer Propaganda unterschätzten. Ein bisschen Plündern, ein paar Exzesse, das war vorgesehen.

Doch die Mord- und Zerstörungswellen in Ostpreußen und Schlesien wurden offenbar auch der russischen Führung unheimlich.

Am zehnten Tag der Winteroffensive am Weichselbogen befahl das Oberkommando der 2. Weißrussischen Front, „Rauben, Plündern, Brandstiftung und Massenaufgelage" zu unterbinden. Die Hetzpropaganda allerdings ließ Stalin erst einstellen, als seine Truppen Oder und Neiße überschritten hatten und damit jenen Boden betraten, den der Kreml-Führer in Zukunft den Deutschen lassen wollte – die spätere DDR.

Was über die Deutschen im Osten hereingebrochen war, hatte es tatsächlich seit dem Frieden von Münster und Osnabrück 1648 in Mitteleuropa nicht mehr gegeben. Damals, nach Ende des Dreißigjährigen Krieges, war es den Befehlshabern gelungen, ihr blutiges Handwerk zu einer leidlich geordneten Angelegenheit zu machen. Seitdem war es üblich, Kriege zwischen Staaten und ihren gelernten Soldaten zu führen, am besten irgendwo abseits, wo die Zivilisten nicht stören und nicht belästigt werden.

In den folgenden Jahrhunderten wurde der Krieg zum Kabinettskrieg zivilisiert und schließlich sogar der Gebrauch von Waffen und Zwangsmitteln vertraglich geregelt – Vergewaltigung gehörte nicht dazu. Der Krieg, das war das Wichtigste, hatte ein Ziel, das war Frieden, wenn auch ein Frieden zu den Bedingungen des Siegers.

Doch nun waren alle Schranken niedergerissen, in denen der Krieg, nach den Worten des Berliner Politologen Herfried Münkler, „gehegt" worden war. Der wilde Krieg, der totale Krieg: Das war der Krieg Adolf Hitlers, der Krieg der entgrenzten Gewalt. Totale Vernichtung, nicht Frieden war das Ziel.

Schon im Mai 1941 hatte Hitlers Bürokratie den gefürchteten „Kriegsgerichtsbarkeitserlass" verbreitet, der es deutschen Soldaten erlaubte, sowjetische Zivilisten straffrei zu töten. Etwa elf Millionen Zivilisten starben in Stalins Imperium an den Folgen des Krieges.

Hitlers Feldherren waren es, die das erfunden hatten: Menschen zu Kriegsmaterial zu machen, zu seelenlosen Einheiten wie Panzersperren oder Haubitzen, nur eben billiger und überall verfügbar.

Völlig unbefestigte Städte wie das schlesische Breslau wurden, als Menschenhaufen sozusagen, zu Festungen erklärt. Ein Ostwall aus Menschenleibern sollte sich den bolschewistischen Panzern entgegenstemmen. „Jeder Häuserblock, jedes Dorf, jedes Gehöft, jeder Graben, jeder Busch", so Heinrich Himmler, „wird von Männern, Knaben, Greisen und – wenn es sein muss – von Frauen und Mädchen verteidigt." Breslau sollte mit seinen 630 000 Zivilisten der Roten Armee trotzen; man würde überall Kanonen aufstellen.

Zunächst einmal begeben sich die zur Verteidigung unbrauchbaren Frauen und Kinder auf einen von Gauleiter Karl Hanke befohlenen Fußmarsch nach Oppau. Denn Fahrgelegenheiten gab es keine mehr, und auf dem Freiburger Bahnhof, von dem die Züge nach Westen fuhren, war es bei dem Gedränge bereits zur Massenpanik gekommen. Hunderte kleiner zertretener Körper sammelte die Bahnhofspolizei ein, als der Zug endlich abgefahren war.

„Die Menschen liefen in den Straßen kopflos herum. Viele Frauen bekamen Weinkrämpfe. Die Straßenbahnen waren überfüllt, und jeder fuhr in diesen letzten Tagen kostenlos." So erinnert sich Elisabeth Erbrich, die sich am nächsten Tag, es war ihr 20. Dienstjubiläum bei der Landesbauernschaft, auch auf den Weg macht: „Es wurde dieser Tag der schwerste meines Lebens."

Auf dem Leib trug sie Unterwäsche und Kleider, so viel sie anziehen konnte, einen Rucksack nahm sie mit, in der Handtasche gekochtes Huhn. Vom Himmel regneten Flugblätter: „Deutsche, ergebt euch, es passiert euch nichts."

Elisabeth Erbrich aber musste, bei 16 Grad minus und mit Hunderttausenden anderer Frauen und Kinder, hinaus auf den endlosen Zug durch den Schnee Richtung Westen. Dieser Marsch aus Breslau kostete Tausende Menschen das Leben. Am folgenden Tag wurden

BDM-Mädchen aus der Stadt zum Sanitätsdienst an die Strecke des Trauermarsches abkommandiert, um „die Puppen am Wegrand wegzuräumen".

Welche Puppen? Es waren alles steif gefrorene Säuglinge, von ihren Müttern liegen gelassen.

In Quittainen, elf Kilometer vor Preußisch Holland, lebt seit einigen Jahren Gräfin Dönhoff. „Keiner", ahnt sie am Abend ihrer Flucht, „wird diese Namen mehr nennen." Den meisten Menschen, wenn sie irgendwo wegmüssen, bleibt ja die Gewissheit, dass es die verlorene Heimat auch ohne sie geben wird – in Wirklichkeit, nicht nur als Bild. Der Abschied der Menschen von jenseits der Oder kommt dagegen einem Weltuntergang gleich.

Und das war es auch. Jahrhundertlang bildeten Deutsche und Juden die wohl bedeutendsten Minderheiten in Osteuropa. Doch Hitler ließ erst die Juden ermorden; der von ihm angezettelte Krieg führte dann auch die deutsche Welt ins Chaos.

Im Mittelalter waren die Ahnen der Krockows und Dönhoffs, der Matzkereits und Dubinskis Richtung Osten gezogen; sie hatten Städte gegründet und Land kolonisiert – scheinbar beständige Konstanten europäischer Geschichte.

Ferien im ostpreußischen Badeort Cranz oder im schlesischen Kurort Bad Warmbrunn waren für viele Deutsche so selbstverständlich wie heute Urlaub in Travemünde oder am Königssee.

Jeder kannte sie: den erzreaktionären pommerschen Junker, der schon als Intellektueller galt, wenn er sich aus Berlin den Jagdkalender schicken ließ, oder die bitterarmen schlesischen Weber, deren Schicksal Gerhart Hauptmann ein literarisches Denkmal setzte. Hitlers Krieg ließ von dieser deutschen Welt im Osten so gut wie nichts zurück; nur die leeren Städte und Dörfer.

„Trudchen, meine Köchin, hatte schnell noch Abendbrot gemacht", schreibt Gräfin Dönhoff über ihre Flucht. „Wir aßen also noch rasch zusammen. Wer weiß, wann man wieder etwas bekommen würde. Dann standen wir auf, ließen Speisen und Silber auf dem Tisch zurück und gingen zum letzten Mal durch die Haustür, ohne sie zu verschließen. Es war Mitternacht."

26. Januar. Der größte Teil Ostpreußens ist vom Reich abgeschnitten oder erobert. Auch der Dönhoff-Treck, obwohl er dem Kessel entronnen ist, verliert den Mut. Resigniert kehrt das Völkchen um –

Vorstoß aus dem Osten

Die sowjetische Offensive Anfang 1945

SCHWEDEN — Evakuierung deutscher Flüchtlinge über die Ostsee

Memel

Königs-berg

DÄNEMARK — Bornholm

Rügen

Danzig

Kolberg

POMMERN

OST-PREUSSEN

Stettin

Oder

Bromberg

Berlin

Küstrin

Posen

Warschau

DEUTSCH-LAND

Neiße

Oder

Breslau

SCHLESIEN Oppeln

Sudetenland

Prag

Krakau

- - - Frontverlauf Anfang Januar 1945
← Stoßrichtung der sowjetischen Streitkräfte
▬▬ Frontverlauf Anfang Februar 1945
Grenzverlauf von 1937

DER SPIEGEL

lieber zurück zu den Russen als im Schneesturm erfrieren. Nur die Gräfin wendet ihr Pferd nach Westen und reitet weiter, durch die eisige Nacht Richtung Weichsel.

Den flüchtenden Ostpreußen bleibt nur noch der Weg übers Wasser. Von Königsberg ist lediglich ein schmaler Streifen zum rettenden Hafen von Pillau frei geblieben, in dem nun die ersten großen Flüchtlingsschiffe beladen werden. Für die meisten führt der Weg zur Küste zu Fuß übers zugefrorene Frische Haff, das zwischen Königsberg und Danzig wie ein Riegel vor Ostpreußen liegt – von der Ostsee nur mehr durch einen schmalen Landstreifen, die Frische Nehrung, getrennt.

Für Zigtausende ist das der einzige Weg in die Freiheit.

Heiligenbeil am Haff: das letzte Mal fester Boden unter den Füßen. Von hier geht's aufs Eis. Auf dem neuen Friedhof werden täglich um halb drei die eingesammelten Erfrorenen begraben, durchschnittlich sind es 50, die in Papiertüten den letzten Segen bekommen. Särge sind keine mehr da.

Wieder so ein strahlender Wintertag. Das Weiß der riesigen Eisfläche schneidet ins Auge. 20 Kilometer lang ist der Weg übers Haff. Er ist von Soldaten mit Bäumchen markiert worden, doch die braucht es bald nicht mehr. Stattdessen säumen Erfrorene, die einfach liegen bleiben, tote Tiere oder zerschmetterte Wagen den Pfad – und Eislöcher.

Mehrere Wagen sind eingebrochen, Menschen und Pferde im schwarzen Wasser einfach verschwunden. Die endlose Karawane macht kleine Kurven um solche Stellen.

Eine schaurige Flucht. Der Himmel am Horizont schimmert blutrot und violett – das sind die von den Russen bereits erreichten brennenden Städte. Nachts wird es zwar noch kälter, aber dafür können die feindlichen Flieger die Marschkolonne nicht ausmachen. Die Wasserfontäne, die tagsüber hoch spritzt, wenn eine Bombe das Eis durchschlägt, ist weithin zu sehen.

Eine Abiturientin aus Lyck in Ostpreußen war mit Mutter und Schwester unterwegs: „Das Eis war brüchig. Stellenweise mussten wir uns durch 25 Zentimeter tiefes Wasser hindurchschleppen. Mit Stöcken tasteten wir ständig die Fläche vor uns ab. Bombentrichter zwangen uns zu Umwegen. Häufig rutschte man aus und glaubte sich bereits verloren. Aber die Todesangst vertrieb die Frostschauer, die über den Körper jagten."

Die Tieffliegerangriffe der Roten Armee auf die wehrlosen Flüchtlinge, deren dunkle Leiber sich von dem verschneiten Eis wie Schießbudenfiguren abheben, haben das Haff zum Symbol sowjetischer Kriegsverbrechen werden lassen. Als der Frühling kam und das Eis brach, schwemmte das Wasser Tausende von Körpern an den Strand.

Fluchtpunkt Pillau: Das Hafenstädtchen auf der Nehrung zeigt sich diesem Ansturm durchgefrorener Eiswanderer nicht gewachsen. Am 26. Januar ist dort auch noch die Munitionsfabrik explodiert und hat weite Teile der Stadt verwüstet. Am Hafenkai steht unverrückbar eine Menschenmauer und wartet auf eine Schiffspassage. Wer in dem Gedränge ins eisige Wasser fällt, hat keine Chance mehr.

Für Sonntag, den 28. Januar, werden 8000 Flüchtlinge erwartet, es kommen aber 28 000, viele per Schiff aus dem nahen Königsberg. Die Kriegsmarine bringt die Menschen provisorisch in Kasernen unter.

Wenn Boote anlegen, um Passagiere für die großen Schiffe aufzunehmen, die auf der Ostsee liegen, gibt es regelmäßig ein Chaos am Kai. Frauen werfen ihre Kinder den Rettern ins Wasser entgegen, nur um wenigstens ihnen einen Platz zu sichern – und damit sie an Land nicht totgedrückt werden.

Am Abend dieses Tages lässt Gauleiter Koch bei den Behördenchefs in Königsberg eine Losung durchrufen: Am nächsten Vormittag sei Dienstbesprechung in Fischhausen. Die Ortschaft liegt auf der Straße nach Pillau. Es handelt sich um einen verdeckten Fluchtbefehl.

Danach gibt es kein Halten mehr. Bald drängen Tausende durch den Schneesturm über die Straße nach Fischhausen. Nahe der Ortschaft Metgethen – ein Name, der später kaum minder bekannt wird als Nemmersdorf – fallen sowjetische Soldaten über die Flüchtlinge her und richten ein Blutbad an.

Der Arzt Graf Lehndorff ist in Königsberg zurückgeblieben und schreibt in sein Tagebuch: „Wo man hinhört, überall wird heute von Cyankali gesprochen, das die Apotheken freigiebig in jeder Menge austeilen. Dabei steht die Frage, ob man überhaupt dazu greifen soll, gar nicht zur Debatte. Nur über die notwendige Menge wird verhandelt, und das in einer leichten, nachlässigen Art, wie man sonst etwa über das Essen spricht."

Am Tag darauf schließen russische Truppen die Stadt ein. Königsberg, das noch etwa 100 000 Menschen in seinen Mauern beherbergt, ist abgeriegelt.

Dieser furchtbare Januar. „Mein Gott, wie wenige in unserem Lande hatten sich das Ende so vorgestellt", notierte nach ihrer Ankunft im Westen Gräfin Dönhoff, die um diese Zeit irgendwo durch die Kälte reitet: „Das Ende eines Volkes, das ausgezogen war, die Fleischtöpfe Europas zu erobern und die Nachbarn im Osten zu unterwerfen."

Das Ende? Es wird noch dauern.

Am 30. Januar versinkt die „Wilhelm Gustloff" mit annähernd 10 000 Flüchtlingen und Soldaten auf dem Weg nach Westen in der Ostsee. Und am Strand nahe Pillau, wo trotz dieser Nachricht immer mehr Menschen auf immer neue Schiffe klettern, ist wenige Stunden später ein makabres Feuerwerk zu besichtigen.

Das ist die Leuchtmunition von SS-Leuten. Sie brauchen Licht, um 3000 Häftlinge in der Dunkelheit am Strand zu erschießen. Die Opfer, meist Frauen, kommen aus dem KZ Stutthof. In Pillau, hatte man ihnen vorgegaukelt, würden sie auf Schiffe verladen. Nun umspült das gleiche Ostseewasser ihre Leichen und die der „Gustloff"-Passagiere.

Der Westen – das ist nicht nur die verheißungsvolle Richtung deutscher Opfer, sondern auch deutscher Täter. Unter die Flüchtenden reihen sich immer wieder besondere Trecks – abgezehrte Gestalten in schmutzig grauen Häftlingslumpen: Die SS räumt ein KZ nach dem anderen.

Todesmärsche werden die Elendszüge genannt, weil die SS-Männer Tausende erschossen und erschlagen am Straßenrand zurücklassen.

Anfang Februar gab es dann kein deutsches Ostpreußen mehr. Von winzigen Zipfeln abgesehen, war der Vorposten des Reiches im Osten fest in sowjetischer Hand. In Oberschlesien begann nun erst die Flucht aus den Dörfern. Viele Menschen versuchten Sachsen zu erreichen, andere zogen in Panik übers Riesengebirge in die Sudeten und wurden dort Opfer der ersten von den Tschechen in Gang gesetzten Vertreibungen.

Wohin noch fliehen? Was auch immer die Deutschen auf den Straßen unternahmen, wohin sie sich auch wandten – sie erlebten sich als Gejagte. Als Opfer der Kälte, der Rotarmisten, der SS oder zuletzt der Tschechen.

Gab es denn keine Macht, keinen Mächtigen, der diesem Elend ein Ende hätte machen können? Keinen. Es war Krieg. Noch drei Monate lang, bis zum 8. Mai sollte weiter gestorben, geschossen, gebombt werden.

Am 7. Februar findet die vierte Vollsitzung der Konferenz von Jalta statt. Die entscheidenden Männer der USA, Englands und der Sowjetunion, Franklin D. Roosevelt, Winston Churchill und Josef Stalin, sitzen da unter Palmen beisammen, um über die Neuordnung Deutschlands und Polens nach dem Sieg der Alliierten zu sprechen. Churchill greift dabei einen Kernpunkt eher beiläufig auf. Die Engländer, sagt er, würden über eine Massenaussiedlung aus dem Osten vielleicht schockiert sein, er selbst aber nicht. Stalin bemerkt, die meisten Deutschen seien ja sowieso bereits vor der Roten Armee geflohen. Darauf der Brite: Das vereinfache die Sache natürlich.

An der Ostseeküste bahnt sich das nächste Drama an. In Pommern herrscht noch immer Fluchtverbot, und die Räumungspläne – Codenamen „Regen" und „Hagel" –, die etwa im Kreis Deutsch Krone endlich realisiert werden sollen, bleiben auf Geheiß Himmlers bis fast zuletzt in den Schubladen. Ein Referent meldet dem zuständigen Landrat, dass der Reichsführer SS den Befehl über die Heeresgruppe Weichsel persönlich übernommen hat – zur Besorgnis kein Grund.

Wenige Tage später wird der Kreis in letzter Minute doch noch geräumt. Russische Panzer schneiden dann alle Wege nach Westen ab.

Die Schlinge um die Flüchtlinge ist gelegt, und langsam zieht Stalin zu. Richtung Norden, an die Ostseeküste, in den Hafen von Kolberg, der Hansestadt, fliehen die Menschen. Kolberg – hier hatten preußische Truppen einst gegen Napoleon ausgeharrt; Goebbels hatte darüber rasch noch einen berüchtigten Propagandastreifen drehen lassen. Doch die Geschichte wiederholt sich nur selten, dieses Mal fällt die Stadt.

Die Angst vor den Rotarmisten lässt die Menschen in den großen Kesseln an der Küste sogar Richtung Osten, also wieder zurück nach Westpreußen irren – solange noch die Hoffnung besteht, von dort irgendwie wegzukommen.

Seit dem 7. März wird nun auch in Pommern den Apothekern nahe gelegt, Gift an Frauen rezeptfrei abzugeben – und zwar großzügig. Wozu noch Vorräte horten, wenn morgen die Welt untergeht?

Ausgerechnet Pommern und Westpreußen, diese kargen Gebiete, die dem spröden Menschenschlag dort nie viel zu bieten hatten, werden zur Hoffnung. Denn von hier, von Danzig, von Gotenhafen, von Kolberg gehen die rettenden Transporte ab, die Zehntausende nach Westen bringen – bis die Städte nacheinander der Roten Armee anheim fallen wie Steine in einem Dominospiel.

Bis zuletzt unbesetzt bleibt in der Danziger Bucht lediglich eine schmale, vorgelagerte Landzunge, die von Westen her wie ein Blinddarm ins Ostseewasser reicht.

Da, wo die Landzunge spitz endet, liegt Hela, ein Hafenstädtchen, das für Tausende und Abertausende bis in den Mai hinein ein Ort der Hoffnung ist.

Und es kommen tatsächlich Schiffe. Sie sammeln sich außerhalb der Danziger Bucht, werden zu Geleitzügen zusammengestellt und fahren bei Einbruch der Dunkelheit, gesichert von Einheiten der Kriegsmarine, ohne Licht und Funkverkehr in den Hafen.

Gut eine Million Menschen versuchten in den letzten Kriegsmonaten, über die Ostsee den Westen zu erreichen. Eine großartige Leistung in all dem Jammer, so scheint es – und so verbreiten es auch später Großadmiral Karl Dönitz, Hitlers Nachfolger in den letzten Tagen des Dritten Reiches, und seine Helfer.

Die Rettung der Flüchtlinge sei sein „vordringliches Anliegen" gewesen.

Doch gerade Dönitz zögerte viel zu lange, die knappen Brennstoffvorräte für die Flotte zur Evakuierung der Menschen freizugeben. Hätte er schon früher die ja durchaus vorhandenen Kapazitäten eingesetzt, so der Historiker Heinrich Schwendemann, „hätten sowohl die Bevölkerung als auch die Soldaten aus den Kesseln an der Ostsee vollständig abtransportiert werden können".

Statt der vielen Kleinen setzen sich die Großen ab; jene, die für den Schlamassel die Verantwortung tragen.

Am 27. April geht in Hela Erich Koch, ein fanatischer Menschenschinder, an Bord des Eisbrechers „Ostpreußen". Als ostpreußischer Gauleiter ließ er bis zum Schluss alle Fluchtvorbereitungen als Defätismus verfolgen – die Russen, krakeelte Koch, würden niemals deutschen Boden betreten.

Also war ihm seine eigene Flucht so unangenehm, dass er dem Kapitän des Eisbrechers befahl, die an Bord befindlichen Zivilisten zurückzulassen. Doch Ostpreußen gab es nicht mehr und daher auch keinen Gauleiter. Der Kapitän weigerte sich, den großkotzigen Anweisungen zu folgen. Der Statthalter des Führers, der dennoch heil über die Ostsee kam, nannte sich künftig Rolf Berger und wurde erst 1949 von den Briten verhaftet.

Am letzten Tag des Krieges hisst Elisabeth Erbrich, die einige Wochen zuvor mit einem gekochten Huhn in der Handtasche aus Breslau floh, in einem Dorf im Erzgebirge die weiße Fahne. Bis nach Sachsen hat es die Schlesierin geschafft – und nun ziehen die Russen dort ein, die massenhaft vergewaltigen.

Die Häuser werden geplündert. „Circa 40-mal", wird sie später zu Protokoll geben, „mussten wir in der Nacht am 7. Mai die Tür öffnen."

Wenige Wochen danach befiehlt der kommissarische Bürgermeister allen Flüchtlingen, binnen kurzem in ihre Heimat zurückzukehren.

Folglich packt sie wieder den Handwagen und schlurft tagelang zu Fuß Richtung Osten durch die öde, verbrannte Frühlingslandschaft.

Wie es „zu Hause" aussieht, hat Elisabeth Erbrich nie mehr erfahren. Auf der Brücke über die Neiße steht ein polnischer Offizier und erklärt ihr tonlos, dass die Grenzen geschlossen sind.

„Das tausendmalige Sterben"

In seiner Novelle „Im Krebsgang" erzählt Günter Grass
von der Tragödie der Versenkung des Flüchtlingsschiffs
„Wilhelm Gustloff" 1945 – und schildert packend einen
von der deutschen Literatur lange gemiedenen Stoff: die
blutige Geschichte der Flucht aus dem Osten.

Von Volker Hage

Siebzehn Jahre ist sie alt, schwanger, und sie hat sich mit Tausenden anderer Flüchtlinge in Gotenhafen, unweit von Danzig, auf dieses große Schiff gerettet. Nun ist es Nacht, die „Wilhelm Gustloff" endlich auf offener See, Kurs Westen – weg von den heranrückenden Truppen der Roten Armee.

Kurz nach 21 Uhr an diesem 30. Januar des Jahres 1945 wird Tulla Pokriefke von einer gewaltigen Erschütterung des Schiffes aus dem Schlaf und vermeintlicher Sicherheit gerissen, einer Detonation, der zwei weitere unmittelbar folgen. Sogleich setzen bei ihr die Wehen ein, können aber von einem Arzt per Spritze zunächst gestoppt werden.

So erreicht die junge Schwangere eines der wenigen Rettungsboote, die von der sinkenden „Gustloff" nach den drei sowjetischen Torpedotreffern ausgesetzt werden können, und sie wird bald darauf von zwei Matrosen glücklich an Bord des deutschen Geleitschiffes „Löwe" gezogen. Noch in dieser Nacht kommt ihr Sohn zur Welt; die Haare auf ihrem Kopf aber färben sich für immer weiß – angesichts der unzähligen kopfunter in ihren Rettungswesten auf den hohen eiskalten Wellen schaukelnden toten Kinder, die sie beobachtet hat.

Tulla, eigentlich Ursula Pokriefke, ist eine erfundene Figur. Treuen Lesern des Schriftstellers Günter Grass ist sie seit 1961 bekannt: aus der großen Novelle „Katz und Maus", die nach dem Skandalerfolg des Debütromans „Die Blechtrommel" (1959) den noch frischen Ruhm des jungen Autors festigen half.

Tulla, zunächst eine schlaksige Göre und Halbwüchsige, die gern bei den Jungs dabei ist und früh an allem Männlichen interessiert,

spielt auch in dem Grass-Roman „Hundejahre" (1963) eine Neben-
rolle: als Straßenbahnschaffnerin in Danzig, schwanger und in
Furcht vor der näher kommenden Sowjetarmee, vom Westen „mit
Teilen der Heeresgruppe Weichsel abgeschnitten". In der „Rättin"
(1986) ist zu erfahren, sie sei wahrscheinlich auf der „Gustloff"
geflohen und mit ihr untergegangen.

Keineswegs. Grass nimmt den Faden wieder auf und schildert in
seiner neuen Novelle „Im Krebsgang", wie es weitergegangen ist mit
Tulla, berichtet von ihrer Rettung, ihrer erneuten Flucht über Land
bis nach Schwerin, mit Säugling Paul im Fuchspelz, von ihrem
späteren Leben in der DDR, neuen Männergeschichten und einer
Karriere als Tischlerin – vor allem aber erzählt er die schrecklich
reale Geschichte der „Wilhelm Gustloff" und wagt sich damit an ein
Tabuthema der deutschen Nachkriegsgeschichte und Literatur.

Grass erzählt nicht nur von der wohl größten Schiffskatastrophe
aller Zeiten, sondern beschreibt auf mitreißende Weise zugleich
die Geschichte und Wirkung dieses gesamtdeutschen Tabus, nicht
zuletzt auf die eigene Person. „Mochte doch keiner was davon hören,
hier im Westen nicht und im Osten schon gar nicht", lässt er seinen
Ich-Erzähler sagen.

Als erster Schriftsteller aus seiner Generation reagiert Grass damit
literarisch auf jene Diskussion, die Ende 1997 mit den Thesen des
im Dezember 2001 tödlich verunglückten Schriftstellers W. G. Sebald
zum Thema „Luftkrieg und Literatur" anhob (SPIEGEL 3/1998) und
sich rasch zu einer Debatte über die Versäumnisse der deutschen
Nachkriegsliteratur, auch und besonders der Gruppe 47 weitete.
Die jungen Autoren dieser Gruppierung seien „von vielfältigen Tabus
umstellt", Bombenkrieg und Vertreibung kein Thema gewesen,
schrieb die „Frankfurter Allgemeine", die Beteiligten und Betroffenen würden wahrscheinlich „stumm abtreten".

Grass, der sich nun anschickt, diese Prognose zu widerlegen, stimmte das Thema zunächst in einer Rede über Erinnerung an, gehalten
im Herbst 2000 in Vilnius. Als beunruhigend empfand er, „wie spät
und immer noch zögerlich an die Leiden erinnert wird, die während
des Krieges den Deutschen zugefügt wurden". In der Nachkriegsliteratur habe die „Erinnerung an die vielen Toten der Bomben-
nächte und Massenflucht" nur wenig Raum gefunden.

In der neuen Novelle ist die Frage nach den Gründen dafür zentral, auch die nach den moralischen und erzählerischen Schwierig-keiten mit der heiklen Materie. Der Titel „Im Krebsgang" weist auf die tastende und umwegreiche Erzählform hin, auf die sehr bewus-ste, alles Anekdotische ausklammernde Schreibhaltung.

Grass selbst taucht, nicht zum ersten Mal, in seinem eigenen Werk auf, als der „Alte" und „Arbeitgeber" des Ich-Erzählers. So gibt er indirekt, in dritter Person Auskunft über sich:

Eigentlich, sagt er, wäre es Aufgabe seiner Generation gewesen, dem Elend der ostpreußischen Flüchtlinge Ausdruck zu geben: den winterlichen Trecks gen Westen, dem Tod in Schneewehen, dem Verrecken am Straßenrand und in Eislöchern, sobald das gefrorene Frische Haff nach Bombenabwürfen und unter der Last der Pferde-wagen zu brechen begann, und trotzdem von Heiligenbeil aus immer mehr Menschen aus Furcht vor russischer Rache über endlose Schneeflächen ... Flucht ... Der weiße Tod ... Niemals, sagt er, hätte man über so viel Leid, nur weil die eigene Schuld übermächtig und bekennende Reue in all den Jahren vordringlich gewesen sei, schwei-gen, das gemiedene Thema den Rechtsgestrickten überlassen dürfen.

Grass lässt seinen Erzähler, der niemand anderes ist als Tullas ein-ziger Sohn Paul, sogar von Versäumnis und Versagen sprechen. Eine subtile Art literarischer Selbstkritik: Zuzugeben sei, so der „Alte", „dass er gegen Mitte der sechziger Jahre die Vergangenheit satt gehabt, ihn die gefräßige, immerfort jetztjetztjetzt sagende Gegenwart gehindert habe, rechtzeitig auf zweihundert Seiten Blatt Papier ... Nun sei es zu spät für ihn."

Das ist von großem literarischen Raffinement, hier vibriert der doppelte Boden – denn diese 200 (genau 216) Seiten sind glänzend und packend geschrieben: Hier ist einer ganz bei sich, bei seinem Thema. Hier beweist einer das unbedingte Bedürfnis, eine Geschichte zu erzählen, sie knapp, gebändigt in eine Form zu bringen.

Seit langem hat Grass mit einem Prosawerk nicht mehr derart überzeugen können. Nach der Novelle „Katz und Maus" war ihm so recht nur noch ein als Nebenwerk gedachtes erzählerisches Spiel mit der Gruppe 47 gelungen: „Das Treffen in Telgte" (1979). Vor allem die größeren Werke, eigentlich schon die „Hundejahre", besonders aber die Romane „Örtlich betäubt" (1969), „Die Rättin" (1986) und „Ein weites Feld" (1995), nicht zuletzt die Prosasamm-lung „Mein Jahrhundert" (1999), zeigten einen bemühten, oft ausufernden Erzähler, der sein tagespolitisches Temperament schwer zügeln konnte und die von seinen Anfängen gewohnte Kraft vermissen ließ.

Als ihm im Herbst 1999 der Nobelpreis für Literatur verliehen wurde, wobei lobende Hinweise auf das Frühwerk nicht fehlten, war Grass vor allem als politischer Polemiker präsent. Seit er auf SPD-Wahlveranstaltungen aufgetaucht war, seit er sein „Loblied auf Willy" (1965) gesungen und später die Ostpolitik des Kanzlers Brandt unterstützt hatte, schien er verlässlich linksliberale Positionen zu verteidigen – bis hin zur Diskussion um die Wiedervereinigung, als er nicht müde wurde, vor einem großen deutschen Staat zu warnen. „Wer gegenwärtig über Deutschland nachdenkt", sagte er Anfang 1990, „muss Auschwitz mitdenken."

Umso überraschender scheint nun die Hinwendung zu einem Thema zu sein, das das Tätervolk in der Opferrolle zeigt. Was bisher etwa bei Kempowski in dem großen kollektiven Tagebuch „Das Echolot" – und zwar in den Bänden mit dem Untertitel „Fuga furiosa" (1999) – zur Sprache kam, was in Romanen von Arno Surminski, Leonie Ossowski oder Heinz G. Konsalik, auch in der Jugendliteratur (so in Willi Fährmanns 1962 publiziertem Erfolgsroman „Das Jahr der Wölfe") dargestellt wurde, wird von Grass auf hohem literarischem Niveau präsentiert: die Massenflucht der Ostdeutschen gen Westen, vorgeführt am Beispiel der äußersten Katastrophe, des „Gustloff"-Untergangs.

Grass weicht dabei keinem Aspekt dieser Geschichte aus. Zunächst ist da die Unheimlichkeit des Datums: Am 30. Januar 1895 wurde jener Wilhelm Gustloff geboren, der 1936 in der Schweiz als nationalsozialistischer Landesgruppenleiter einem Attentat zum Opfer fiel und nach dem – auf Wunsch Hitlers – das bei Blohm & Voss vom Stapel gelaufene neue Passagierschiff der „Kraft durch Freude"-Flotte benannt wurde.

Und auf den Tag genau 50 Jahre nach Gustloffs Geburt, an jenem 30. Januar 1945, wurde diese „Wilhelm Gustloff" mit Tausenden von Flüchtlingen an Bord in der Ostsee durch ein sowjetisches U-Boot versenkt. Zudem ist der 30. Januar der Tag von Hitlers „Machtergreifung" 1933.

Eine derart magische Verschränkung der Zeitläufe kann sich keine Literatur ausdenken, Grass aber legt auch den Geburtstag seines

Ich-Erzählers auf diesen Tag – und lässt darüber hinaus die Geburt exakt „im Augenblick des Untergangs" stattfinden: „Zweiundsechzig Minuten nach den Torpedotreffern kroch ... ich aus dem Loch." Ein halbes Jahrhundert später sitzt Paul Pokriefke, inzwischen Journalist, an seinem Computer und stößt beim Surfen im Internet – ohne große Absicht gibt er das Suchwort „Gustloff" ein – auf befremdliche und überraschende Aktivitäten einer „Kameradschaft". Das ist der Rahmen der Novelle und die Gegenwartsebene.

Stets hat Mutter Tulla vom Journalistensohn erwartet, dass er ihre Geschichte und die des „Gustloff"-Untergangs aufschreibt, er solle „Zeugnis ablegen", so liegt sie ihm seit Jahren in den Ohren. Doch Paul hat bisher nie so recht gewollt, stattdessen bei einer Springer-Zeitung volontiert, dann für die linke „Tageszeitung" geschrieben und dabei auch gelegentlich „Bekenntnishaftes zum Thema ‚Nie wieder Auschwitz' geliefert" – doch nie ein Wort über die Katastrophe auf See.

Grass nutzt geschickt den Stoff für Legendenbildung, der in der Geschichte steckt: Er erfindet sich eine neonazistische Homepage („www.blutzeuge.de"), auf der die Datumszufälligkeit um den 30. Januar als „Ausweis der Vorsehung" gedeutet und die ganze Geschichte aus rechtsextremen Blickwinkel ausgebreitet wird.

Der Schiffsuntergang in der eisigen Januarnacht 1945 war nur eine, wenn auch die größte der Katastrophen, die sich während der maritimen Evakuierung von mehr als zwei Millionen Deutschen vor der nachrückenden Roten Armee ereigneten. Lange Jahre wurde die Zahl der bei der Versenkung der „Gustloff" Getöteten und Ertrunkenen auf 5000 bis 6000 geschätzt, inzwischen wird von rund 9000 Toten ausgegangen, darunter mehr als 4000 Kinder und Jugendliche.

„Im Krebsgang" schildert zwei Möglichkeiten, solches Grauen zu beschreiben. Grass, der „Alte", der nie namentlich auftaucht, ermuntert seinen fiktiven Ich-Erzähler, eine Novelle zu schreiben. Der aber will, als Journalist und Rechercheur im Internet, lieber nur berichten, die Zeugnisse anderer zitieren: „Was aber im Schiffsinneren geschah, ist mit Worten nicht zu fassen ... Also versuche ich nicht, mir Schreckliches vorzustellen und das Grauenvolle in ausgepinselte Bilder zu zwingen."

Diesen Dialog, der auch ein Dialog über die Fragwürdigkeit der Darstellbarkeit von massenhaftem Tod ist, weitet Grass in seinem

Buch noch weiter aus, indem er drei Generationen der Pokriefkes zu Wort kommen lässt – jede hat eine ganz andere Art, mit der Katastrophe, die eine Art Gründungsmythos der Familie ist, umzugehen.

Tulla Pokriefke ist die nahezu sprachlose Augenzeugin, die nur bruchstückhaft in immer gleichen Szenen das Erlebte zu schildern vermag, dabei ständig jenen Satz bemüht, der oft aus dieser Generation zu hören ist: „Ech könnt euch Romane erzähln." Die Überlieferung hält sie für die Sache ihres Sohnes, des Journalisten („Ech leb nur noch dafier, dass main Sohn aines Tages mecht Zeugnis ablegen").

Der aber, Paul Pokriefke, will von den alten Geschichten, von den dramatischen Umständen seiner Geburt nichts mehr hören – typisch für seine Generation. Jahrzehntelang hat er sich abgeschirmt gegen alle Informationen, die mit dem Untergang der „Wilhelm Gustloff" zu tun haben. Und als er sich, Mitte der neunziger Jahre, endlich an die Arbeit macht, erscheint es zweifelhaft, ob es ihm gelingen werde, „das tausendmalige Sterben im Schiffsbauch und in der eisigen See in Worte zu fassen".

An die Arbeit macht er sich im Grunde erst, als er erkennen muss, dass sich hinter der „Kameradschaft" im Internet ein Einzelner verbirgt, und zwar niemand anderes als sein eigener Sohn Konrad, genannt Konny, von dem er getrennt lebt.

Tullas geliebter Enkelsohn nämlich hat sich aus den Geschichten der Großmutter (die ihm auch den Computer geschenkt hat) etwas ganz Eigenes zusammengebraut: eine neonazistische Hassseite, auf der er die Besatzung des sowjetischen U-Boots „Frauen- und Kindermörder" nennt und als „Wilhelm" im Chat einen kenntnisreichen Dialog mit einem zunächst anonymen „David" führt, der sich nicht mit Gustloff, sondern im Gegenteil mit dem Gustloff-Attentäter David Frankfurter identifiziert.

Grass und sein Erzähl-Adlatus Paul scheuen sich nicht, gelegentlich den Volkshochschullehrer zu spielen und Informationen chronistenhaft darzubieten, so auch die Vor- und Nachgeschichten der „Gustloff"-Katastrophe und ihrer Beteiligten: Kurz und knapp wird zusammengetragen, was über die Lebensläufe des in Schwerin geborenen Nazis Gustloff und des aus der kroatischen Stadt Daruvar stammenden Attentäters und jüdischen Medizinstudenten Frankfurter (Jahrgang 1909), über das Attentat in Davos und den anschließenden Prozess in Chur zu sagen ist; auch die Vita des 1913 geborenen sowjetischen U-Boot-Kommandanten wird ausgeleuchtet – und das alles bis weit über den Krieg hinaus verfolgt.

Ebenso ist manches über Bau, Stapellauf und die glücklicheren Jahre der „Gustloff", von 1936 bis zum Kriegsbeginn, zu erfahren, über das Schiff, das rund 25 Millionen Reichsmark gekostet hat und 1463 Passagiere bequem an Bord nehmen konnte. Als KdF-Dampfer wurde die „Gustloff" schnell Legende, zum Wunschziel deutscher Urlauber.

Ein Glanzstück und Exempel für die Erzählstrategie des Autors ist das Gedankenspiel, das er seinen Ich-Erzähler anstellen lässt: Wenn der, Paul Pokriefke, 1938 als Journalist bei der Jungfernfahrt hätte dabei sein können – wäre er so mutig gewesen, danach zu fragen, mit welchen Geldern die Nazis das Schiff finanzierten, wo die Guthaben der verbotenen Gewerkschaften geblieben sind?

„Verspätete Mutproben!", sagt sich Paul und sieht sich mit der Masse der Kollegen bewundernd durch das Schiff gehen: „Ich sah und notierte beflissen." Das Promenadendeck, die Schwimmhalle, die modernsten Trinkwasserbehälter, Tellerwaschanlagen und sanitären Einrichtungen werden so dem Leser mit Pauls Augen vergegenwärtigt.

Auch zur Beschreibung der eigentlichen Katastrophe hat Grass einen dezenten Kniff gewählt: Er lässt seinen Paul etwa über Kinderfotos sprechen, die für immer verloren sind, denn mit den Kindern (nicht einmal hundert überlebten die Katastrophe) sind auch die Bildzeugnisse ihrer Geburt und ihrer kurzen Lebenszeit untergegangen, versunken mit dem Flüchtlingsgepäck.

Der vielstimmige Zugriff auf die Tragödie gibt Grass die Möglichkeit, auch Aspekte jenseits des politisch Korrekten anzusprechen. Das ist das eigentlich Brisante an diesem Werk – es trifft sich mit einer allgemeinen Tendenz, nun, mehr als ein halbes Jahrhundert nach dem Zweiten Weltkrieg, die bislang weitgehend tabuierten Themen wie Luftkrieg und Massenflucht einigermaßen unbefangen zur Sprache zu bringen.

Auch das Fernsehen nimmt sich ihrer an wie Ende 2001 Guido Knopps ZDF-Serie über „Die große Flucht". Archive öffnen sich, bisher unbekanntes Bildmaterial kommt ans Licht, noch lebende Zeitzeugen werden befragt – wie es zunächst und zuallererst mit den überlebenden Opfern der deutschen Aggression und des Massenmords geschah.

Grass kann von sich sagen – und hat es in Äußerungen im Vorfeld der Novelle auch getan („Dieses Thema tickt bei mir schon sehr lange") –, dass es in seinem Werk vom Beginn an Hinweise auf die Schiffskatastrophe gab. In der „Blechtrommel" wird nicht nur die „Wilhelm Gustloff" am Rande erwähnt, auch vom Bombenkrieg, von Luftschutzkellern, der Massenflucht aus der Perspektive des Zwerges Oskar ist die Rede, sogar von der Vergewaltigung deutscher Frauen durch Soldaten der Roten Armee, ohne dass der Autor in die Nähe rechter Politik oder der Vertriebenenverbände zu rücken war.

So ist es nicht übertrieben, wenn in der Novelle „Im Krebsgang" der fiktive Erzähler über den „Alten", also Grass, sagt: Es sei dessen Sache gewesen, sich des Untergangs der „Gustloff" erzählerisch anzunehmen, ihm sei „diese Stoffmasse auferlegt worden".

Grass, der sich als Verfasser der „Danziger Trilogie" (zu der „Die Blechtrommel, „Katz und Maus" und „Hundejahre" zählen) für alles zuständig fühlen darf, was „mit der Stadt Danzig und deren Umgebung verknüpft oder locker verbunden" ist, hat nun die „Stoffmasse" tatsächlich (und überzeugend) in Angriff genommen.

Leider – das ist ein kleiner Einwand gegen diese an sich wunderbare Novelle – läuft alles auf eine Pointe hinaus, die der Autor dem SPIEGEL gegenüber „schlüssig" nannte, die aber allenfalls kurzschlüssig ist.

Am Ende scheint ihm das politisch korrekte Gewissen doch noch in die Quere zu kommen. Hat er den jungen Neonazi, Tullas Enkelkind Konrad, mit der bizarren Verehrung für Wilhelm Gustloff, den Namensgeber des Schiffes, vielleicht zu sympathisch dargestellt? Muss nicht vielmehr streng auf die Gefahr solcher Aktivitäten hingewiesen werden?

Als würde er die Geister, die er rief, nicht mehr los, wird der Hexenmeister Grass plötzlich zum Zauberlehrling und sucht Zuflucht bei einem läuternden, lärmenden Finale – pädagogisch wertvoll gewissermaßen. Er lässt den Jungen zur Tat schreiten, um ihn danach auf die Anklagebank setzen zu können.

Konrad, der sich „Wilhelm" nennt, trifft sich ganz real mit dem jungen Mann, der sich im virtuellen Internet-Raum als „David" ausgibt: in Schwerin, dort, wo Gustloff bestattet wurde. Es kommt zur Katastrophe, zum neuen Attentat unter umgekehrten Vorzeichen: Wilhelm erschießt David, der Neonazi den Juden, der, wie sich vor Gericht herausstellt, gar keiner ist, sondern sich diese Identität angemaßt hatte.

Hier überdreht Grass seine Konstruktion – und unterschätzt wohl die Folgen, die eine solche Tat in Deutschland hätte, den weltweiten Aufruhr. Er beschädigt das feine Erzählgewebe aus Fiktion und Realität.

Alles endet bei ihm vor einem milden Jugendrichter und mit dem Zusammentreffen der beiden Elternpaare, die sich gegenseitig mit Hinweisen auf ihre Erziehungsfehler trösten. Offenbar glaubte der erfahrene Erzähler mit der fiktiven Mordtat die für die Novellenform obligatorische „unerhörte Begebenheit" nachliefern zu müssen. Dabei ist das, was sich am 30. Januar 1945 in der Realität begeben hat, doch wahrlich unerhört genug.

Rückwärts krebsen, um voranzukommen

Rudolf Augstein

über „Im Krebsgang"

Günter Grass hat einen Überraschungscoup gelandet. Er ist mit einem Buch niedergekommen, wie es wohl nur wenige von ihm erwartet haben. Er führt uns die wohl schwerste Schiffskatastrophe aller Zeiten vor Augen, den Untergang der „Wilhelm Gustloff" am 30. Januar 1945 in der Ostsee nordwestlich von Danzig.

Damals sind etwa 9000 Menschen ums Leben gekommen, teils, weil sie im eiskalten Wasser ertranken, teils auch, weil sie im Bauch des „Kraft durch Freude"-Dampfers eingeschlossen waren und mit ihm untergingen.

Wer ihren Kollektivschrei gehört hat, wird dieses Erlebnis wohl bis zu seinem Tode nicht vergessen.

Insgesamt sind über 33 000 Menschen auf dem Seeweg nach Westen in der Ostsee umgekommen.

Man könnte sich fragen, warum sie nicht auf dem Landweg vor der Roten Armee flüchteten. Wer, wie ich, die Zerstörung in Russland gesehen hat, die Hitlers Armeen angerichtet haben, der wird da nicht lange rätseln.

Die Flüchtlinge waren nicht See-erfahren. Dass U-Boote Torpedos auf die Schiffe abfeuern konnten, mögen sie verdrängt haben. Im Fall der „Wilhelm Gustloff" waren es drei, abgefeuert von einem dieser Tauchboote.

Bei Grass lesen wir von dem Schicksal des sowjetischen U-Boot-Kommandanten, der später im Gulag landete. Wir erfahren alles, was zu diesem Schauerstück des Krieges zu erfahren nötig ist.

Soll man sich wundern, dass Grass das gerade für ihn nahe liegende Thema erst jetzt aufgegriffen hat? Nicht unbedingt. Mehr Stoff bot der Ozeanriese „Titanic", der 1912, in Friedenszeiten, einen Eisberg rammte. Schließlich war der in Klassen aufgeteilte und mit viel Geld erbaute Luxusliner mit internationaler High Society besetzt und kostete „nur" 1500 Menschen das Leben. Einzelschicksale wurden hier fort- und fortgesponnen, auch während des Hitler-Krieges. Mehr Film- und Romanstoff jedenfalls als die torpedierte „Wilhelm Gustloff", auf der die deutschen Flüchtlinge den sowjetischen Truppen zu entkommen hofften.

Grass webt ein dichtes Netz der handelnden und behandelten Personen. Als geübter Erzähler fängt er mit dem schwächsten Punkt an, dem Namensgeber des Schiffs, Wilhelm Gustloff.

Er war nicht zufällig ausgewählt. Wilhelm Gustloff hatte sich 1932 zum Landesgruppenleiter der Auslandsorganisation der NSDAP emporgearbeitet, sein Wirkungsbereich war die Schweiz. Dort wurde er von dem knochenkranken Medizinstudenten David Frankfurter am 4. Februar 1936 erschossen. Frankfurter wurde nicht nach Deutschland ausgeliefert, weil ihm dort die Todesstrafe sicher war.

Die Verhandlung vor einem Schweizer Gericht in Chur dauerte vier Tage, und auch das war schon zu viel. Der schmächtige Angeklagte bekannte sich zu dem Attentat im Stil Cäsars: „Veni, vidi, vici." Er habe fünf Schüsse abgegeben, einer aber sei danebengegangen. Urteil: 18 Jahre Zuchthaus. Die Ärzte versicherten dem Delinquenten ohne Ironie, dass das Zuchthausleben für ihn gesünder sei. Das war Frankfurters Part, so konnte Wilhelm Gustloff als „Blutzeuge" kanonisiert werden.

Gustloffs Leiche wurde aus der Schweiz in seinen Geburtsort Schwerin transportiert, bestattet und der Blutzeuge mit einem Denkmal beehrt.

Ein Jahr später, 1937, wurde das KdF-Schiff auf seinen Namen getauft.

Es gehörte zu der großen Flotte, die Robert Ley als Leiter der Deutschen Arbeitsfront hatte chartern und bauen lassen (Hitler über Ley: „Der größte Idealist in der deutschen Arbeiterschaft").

Die Schiffe symbolisierten die nationalsozialistische Idee einer klassenlosen Gesellschaft und waren gerade deswegen beliebt. Dass auch durch diese „Kraft durch Freude"-Reisen den Leuten das Geld aus der Tasche gezogen werden sollte, wurde nicht wahrgenommen.

Die Größe der „Wilhelm Gustloff" führt man sich am besten vor Augen, wenn man bedenkt, dass sie zeitweise auch als Lazarettschiff mit 500 Betten genutzt werden konnte.

Die Idee, ein Schiff „Adolf Hitler" zu nennen, wurde schnell verworfen – wegen der unschönen Symbolik, sollte es untergehen. Grass kümmert sich um das Schicksal aller von ihm einbezogenen Figuren. So erfahren wir, dass der Student Frankfurter nach Kriegsende begnadigt wurde, in der Haft kuriert von seiner Knochenerkrankung.

Weiter erfahren wir, dass auch in England lebende Deutsche und Österreicher aus Anlass des Einmarsches deutscher Truppen in Österreich 1938 auf der „Wilhelm Gustloff" dem „Führer" ihre Stimme geben konnten. Als der Feriendampfer sich außerhalb der Drei-Meilen-Zone befand, wurden Wahlkabinen aufgestellt, aber die erwarteten 99 Prozent Ja-Stimmen wurden selbstverständlich erreicht.

In ganz Deutschland und Österreich wurde entsprechend abgestimmt; der spätere Bundespräsident Theodor Heuss beteiligte sich mit einem Dreispalter in Wien.

Bei der Taufe der „Wilhelm Gustloff" warf die Witwe des Namensgebers die obligate Sektflasche. Dem anwesenden „Führer" konnte die Dame nicht fremd sein, in der Kampfzeit der Partei war sie seine Sekretärin gewesen.

Alles das lässt Grass einen Erzähler beschreiben, Sohn einer Tischlerin namens Tulla Pokriefke.

Sie hielt nicht viel von ihrem Sohn, der 1945 die Torpedierung im Bauche seiner Mutter miterlebt hat, er wohl auch nicht von sich. Aus ihm werde wohl nichts mehr, sagt er der Mutter ironisch, aber er entwickle sich immerhin – zum Kettenraucher.

Grass nennt sein Buch eine Novelle, und das kann er. Novelle kommt aus dem Italienischen und heißt „kleine Neuigkeit", was ein großes Thema ja nicht ausschließt.

Grass hat kein „Werkchen" verfasst wie etwa „Das Treffen in Telgte", sondern ein veritables Werk. Er hat es nicht nötig, dem Zeitgeist zu huldigen, aber der Zeitgeist kommt ihm entgegen. Es ist wieder angebracht, der Toten unter den 12,5 Millionen Vertriebenen zu gedenken, die auf ihrer Flucht nach Westen zu Grunde gingen.

Was Günter Grass mit dem Titel seines Buches „Im Krebsgang" bezweckt, muss man erahnen. Der Erzähler erklärt es uns einmal wörtlich so: Rückwärts krebsen, um voranzukommen!

Die verdrängte Tragödie

Es war die wohl größte Seefahrtskatastrophe, schlimmer noch als der Untergang der „Titanic": Kurz vor Ende des Zweiten Weltkriegs versenkte ein sowjetisches U-Boot das deutsche Flüchtlingsschiff „Wilhelm Gustloff". Etwa 9000 Menschen kamen ums Leben, zumeist Frauen und Kinder.

Von Clemens Höges, Cordula Meyer, Erich Wiedemann und Klaus Wiegrefe

Die jungen Mädchen waren unter den Ersten, die starben: Marinehelferinnen, einige Dutzend, die meisten erst 17 oder 18 Jahre alt. Die Offiziere der „Wilhelm Gustloff" hatten ihnen als Quartier das Schwimmbad des ehemaligen Kreuzfahrtschiffes zugewiesen, dazu die umliegenden Kabinen. Es war gekachelt, von Säulen umstanden und mit einem Mosaik verziert, vor allem aber etwas abgelegen vom Chaos auf dem Rest des Schiffes.

Doch das Schwimmbad lag auch nahe dem Bug der „Gustloff", auf dem tiefsten Deck, einige Meter unter der Wasserlinie. Und genau dort traf einer von drei Torpedos in dieser eiskalten Nacht, der des 30. Januar 1945.

Ursula Pautz hatte es gerade geschafft einzuschlafen, als ein „entsetzlicher Schlag" sie wieder hochriss: „Es war, als wenn Eisenplatten mit wahnsinniger Wucht gegeneinander geschlagen wurden. Entsetzensschreie gellten durch die Luft. Ich sah Verwüstung. Umgestürzte Spinde, eingeklemmte schreiende Mädchen. Durch die Tür, die zum Schwimmbad führte, drang Wasser. Ich riss sie auf und sah ein entsetzliches Bild. Überall lagen meine Kameradinnen, teilweise schon vom Wasser überflutet, ein schreiender, betender Haufen. Die Mädels, die noch nicht tot oder ertrunken waren, versuchten die Treppe nach oben zu erreichen. Doch die Schotten waren dicht, es gab kein Entkommen mehr. Wir sind eingesperrt, schrie eines der Mädels, eingesperrt haben sie uns. Ich hörte Schreie nach der Mutter, nach Gott, nach Hilfe. Ich will nicht sterben, schrie eines der Mädchen. Eine andere Kameradin neben mir hatte von irgendwoher ein Messer und schnitt sich die Adern an beiden Armen auf – ihr Blut mischte sich mit dem immer höher steigenden Wasser." Nur wenige Mädchen konnten schließlich doch noch eine Fluchtluke aufstemmen.

Mit dem Torpedotreffer im Schwimmbad begann die wohl größte Katastrophe der Seefahrt. Als das sowjetische U-Boot „S 13" das deutsche Flüchtlingsschiff „Wilhelm Gustloff" in den letzten Monaten des Krieges in der Ostsee versenkte, überlebten etwa 1200 Menschen die Attacke. Rund 9000 aber starben – sechsmal so viele wie beim Untergang der „Titanic".

Die meisten Opfer waren Frauen und Kinder. Sie traten sich in den Gängen zu Tode, wurden von Stahlwänden zerquetscht oder brachen sich das Genick, als sie über das vereiste Deck kletterten. Zwischen den Wrackteilen schwammen sie nachher meist nur Minuten, bis die Kälte des Wassers sie einschläferte.

Die „Titanic" zeugte von der Hybris der technikbegeisterten Zivilisation, die glaubte, sie könne die Natur besiegen. Die „Gustloff" war Symbol der deutschen Hybris, des Traumes von der großdeutschen Volksgemeinschaft – der im Alptraum endete. Sie war Adolf Hitlers „Titanic".

Doch während der britische Luxusliner Stoff lieferte für Dutzende Bücher und Filme, wagten sich an die „Gustloff" nur wenige. Eine Hand voll Bücher gibt es und einen Spielfilm. Ansonsten verdrängten Deutsche und Russen die Katastrophe bald. Die Jungen in der Nachkriegsrepublik, die 68er, wollten von Deutschen als Opfern wenig wissen. Sie interessierten sich nur für die Täter unter den Vätern.

„Irgendjemand, so dachten wir, müsste doch büßen für die unfassbaren deutschen Verbrechen", erinnerte sich jüngst die Grüne Antje Vollmer an ihren Blick auf die Flüchtlinge und Vertriebenen aus den Ostgebieten. All das Leid war eben die Rechnung für den Angriffskrieg und für Auschwitz. Und „das sei schon so in Ordnung", dachte sie – wie viele andere. Opfer, das durften jahrzehntelang nur jene sein, die Hitler verfolgt hatte.

Das große Schweigen begann. Der erbitterte Streit um die Ostpolitik Willy Brandts ließ die Vertriebenenverbände weiter nach rechts rücken. Wer von den Toten der „Gustloff" sprach und den anderen Gräueln der Flucht, geriet nun schnell in Verdacht, ein Revanchist zu sein. Die politische Linke, räumt der Sozialdemokrat Otto Schily ein, hat „zeitweise über die Vertreibungsverbrechen, über das millionenfache Leid, das den Vertriebenen zugefügt wurde, hinweggesehen". Die Ostsee hatte die „Gustloff" begraben, und das Schweigen hatte sich über die Schicksale der Menschen an Bord gelegt.

Es wurde erst brüchig, als die Mauer fiel und Helmut Kohl die deutsche Ostgrenze endgültig festschrieb. Die deutsche Frage war beantwortet, der Blick nach Osten wurde frei. Und das neue Buch von Günter Grass lenkt ihn nun auf die „Gustloff", lenkt ihn nach Gdynia oder Gdingen, in jene Stadt, welche die Nazis Gotenhafen nannten.

Der Kessel

Unaufhaltsam rückt die Rote Armee Ende Januar 1945 nach Westen vor, Richtung Königsberg, Richtung Danzig. Ein Volk flüchtet, zu Fuß, mit Pferdewagen, bei rund 20 Grad minus. Die Elenden fliehen über das zugefrorene Haff, gejagt von russischen Flugzeugen, die mit ihren Bordkanonen die Trecks der Verzweifelten angreifen. Sie mähen sie nieder, die Frauen und die Kinder, die Greise und die

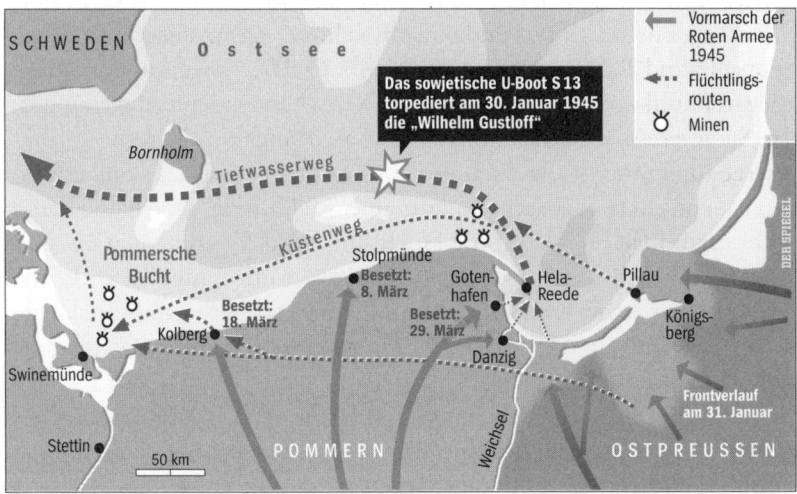

schwer Verletzten – für die Piloten sind es alles „Hitleristen", keine Menschen.

Bald ist ganz Ostpreußen eingekesselt, Hunderttausende laufen, im Rücken die Rote Armee. Es bleibt für viele nur eine Hoffnung – und dorthin fliehen sie nun vor den Sowjetpanzern: nach Gotenhafen, zu den Schiffen.

Der Hafen ist einer der wichtigsten Stützpunkte der Kriegsmarine, so weit im Osten, dass alliierte Bomberflotten kaum hinkommen. Bald aber wird auch Gotenhafen ein Inferno sein, das wissen alle, und schon jetzt ist die Stadt die Hölle.

Die letzten noch fahrenden Züge bringen Menschen, und auch über See kommen sie in kleinen Booten. Selbst auf den Decks stehen die Flüchtenden dicht an dicht, in Gischt und schneidendem Wind. Wenn die Boote anlegen und sich die Masse auflöst, fallen einige steif um, tot, erfroren, wie zu gläsernen Statuen erstarrt.

Überall in den Häusern von Gotenhafen, den Schulen und Kneipen liegen Flüchtlinge, in den Fluren der Lazarette wälzen sich die schwer Verwundeten. Kinder betteln auf der Straße um Brot. Trotzdem ist es ein Hafen der Hoffnung, denn in der Bucht liegen nicht nur große Kriegsschiffe wie die Schweren Kreuzer „Admiral Hipper" und „Prinz Eugen". An den Piers festgemacht haben auch Schiffe, von denen jedes Tausende Fliehende aufnehmen könnte, die „Hansa" etwa, die „Cap Arcona" – und die „Wilhelm Gustloff".

1937 lief sie vom Stapel, das bis damals größte Kreuzfahrtschiff der Welt, über 208 Meter lang, fast 24 Meter breit, weiß, prachtvoll, mit Kino und Schwimmbad. Für Hitlers Freizeit-Organisation „Kraft durch Freude" brachte sie anderthalb Jahre lang Urlauber nach Norwegen oder Schweden. Dann ließen die Admiräle sie grau überstreichen, den größten Teil des Krieges über lag die „Gustloff" an der Pier in Gotenhafen als schwimmende Kaserne für die Kadetten der 2. U-Boot-Lehrdivision.

Doch die „Gustloff" und die anderen Schiffe dürfen noch keinen Flüchtling an Bord nehmen, obwohl immer mehr Menschen zum Hafen strömen. Auch die Kapitäne wollen schnell weg. Sie fürchten den Bombenangriff, der sie irgendwann treffen muss. Es kann den Alliierten nicht verborgen bleiben, dass sich im Hafen immer mehr Schiffe konzentrieren. Die Verzweifelten auf den Straßen, die Seeleute auf den Schiffen, sie alle warten, Tag um Tag.

Die „Operation Hannibal"

Am 21. Januar endlich gibt Großadmiral Karl Dönitz den Befehl: Alle verfügbaren deutschen Schiffe sollen vor den Sowjets retten, was zu retten ist. Die „Operation Hannibal" wird die größte Evakuierung über See aller Zeiten – mehr als zwei Millionen Menschen gelangen so gen Westen. Die Offiziere haben Order, vor allem die U-Boot-Kadetten in den Westen zu bringen und deren Kriegsmaterial. In jeden dann noch freien Winkel ihrer Schiffe sollen sie Flüchtlinge stopfen, allerdings nur Frauen und Kinder. Männer müssen bleiben und bis zur letzten Patrone kämpfen.

Den Kapitän der „Gustloff", Friedrich Petersen, beschleicht ein mulmiges Gefühl. Er ist bereits 63 und hat seit Jahren kein Schiff mehr gefahren, schon gar nicht einen solchen Koloss. Petersen lässt sich zwei junge „Fahrkapitäne" zuteilen, die das Schiff manövrieren können. Seine Mannschaft ist ein zusammengewürfelter Haufen aus Kriegs- und Handelsmarine. Dazu übernimmt der schneidige Korvettenkapitän Wilhelm Zahn, Befehlshaber der angehenden U-Boot-Leute auf der „Gustloff", das militärische Kommando. Die Kompetenzen sind ungeklärt: vier Kapitäne auf einem umlackierten Musikdampfer – und draußen die Ostsee voller Minen und U-Boote.

Nun beginnt Gott zu würfeln, und Menschen kommen zueinander, deren Schicksale bis heute miteinander verknüpft sind durch die „Gustloff": Robert Hering – er wird der Held des Dramas – hat erst im Dezember sein Torpedoboot „T 36" bei der Werft abgeholt. Es ist sein erstes Kommando, sein erstes eigenes Schiff, und seine Männer sagen „Herr Kaleu" zu dem Kapitänleutnant, der gerade 26 Jahre alt ist. „Das war ein absoluter Traum, vor allem in diesem Alter", weiß er noch heute.

Im Januar bekommt er den Befehl, Flüchtlinge aufzunehmen. In Danzig sammelt er 255 Menschen ein, die aus Elbing kommen; auch seine Mutter holt er an Bord. Nun liegt „T 36" in Gotenhafen, Hering wartet auf weitere Befehle.

Ursula Resas, 21, erreicht Gotenhafen am 24. Januar nach wochenlangem Umherirren, „immer an der Küste lang, alles andere war ja schon von den Russen abgeschnitten". Dort trifft sie ihre jüngere Schwester Rosemarie, auch sie Marinehelferin. Mit rund 20 Kameradinnen sollen die beiden sich auf der „Gustloff" melden. Doch Rosemarie will nicht, sie hat Angst, eine unbestimmte Angst. „Ich gehe aber nicht ohne dich", jammert Ursula Resas. Erst ein Machtwort des Vaters hilft, der in der Nähe bei den Flugbeobachtern Dienst tut: „Papa hat gesagt: Ihr dürft euch nicht trennen", erinnert sie sich. „Also stapften wir am 25. Januar zum Hafen. Schnee bis zu den Knien, jeder durfte nur das mitnehmen, was er in der Hand tragen konnte. Am Hafen lagen die Menschen unter Schnee. Ich habe gedacht, das sind nur Sachen, die da liegen, aber dann bewegten sich diese Haufen."

Die beiden Mädchen bekommen Matratzen, Schwimmwesten wie alle und Lebensmittelmarken. Sie legen sich im Vorführraum des Bordkinos auf den Boden und fühlen sich in Sicherheit, endlich: „Wir dachten, wir haben ein großes Schiff, das uns nach Westen bringen wird."

Vom 26. Januar an – am nächsten Tag betreten Rotarmisten das KZ Auschwitz – werden immer mehr Flüchtlinge eingeschifft. „Jeden Tag kamen neue Gerüchte", sagt Resas, „morgen läuft sie aus. Und immer neue Parolen und immer neue Menschen. Als Erstes kamen die Frauen von Parteibonzen, die kriegten die Kabinen."

Der Ehemann von Ebby Baronin Maydell starb schon 1934 – aber sie kennt jemanden, der ihr und ihrem Jungen Günther, damals 13, helfen kann: Adolf Bock. Der Führer persönlich schätzt die dramatischen Werke des Marinemalers, die auch Titelseiten von Propaganda-Heften wie „U-Boote ran!" zieren. Seit Jahren schon hat Bock eine feine Kabine auf der „Gustloff" als Wohnung, und nun sorgt er dafür, dass die beiden Maydells ebenfalls gut unterkommen.

Der Junge Günther kennt das Schiff bestens, schon oft hat er an Bord gespielt, wenn seine Mutter Bock besuchte. Für ihn ist das alles hier „ein großes Abenteuer". Er rennt durch die Gänge, über Deck, inspiziert sein Schiff. Die Rettungsboote, das sieht er sofort, sind in einem lausigen Zustand, voller Eis und Schnee, außerdem gar nicht einsatzklar, weil ihre Halterungen, die Davits, noch nach innen geschwenkt sind. Aber was soll er, der Junge, den Offizieren sagen? Und überhaupt: „Wir dachten, wir sind in Sicherheit."

Bald laufen durch Gänge und Treppenhäuser der „Gustloff" so viele Kinder auf Entdeckungstour, dass ein Suchdienst mit Hilfe der Bordlautsprecher ständig nach Müttern fahndet. Einer der

Jungs ist Heinrich Korella, 13. Der Mann, den seine Mutter Käthe heiraten will, arbeitet als Koch auf der „Gustloff", Arthur Krohn heißt er.

Krohn lotst die beiden auf das vermeintlich rettende Schiff. „Es war dunkel, grau, kalt und Schnee fiel", so Korella. Als sie an der gewaltigen Schlange auf der Pier vorbeigehen, fällt dem Kind auf, „dass alles so still war. Tausende Menschen standen da. Aber die Leute waren glücklich, es bis Gotenhafen geschafft zu haben, denn die ‚Gustloff' war ja die Rettung." Doch das Gedränge am Kai der Hoffnung wird immer dichter, langsam merken die Wartenden, dass längst nicht alle mitkommen werden. „Es war wie die Arche Noah, alles strömte zu den Aufgängen", sagt Winfried Harthun, damals 7.

Am Anfang werden die Flüchtlinge noch gezählt. Zahlmeister-Aspirant Heinz Schön ist einer derjenigen, die im Schichtdienst die Namen in Kladden schreiben. Schwangere gehen vor, das weiß Schön, denn die „Gustloff" hat eine Entbindungsstation.

Doch bald brechen die Dämme, alle wollen mit, um jeden Preis. Und als 7956 Menschen an Bord sind, gehen Schön und den Marinehelferinnen auch noch die Kladden aus. Es gibt kein Papier mehr. Nun drängen die Flüchtlinge ungezählt an Bord, noch über 2000, meint Schön.

Die Jagd

Am 29. Januar ist die „Gustloff" klar zum Auslaufen. In der Nacht kommt noch eine gute Nachricht, ein Telegramm vom Führer der Unterseeboote Ost: „drei feindliche u-boote im seequadrat viktor toni 4923 – laufen aufgetaucht langsame fahrt kurs sw – sind erfasst und werden überwacht – mittlere und westliche ostsee frei von u-booten."

Diese drei U-Boote haben die Deutschen also im Griff, aber eines wissen sie nicht – da draußen kreuzt noch ein viertes U-Boot, ein Irrläufer: „S 13" unter Kapitän Alexander Marinesko. Der Trinker und Schürzenjäger hatte den Befehl zum Auslaufen ignoriert und war stattdessen im finnischen Stützpunkt Turku auf Sauftour gegangen. Als Militärpolizisten ihn schließlich fanden, sollte er suspendiert werden, doch da murrte seine Mannschaft. Mit mehreren Tagen Verspätung lief „S 13" aus, allein.

Marinesko weiß, er muss die Scharte wieder auswetzen, seinen Ruf aufpolieren, und zwar auf dieser Feindfahrt. Er braucht dringend einen Abschuss und geht auf volles Risiko: „S 13" pirscht sich Richtung Gotenhafen an die noch deutsche Küste heran. Überall muss der Kommandant hier mit Minen rechnen, außerdem passiert tagelang erst mal gar nichts: „Wir strichen vor dem Bau der Faschisten hin und her, aber die Hunde wollten nicht herauskommen." Am 30. Januar um 12.20 Uhr ziehen vier Schlepper die „Gustloff" von der Pier weg. Oben an Deck steht Ursula Resas: „Alles war glücklich und froh, als wir ausliefen. Wir hatten jetzt 18 Grad unter null. Aber als ich da oben stand, kam Wehmut auf. Da hab ich gedacht, ob ich unsere schöne Nehrung wohl jemals wieder sehen werde."

Kapitänleutnant Hering sieht von seiner „T 36" aus, wie noch während des Auslaufens Menschen von Booten aus auf die „Gustloff" springen: „Die Fallreeps waren unten, permanent kletterten Leute auf das Schiff."

Die „Gustloff" soll im Geleitzug fahren, zusammen mit dem Passagierschiff „Hansa", geschützt von drei kleineren Kriegsschiffen. Noch in der Danziger Bucht, vor der Halbinsel Hela, finden die Kapitäne die „Hansa". Sie liegt still vor Anker. Die Offiziere sehen Flaggensignale: „Maschinenschaden – Weiterlaufen verzögert sich."

Der alte Kapitän Petersen und der schneidige U-Boot-Ausbilder Zahn entscheiden sich, trotzdem auszulaufen. Statt der versprochenen drei Kriegsschiffe kommen aber nur zwei: das Torpedoboot „Löwe" und ein schwächliches Torpedofangboot.

Der Wind wird nun ruppig, fünf bis sechs Beaufort, dazu setzt Schneetreiben ein. Die „Gustloff" bolzt gegen die kurzen harten Ostseewellen an, und bald schon muss das Torpedofangboot abdrehen. Bleibt als Schutz nur noch die „Löwe" – „ein Hund führt einen Riesen durch die Nacht", spottet Zahn.

Nun müssen Petersen und er zwei Entscheidungen treffen. Und sie machen zwei Fehler: Zahn, der erfahrene U-Boot-Mann, weiß, dass Geschwindigkeit sie retten kann. U-Boote sind langsam. Zahn will, dass Petersen die „Gustloff" volle Kraft voraus fährt, 15 Knoten. „Unmöglich", kontert Petersen. Er fürchtet, dass die lange vernachlässigte Maschine nicht durchhält. Außerdem wurde die „Gustloff" bei einem Bombenangriff leicht beschädigt. Die Stelle ist längst wieder geschweißt, doch Petersen traut den Nähten nicht. Mehr als zwölf Knoten lässt er nicht zu. Nur: Da können sowjetische U-Boote mithalten.

Einig sind sich die beiden beim Kurs: Weit draußen auf See führt eine freigeräumte Route durch die Minenfelder, der so genannte Zwangsweg 58. Und dann gibt es noch eine sehr schmale Gasse im flachen Wasser nahe der Küste. Mit ihren nur sieben Meter Tiefgang könnte die „Gustloff" dort noch fahren. U-Boote würden sich jedoch nicht dahin trauen. Sie könnten nicht abtauchen und wären einem Beschuss hilflos ausgeliefert. Doch die beiden Kapitäne fürchten sich vor Luftangriffen und Minen in der engen Schneise und wählen gegen den Rat eines erfahrenen Offiziers den Kurs über die hohe See.

Abgedunkelt kämpfen sich die „Gustloff" und die „Löwe" nun durch die finstere Nacht. Nur selten lassen fliegende Wolkenfetzen den Mond sehen. Der kleine Günther von Maydell liegt in seiner Koje und liest Karl May. Auf der Krankenstation hat Marineoberstabsarzt Helmut Richter seit Beginn der Einschiffung schon vier Schwangere entbunden, alle brachten Jungs zur Welt. Die fünfte, eine junge Frau aus Elbing, liegt nun da. Zwischen 21 und 22 Uhr dürfte es soweit sein.

Ursula Resas kämpft sich durch die überfüllten Gänge zu ihrem Schlafsaal, klettert über Menschen, Gepäck. Ein Matrose spricht sie an: „Mädchen, ist das nicht schön, dass wir fahren? Ich hab noch eine Flasche Cognac, ich lad dich ein." Und der Koch Arthur Krohn bringt seiner Geliebten Korella und ihrem Sohn Heinrich belegte Schwarzbrote in die Zimmermannskabine, wo er sie untergebracht hat.

Als er geht, kann es niemand ahnen: Die beiden werden Krohn nie wieder sehen. Und das Baby, auf das Oberstabsarzt Richter wartet, es wird zwar leben. Aber im Moment seiner Geburt werden die meisten Passagiere der „Gustloff" tot sein.

Denn gegen 18 Uhr stürmt ein Maat auf die Brücke. Er bringt einen Funkspruch. Ein Minensuchverband laufe der „Gustloff" entgegen, genau auf Kollisionskurs. Dieser Funkspruch ist bis heute ein Rätsel der „Gustloff"-Katastrophe. Es kommt kein Minensuchverband. Das aber merken die Kapitäne erst später. Sie befehlen, Positionslichter einzuschalten, Rot an Backbord, Grün an Steuerbord, wie im tiefsten Frieden. Das wird ihr letzter Fehler. „Wenn wir Entgegenkommer haben, werden wir die ohne Lichter auf die Hörner nehmen", weist Petersen einen protestierenden Offizier zurück.

Als die Lichter der „Gustloff" aufflammen, fährt Marineskos U-Boot gerade aufgetaucht. Der wachhabende Offizier auf dem Gefechtsturm sieht das große Schiff sofort, auch das Torpedoboot „Löwe" ist zu erahnen. Marinesko lässt Vollgas geben. Sein Plan: Er will die beiden Schiffe auf Parallelkurs einholen, und zwar auf der Landseite. Dort kann ihm die „Löwe" nichts anhaben, weil sie die andere Seite der „Gustloff" deckt. Und gegen die dunkle Silhouette der Küste ist „S 13" kaum zu sehen. Um auf volle Geschwindigkeit zu kommen, muss er nämlich aufgetaucht fahren. Die Jagd beginnt.

Um 19.30 Uhr schalten die „Gustloff"-Kapitäne die Positionslichter zwar wieder aus, aber zu spät. „S 13" schiebt sich nun Meter um Meter auf ihre Höhe; zwei Stunden braucht das U-Boot für die Aufholjagd. Das Ziel scheint Marinesko „riesig", vielleicht ein Truppentransporter, mutmaßt er, voll gepackt mit Männern, „welche die Erde Mütterchen Russlands zertrampelt hatten und nun auf der Flucht waren".

Viele Überlebende halten den Angriff auf die „Gustloff" noch heute für ein Kriegsverbrechen, waren doch hauptsächlich Frauen und Kinder an Bord. Aber Hitlers Reichsregierung selbst hatte die Ostsee am 11. November 1944 zum so genannten Operationsgebiet erklärt. Deutsche Kriegsschiffe sollten auf alles feuern, was schwimmt. Und damit, da sind sich die Experten einig, galten für den Gegner die gleichen Rechte. Auch hatten die Sowjets nie eine der Konventionen zur Seekriegsführung unterzeichnet.

Zudem hatten Matrosen kurz vor dem Auslaufen notdürftig ein paar Flakgeschütze auf das oberste Deck der „Gustloff" montiert. Sie war also bewaffnet und hatte auch rund 900 Soldaten der U-Boot-Lehrdivision an Bord. Damit galt die „Gustloff" als Kriegsschiff.

Der Tod

Nach zwei Stunden läuft „S 13" schließlich neben der „Gustloff", Marinesko lässt vier Bugrohre klarmachen. Auf dem Torpedo in Rohr eins steht „Für das Mutterland", auf Torpedo zwei steht „Für Stalin", auf dem dritten „Für das sowjetische Volk" und auf dem vierten „Für Leningrad". Sie sind eingestellt auf drei Meter Tiefe. Drei Meter unter der Wasserlinie liegt auf der „Gustloff" das Schwimmbad mit den jungen Marinehelferinnen.

Marinesko hält jetzt auf die „Gustloff" zu. Bei 700 Meter Distanz läuft der Bug des Schiffes schließlich in sein Fadenkreuz. Der Kommandant gibt Feuerbefehl. Drei Torpedos schießen fauchend durchs Wasser. Nur „Für Stalin" bleibt in Rohr zwei stecken.

Die anderen Torpedos treffen. Als der zweite ins Schwimmbad hinein explodiert, läuft im Radio gerade der Schluss der Nationalhymne. Auch der Führer hatte gesprochen zum Jahrestag. Denn der 30. Januar war der Tag seiner „Machtergreifung" 1933. Es ist 21.16 Uhr.

Als die drei Schläge das Schiff erbeben lassen, läuft Oberstabsarzt Richter sofort zu der Hochschwangeren in seinem improvisierten Kreißsaal. Seine Helferinnen glauben, dass das Baby jetzt kommen wird. Er streicht der Frau über die Stirn und gibt ihr eine Spritze, welche die Wehen stoppt. Ein Helfer trägt sie an Deck.

Das Schiff krängt hart nach Backbord, Feuerlöscher fallen von den Wänden, platzen auf. Einer erwischt Ursula Resas' Schwester Rosemarie. „Sie hatte das ganze Gesicht voll Schaum. Und dann kam eine Panik auf, wie man sie sich kaum vorstellen kann. Ich habe die Rosemarie angefasst, festgehalten wie im Schraubstock."

Die beiden wollen vom unteren Promenadendeck nach oben. Wie alle. „Frauen verloren ihre Kinder, da wurde drüber hinweggetrampelt. Alte Menschen blieben liegen. Es war grauenvoll." An den Aufgängen stehen auf einmal Matrosen mit Pistolen, sie lassen nur Frauen und Kinder durch. Rosemarie Resas jammert: „Ulla, jetzt müssen wir sterben."

„Ich will nicht sterben", schreit Ursula Resas zurück: „Dann habe ich meine Schuhe ausgezogen und wie eine Verrückte gegen die Fenster gehämmert, aber natürlich gingen die nicht auf."

Allein das breite untere Promenadendeck mit seinen Panzerglasfronten wird für Hunderte Menschen zum gläsernen Sarg, als das Wasser kommt. Der Obermaschinist Johann Smrczek aus dem Sudetenland hat sich in dem Moment schon auf das weiter oben liegende Sonnendeck gerettet: „Und da sah ich unten das Drama. Durch das Panzerglas. Ich konnte keine Schreie hören, gar nichts. Aber die Menschen waren da gedrängt wie die Ölsardinen. Und das Deck war schon halb im Wasser. Und ich sah Blitze. Das Mündungsfeuer der Pistolen. Mit denen erschossen Offiziere ihre Familien."

Jahre nach dem Krieg wird ein Taucher hinter den Scheiben viele seltsame Bälle treiben sehen, kleine und große. Die Schädel.

Die Resas aber haben Glück. Ein Offizier schießt mehrfach auf ein Fenster in ihrer Nähe, bis sich die Scheibe nach außen drücken lässt. Die „Gustloff" liegt nun schon so schräg, dass die beiden auf der Außenwand entlangrutschen können. Dann holt eine Welle sie. „Menschen klammerten sich an mich. Die habe ich weggetreten. Sonst hätten die mich mit in die Tiefe gezogen."

Der Zahlmeister-Aspirant Heinz Schön klettert an Steuerbord auf eines der wenigen Rettungsboote zu. „Es ist total überfüllt mit Frauen und Kindern. Einige Männer haben sich an den Bootsrand geklammert und hängen in der Luft. Rücksichtslos schlagen Bootsinsassen auf deren Hände. Einer nach dem anderen stürzt ab, fällt in die See. Endlich lassen einige das Boot zu Wasser." Aber in dem Moment legt sich die „Gustloff" plötzlich noch weiter auf die Seite, ein Flakgeschütz reißt sich los, rutscht über das schräge Deck, schießt über Bord – und zerschmettert das gerade zu Wasser gelassene Boot.

„Gustloff"-Kapitän Petersen weiß, dass er nicht unbedingt schnell von dem sinkenden Schiff weg muss. Die Ostsee ist hier nur 60 Meter tief. Die „Gustloff" aber misst vom Kiel bis zur Schornsteinspitze 58 Meter. Sie kann also nicht tief sinken, es wird nicht diesen mörderischen Sog geben. Petersen hat Zeit genug, sich zu einem der Boote durchzuschlagen, die kurz vor der Abfahrt noch aufs Sonnendeck ganz oben gehievt worden sind.

Marinemaler Bock schafft es mit Baronin Maydell und ihrem Sohn Günther zum selben Boot. Dann sitzen sie dort und warten. Bock beschrieb es nach dem Krieg in einem Protokoll: „Ich sah in dem dämmrigen Mondlicht von vorn eine hohe Welle über die versinkende Kommandobrücke rollen und alles, was an Menschen an der Reling hing, hinwegwaschen, hörte noch die durchdringenden Todesschreie, dann wurde unser Kutter von der Flut emporgerissen und wir mit voller Wucht gegen die Schornsteinaufbauten geschleudert. Dann versank alles, nur ein unendliches Gewirr von schreienden Menschen, Wrackteilen, Flößen und Bojen blieb übrig."

Doch kurz vorher passiert noch etwas, das mit Sicherheit erfunden wäre, wenn es nicht viele Menschen gesehen hätten: Während die „Gustloff" sinkt, schaltet sich plötzlich die gesamte Beleuchtung des Kreuzfahrers ein.

Und dann heulen die Sirenen.

Ursula Resas schwimmt einem Rettungsfloß hinterher. „Da hingen Menschen wie Trauben dran." Die meisten überleben nur ein paar Minuten in der eisigen Flut: „Einer nach dem anderen ließ los, und endlich konnte ich mit einer Hand eine Leine erwischen." Andere Flöße treiben vorbei. Einer schreit: „Hast du 'ne Pistole? Erschießt mich doch, ihr feigen Hunde." Minuten vergehen wie Stunden, und irgendwann sieht sie Kinder, viele: „Sie hatten Schwimmwesten an. Aber die Köpfchen sind schwerer als die Beine, und die Beine ragten also aus dem Wasser."

Günther von Maydell hat sich in dem Rettungsboot des Kapitäns, in das sich irgendwie dann auch noch der zweite „Gustloff"-Kommandant Zahn gerettet hat, unter einer Ruderbank verkrochen. Von dort aus lernt der Junge, wie unterschiedlich Todesangst Menschen verändern kann. Als eine schwimmende Frau direkt neben dem Boot um Hilfe schreit, will Maler Bock sie hineinziehen. Doch „Gustloff"-Kapitän Petersen herrscht ihn an: „Lassen Sie das, wir sind voll." Bock brüllt etwas sehr Unflätiges zurück und zieht die Frau an Bord.

In einem anderen Boot bricht plötzlich eine Frau vor Schmerzen zusammen. Es ist die Hochschwangere aus Elbing. Die Männer an Bord rufen nach einem Arzt. Da hören sie von einem dritten Rettungsboot eine Stimme: „Hier ist ein Arzt." Es ist Helmut Richter, der dieser Frau die Spritze gegen die Wehen gegeben hatte. Kurz danach werden die Schwangere und der Mediziner von dem Torpedoboot „Löwe" aufgenommen, das sofort mit der Rettung begonnen hatte. Dort wird das Baby geboren.

Aber die „Löwe" ist längst nicht groß genug für all die Ertrinkenden um sie herum. 472 wird sie nachher gerettet haben. Ein paar Stunden nach der „Gustloff" hatte jedoch der Schwere Kreuzer „Admiral Hipper" in Gotenhafen abgelegt, zusammen mit dem Torpedoboot „T 36". Die Offiziere an Bord sehen die Notsignale der „Löwe", die roten Raketen.

Doch die große „Hipper" stoppt nur kurz auf und läuft dann gleich wieder ab, haarscharf an den Leichen, den Schiffbrüchigen und den Flößen vorbei. „Das U-Boot war ja noch da", sagt „T 36"-Kommandant Hering. Der „Hipper"-Kapitän bringt sein Schiff in Sicherheit, während Hering seine Maschine stoppen lässt.

Lautlos gleitet das Torpedoboot mitten hinein in das Meer aus treibenden Köpfen – und auf den Präsentierteller. Trotzdem: „Man tut seine Pflicht." „Unten trieben Kopf an Kopf Menschen. Tot oder lebendig. Lauter Köpfe", sagt Hering. Seine Männer werfen die Fallreeps hinunter und ziehen an Bord, so viele sie können. 564 Menschen werden es nachher sein, die Hering gerettet hat. „Meine Leute haben das gemacht", sagt er.

Auch die beiden Kapitäne Petersen und Zahn klettern aus ihrem Holzboot an Bord der „T 36" und lassen sich im Kartenhaus nieder. Hering urteilt nicht. Aber als er selbst gegen Kriegsende sein beschädigtes Boot versenken muss, geht er als Letzter von Bord. „Wie sich das gehört", sagt er, und dass er kaum mit den beiden geredet hat.

Keine Zeit, sicher, auch das ist ein Grund. Denn auf der Brücke versucht Hering in diesen Minuten noch zu ahnen, wo das U-Boot sein könnte. Dorthin dreht er den Bug, um eine möglichst schmale Trefferfläche zu bieten. Plötzlich sieht er tatsächlich die Blasenspuren von zwei Torpedos. Sie laufen genau auf „T 36" zu.

Hering gibt Kommando „Volle Fahrt voraus", bei hart gelegtem Ruder. Er muss es tun. „T 36" schafft es, den Torpedos auszuweichen – über Dutzende Köpfe im Wasser hinweg. Zwei von seinen Leuten, die gerade am Heck Schiffbrüchige bergen, gehen über Bord, bleiben zurück, für immer. „Das war der schlimmste Moment meines Lebens."

Hering lässt sofort Wasserbomben werfen. Beinahe vernichtet er das inzwischen getauchte U-Boot Marineskos, das wird aber erst Jahrzehnte später bekannt. Noch einmal dreht Hering bei und rettet Schiffbrüchige, dann muss „T 36", hemmungslos überladen, weg. In der Nacht bergen andere Schiffe noch weitere Überlebende. Aber die meisten bringt Hering an Land.

Epilog

Vom Wrack der „Gustloff" sind heute nur noch Bug und Heck erhalten. Taucher mehrerer Expeditionen haben Löcher in den Rumpf geschnitten. Denn lange Jahre hielt sich das Gerücht, die Nazis hätten mit der „Gustloff" auch das legendäre Bernsteinzimmer in Sicherheit bringen wollen.

Die „Gustloff"-Kapitäne Petersen und Zahn starben erst lange nach dem Krieg, ebenso U-Boot-Kommandant Marinesko. Heute ist ein Museum in St. Petersburg nach ihm benannt.

Der Junge mit dem Karl-May-Buch, Günther von Maydell, war nach dem Krieg jahrzehntelang als Dokumentar beim SPIEGEL. Und wie Archivare so sind, hat er viel gesammelt über die „Gustloff". Er arbeitete jetzt, obschon seit elf Jahren im Ruhestand, für diesen Artikel noch einmal in seinem alten Büro.

Auch den Zahlmeister-Aspiranten Heinz Schön ließ die „Gustloff" nicht mehr los. Er schrieb zwei präzise Bücher über die Katastrophe (Heinz Schön: „Die Gustloff-Katastrophe". Motorbuch-Verlag, Stuttgart; 516 Seiten; 16 Euro. „SOS-Wilhelm-Gustloff". Motorbuch-Verlag, Stuttgart; 254 Seiten; 26 Euro). Aber als er 1992 mit einer Expedition zum Untergangsort fuhr, wäre er dort beinahe ohnmächtig geworden. Nun tritt er zusammen mit Günter Grass auf der Leipziger Buchmesse auf, nutzte der Schriftsteller doch auch Schöns Recherchen zur „Gustloff".

Die Marinehelferin Ursula Resas fand zwar ihre Schwester wieder, leidet aber noch heute unter dem, was sie gesehen hat. Ihrem Kind konnte sie etwa nie „Alle meine Entchen" vorsingen – wegen des Refrains „Köpfchen unter Wasser". Und doch denkt sie immer wieder an genau diese Zeile. Dann sieht sie die Kinderleichen neben sich treiben, die Beine nach oben.

Der Retter Hering, 83, ist zwar zu Treffen der Überlebenden gefahren, aber: „Die kennen mich, und ich kenne sie nicht. Das ist schon schwer." Mit seinen Kindern hat er nie über die „Gustloff" gesprochen. Er würde weinen, und er will auch nicht der Held sein.

Er tippt mit dem Zeigefinger auf das Zifferblatt seiner Armbanduhr. „Wissen Sie, etwas später als jetzt sind wir ausgelaufen", sagt er. Hering sagt nicht „damals". Die Geschichte ist für ihn nicht vorbei.

Und das Baby, das in jener Nacht erst auf der „Gustloff" und dann auf der „Löwe" geboren wurde, das starb wenige Wochen nach der Rettung – in der Wirklichkeit. In der Literatur wird es jetzt zum zweiten Mal geboren: Günter Grass hat es zu einer Hauptfigur seiner Novelle gemacht.

„Geboren an Bord der Gustloff"

Zwei Mütter: Die eine verlor ihr Kind,
das der anderen wurde gerettet.

Von Bruno Schrep

Einen Tag vor dem Untergang, am 29. Januar 1945, kam auf der Sanitätsstation des Flüchtlingsschiffs ein Junge zur Welt: Egbert Wörner. „Geboren an Bord der Gustloff" steht auf seiner Geburtsurkunde.

Die Mutter, Ingeborg Piepmeyer, heute 79, Mädchenname Wörner, gehörte nicht zu den Flüchtlingen aus Ostpreußen. Hochschwanger schlug sie sich nach Gotenhafen durch, fest entschlossen, noch vor der Geburt des Kindes ihren Verlobten zu heiraten. Doch als sie ankam, war der Absolvent einer Offiziersschule schon an die Front abgerückt: Die damals 22-jährige Ingeborg war am Ende der deutschen Welt gestrandet. Wenigstens half ihr der Bauch, einen Platz auf der „Gustloff" zu ergattern.

Nach dem Einschlag der Torpedos kroch die Wöchnerin im Nachthemd an Deck. Ihr Baby, bekleidet mit grünem Jäckchen und grünem Mützchen, presste sie in einem Kopfkissen an sich.

Ein Soldat nahm ihr an der schwankenden Strickleiter, die über einem Rettungsboot baumelte, das schreiende Neugeborene ab: „Geben Sie her. Sie kriegen es gleich zurück." Doch das Boot legte ab, ihr Baby blieb auf der „Gustloff" zurück, und die „Gustloff" sank – vor den Augen der geretteten Mutter.

„Ich dachte, mein Kind ist tot", erinnert sich Ingeborg Piepmeyer. „Ich hab gezittert, hab nichts mehr geglaubt, war stumm vor Entsetzen" – bis ihr jemand auf dem Torpedoboot „Löwe", das die Schiffbrüchige aufnahm, ein Bündel reichte – ein Bündel mit grünem Mützchen.

Jahrelang rätselte die Mutter, wer ihren Sohn gerettet hatte, wie das Baby überhaupt an Bord der „Löwe" gekommen war – vergeblich. Steckt eine Heldentat dahinter? Oder ein Wunder?

„Ich glaube, es war einfach Zufall", sagt Egbert Wörner, „ich bin ein nüchterner Mensch." Zu seinem Geburtstag hat er ein paar Leute zu Canapés und Sekt eingeladen: morgens Verwandte, abends Nachbarn und ein paar Freunde vom Tennisclub. Wie so oft drehen sich die Gespräche um die zweite Nacht seines Lebens, die letzte der „Wilhelm Gustloff". Seine Gäste gucken alte Fotos an, fragen die Mutter aus. Egbert, der Nüchterne, lächelt nur: „Ich kann mich an nichts erinnern."

So wunderbar seine Rettung war, so wenig spektakulär verlief sein Leben danach, beinahe so, als hätte er mit den ungeheuerlichen Ereignissen in seinen ersten Erdenstunden den ganzen Vorrat an Dramatik aufgebraucht, den ein Leben zu bieten hat.

Schon mit 20 heiratete er, inzwischen ist er längst Großvater, in Hasbergen, Niedersachsen, auf dem platten Land. Jahrzehnte hat er als Elektromonteur gearbeitet, seit kurzem ist er arbeitslos, wie so viele in der Baubranche.

Das enge Verhältnis zur Mutter überdauerte die Zeit, beide treffen sich fast jedes Wochenende. Bei der Frau, der man ihr Alter nicht ansieht, löst der Jahrestag der Schiffskatastrophe bis heute zwiespältige Empfindungen aus: Zwar steigen dann die verdrängten Schreckensbilder von damals wieder auf, doch die Freude über die glückliche Rettung überwiegt.

Witwe Irmgard Harnecker aus Bingen am Rhein fürchtet dagegen seit 57 Jahren die Wiederkehr des Jahrestages immer aufs Neue. Schon Wochen vorher will die heute 77-Jährige mit niemandem reden, kapselt sich ab, möchte allein sein.

„Es ist schon so lange her", sagt die weißhaarige alte Dame mit leiser Stimme, „aber es tut noch immer weh."

In ihrem Wohnzimmer steht in einem Marmorrahmen das Foto eines kleinen, blonden Mädchens. „Meine Tochter Ingrid, sie konnte gerade laufen."

Die riesige Welle, die ihr das Kind aus den Armen riss, schleuderte auch Irmgard Harneckers ältere Schwester Herta ins Wasser. Bis zuletzt hatten sich die Schwestern auf einem Deck der sinkenden »Wilhelm Gustloff« umklammert, die kleine Ingrid fest zwischen sich gedrückt.

Irmgard Harnecker wurde halb erfroren aus dem eiskalten Wasser gezogen, ohne Strümpfe und Schuhe, fast unbekleidet.

Über die Rettung konnte sie sich nicht freuen – schon die 20-Jährige quälte, was die alte Frau bis heute peinigt: Warum überlebte ausgerechnet sie? Warum ging das Leben für sie einfach weiter? Bereits 1946 bekam die junge Frau ein zweites Kind, einen Sohn; sie und ihr Ehemann eröffneten ein Friseurgeschäft. Doch vergessen konnte Irmgard Harnecker nicht.

Aus der Ohnmacht über das Unabänderliche keimte verzweifelte Hoffnung. Sind Tochter und Schwester womöglich gar nicht tot? Sind sie vielleicht doch gerettet worden wie andere auch? Irmgard Harnecker wandte sich an Suchdienste, schrieb an andere Gerettete, reiste zu Treffen von „Gustloff"-Überlebenden.

Einmal, nach Jahren, bekam sie den scheinbar entscheidenden Hinweis: Bei einem Waisenmädchen, Herkunft unbekannt, wurde ein Muttermal über dem Knie entdeckt, genau an der Stelle, an der auch ihre Ingrid eines hatte.

Als sich die Spur als falsch erwies, gab Irmgard Harnecker auf, resignierte.

In der kleinen Familie war die „Gustloff" seitdem tabu, jahrelang wurde nicht mal mehr über den Krieg gesprochen. Wenn im Fernsehen Filme aus der Zeit liefen, schaltete der Ehemann den Apparat ab. Doch jedes Mal, wenn der 30. Januar näher rückte, wurde Irmgard Harnecker wieder still, verschlossen.

„Sie fühlt sich bis heute schuldig", vermutet der Sohn. Die Mutter werfe sich noch nach 57 Jahren vor, ihrem Kind den Tod in der Ostsee nicht erspart zu haben – fast so, als hätte sie eine Wahl gehabt.

Seit vor sieben Jahren der Ehemann starb, der seiner Frau die Selbstquälerei immer ausreden wollte, ist die Traurigkeit der „Gustloff"-Überlebenden noch drückender geworden. Selbst die kleine Urenkelin erinnert die alte Frau vor allem an eines: an den Verlust ihrer Tochter. „Das hört erst auf, wenn auch ich tot bin", sagt Irmgard Harnecker.

„Attacke des Jahrhunderts"

Russland feiert den U-Boot-Kommandanten
Alexander Marinesko als Helden.

Von Uwe Klußmann

Der ehemalige U-Boot-Mann ist sich keiner Schuld bewusst. „Ich habe gegen die Hitleristen gekämpft", bekennt Alexej Astachow, 80, selbstbewusst. Den rechten Arm auf einen Krückstock gestützt, stapft der resolute Rentner durch den verschneiten Flottenstützpunkt Kronstadt bei St. Petersburg.

Astachow ist einer der beiden letzten Überlebenden der 47-köpfigen Mannschaft des sowjetischen U-Bootes „S 13", das die „Wilhelm Gustloff" versenkte. „Am Abend des 30. Januar versammelte Kommandant Marinesko die Mannschaft um sich und teilte uns mit, es sei ein deutsches Schiff mit großer Bewachung entdeckt worden", erinnert sich der ehemalige Matrose. Daraufhin habe Alexander Marinesko den Männern die Frage gestellt: „Was sollen wir machen?" Alle an Bord, so Astachow, seien dafür gewesen anzugreifen.

Stolz erinnert sich der ergraute Seemann, der auf dem U-Boot für die Stromversorgung zuständig war, dass die Mannschaft auf ihren Kapitän schwor: „Er war wie ein Vater zu uns, sprach uns lieber mit Vornamen an als mit Dienstgrad und Nachnamen."

Astachow diente seit 1943 unter dem Kommando Marineskos. Seinen damaligen Chef verehrt er noch immer als „geborenen U-Boot-Fahrer, der den Umgang mit der Technik und mit den Menschen meisterhaft beherrschte". In seinem Kommandanten sieht er einen Helden, „der uns siegreich in die größte Seeschlacht des Krieges führte". Dabei war das trinkfeste Raubein jahrzehntelang geächtet. Erst 1990, 17 Jahre nach seinem Tod, wurde Marinesko vollständig rehabilitiert und avancierte gar zum „Helden der Sowjetunion".

Die sinkende „Gustloff" hat Astachow anders als Marinesko und vier weitere Besatzungsmitglieder nicht mit eigenen Augen gesehen.

Doch er gibt sich überzeugt, dass sich an Bord des deutschen Schiffes „vor allem U-Boot-Fahrer befanden, die den Kampf für Hitler fortsetzen sollten".

Das Leiden Tausender Frauen und Kinder, die in der eisigen Ostsee ertranken, lässt Astachow nicht an sich heran. Er wisse, dass Zivilisten an Bord waren, „aber viele sind doch gerettet worden".

Ähnlich wie Astachow präsentiert auch das kleine „Museum der U-Boot-Streitkräfte Russlands Alexander Marinesko" am Kondratjew Prospekt 85 in St. Petersburg den Untergang der „Gustloff" als grandiosen Sieg und „Attacke des Jahrhunderts".

Ein in düsterem Graublau gehaltenes Gemälde der sinkenden „Gustloff" zeigt nicht einen Menschen. Unter Flaggen der Rotbannerflotte mit Hammer und Sichel ist in den Ausstellungstexten von den „dramatischen Ereignissen in der Danziger Bucht" die Rede – kein Wort von zivilen Opfern.

Alexander Schagin, Leiter der 1997 von der Stadt St. Petersburg eingerichteten Gedenkstätte, ein Mann sowjetischer Prägung, besteht darauf, Marinesko habe „richtig gehandelt", als er die „Gustloff" versenkte. An Bord des Schiffes seien „Gauleiter und feindliche Offiziere" gewesen. Die toten Zivilisten sieht er als „Opfer der nazistischen Kriegspolitik ebenso wie Millionen russischer Zivilisten".

Ganz so einfach wie Schagin will es sich Nikolai Titorenko, selbst ehemaliger U-Boot-Kommandant, nicht machen. Nachdenklicher gestimmt als der Museumsdirektor, streift der Autor eines Buches über Marinesko („Persönlicher Feind Adolf Hitlers") am Jahrestag der Schiffstragödie durch das St. Petersburger Museum.

Angesichts des „massenhaften Untergangs unschuldiger Opfer" empfinde er „keine racheartige Befriedigung", versichert der Ex-Kapitän. Die „große Katastrophe" des Untergangs lasse sich vielmehr „wie ein Requiem auf die bei der Blockade Leningrads gestorbenen Kinder" und auf „die Asche aller schutzlos Umgekommenen" verstehen.

Der Weg der Deutschen in die Katastrophe habe nicht begonnen, als Marinesko den Befehl gab, die Torpedos abzufeuern – „sondern als Deutschland den Weg Bismarcks einer Verständigung mit Russland verließ".

Tod zwischen den Fronten

*Weil die Wehrmachtführung versagte, mussten Hundert-
tausende Ostflüchtlinge in den letzten Kriegswochen
sterben. Generäle gaben dem Kampf um den „Endsieg"
Vorrang vor der Evakuierung der ostpreußischen
Zivilbevölkerung.*

Von Heinrich Schwendemann

Am 24. Januar 1945, nachmittags um 16 Uhr, trafen sich die führenden Generäle der in Ostpreußen kämpfenden 4. Armee im Haupt-
quartier ihres Oberbefehlshabers, General Friedrich Hoßbach. Die
Armeeführung sah sich in einer dramatischen Krisensituation, da
die Einkesselung der gesamten Armee – fast ein halbe Million Soldaten – unmittelbar bevorstand. Sowjetische Verbände hatten die
deutschen Verteidigungsstellen durchbrochen und stürmten unaufhaltsam Richtung Ostsee. Nur noch wenige Stunden, und Ostpreußen
mitsamt seinen Bewohnern würde vom Reich abgeschnitten sein.

Hoßbach eröffnete seinen Generälen einen geheimen Plan, von
dem nicht einmal Hitler Kenntnis hatte: Die 4. Armee sollte sich mit
dem Durchbruch nach Westen der Einkesselung entziehen, Ostpreußen aufgegeben werden. Da Hitler den Rückzug hinter die Weichsel
kategorisch abgelehnt hatte, entschied Hoßbach, auf eigene Faust zu
handeln. Die „Schlagkraft" seiner Armee sollte für den weiteren
Kampf westlich der Weichsel erhalten werden. Einen Tag später, am
25. Januar 1945, gab der Militärführer deshalb eigenständig den
Befehl zum Rückzug.

Hitler reagierte voller Wut. Er setzte Hoßbach und dessen Vorgesetzten, den Oberbefehlshaber der Heeresgruppe Mitte, Georg-
Hans Reinhardt, ab. Der „Führer" gab der 4. Armee den Befehl, sich
in Ostpreußen „einzuigeln", die Stellung zu halten und bis zum
„letzten Mann" zu kämpfen.

Aus diesem Konflikt unter Strategen stilisierte Hoßbach später
ein Heldenstück – mit sich selbst in einer Hauptrolle. In seinen

1951 erschienenen Erinnerungen „Die Schlacht um Ostpreußen" behauptete der Ex-General, er habe zusammen mit seinen Soldaten auch die gesamte ostpreußische Bevölkerung vor der Vernichtung retten wollen. Seine Absicht sei gewesen, die Zivilisten im Schutz der 4. Armee nach Westen mitzunehmen. Allein Hitler habe dies verhindert.

Seither gilt Hoßbach als Ausnahmegeneral, als einer der wenigen, die Hitler beim „Endkampf" 1945 noch Paroli boten, als derjenige, der in Ostpreußen Zivilbevölkerung und Soldaten vor der Rache der Roten Armee hatte bewahren wollen.

Bei der Niederschrift seiner Erinnerungen hatte der Autor wohl kaum damit gerechnet, dass die Notizen seiner Ausführungen vor der Armeeführung den Krieg überstehen und den Weg in die Archive finden würden. Genau dies aber geschah, und mit der Legende vom Heldengeneral ist es seither vorbei.

Hoßbach hatte sich nämlich damals, am 24. Januar 1945, ganz anders geäußert, als er später glauben machen wollte: „Die Zivilbevölkerung muss zurückbleiben", notierte er. „Das klingt grausam, ist aber leider nicht zu ändern." Er wolle, wie er für seine Führung aufschrieb, die ostpreußische Bevölkerung im Stich lassen, um die Kampfkraft der 4. Armee zu „retten". Hoßbach ging sogar noch weiter: Da die flüchtenden Menschenmassen den Durchbruch nach Westen zu behindern drohten, befahl er, „die Trecks müssen von der Straße runter".

Hunderttausende Ostpreußen flüchteten zu diesem Zeitpunkt bei Minusgraden zwischen 20 und 30 Grad vor der Roten Armee, Tausende erfroren, diejenigen, die von sowjetischen Soldaten eingeholt wurden, wurden Opfer grausamer Ausschreitungen, die Frauen von Massenvergewaltigungen. Derweil ließ die Wehrmachtführung vor Ort die Trecks von den Hauptstraßen räumen und auf schlechte Nebenstraßen umleiten, die häufig wegen der Schneeverwehungen unpassierbar waren.

Hoßbach war nicht der Einzige, der so rücksichtslos vorging. Auch sein benachbarter Kollege, General Walter Weiß, Chef der 2. Armee, in dessen Frontabschnitt die Verbände der Roten Armee den weiträumigen Durchbruch zur Ostsee erzwingen konnten, hatte schon am 20. Januar den Befehl erteilt, die Trecks „von den Hauptstraßen zu schieben".

Ostpreußen war kein Einzelfall – überall an der Front im Osten des Reichs, wo zwischen Januar 1945 und Mai 1945 erbitterte Kämpfe tobten, blieb das Überleben der ostdeutschen Bevölkerung immer den militärischen Belangen untergeordnet. Die Wehrmachtführung zeigte sich eisern entschlossen, den Krieg ungeachtet der täglich in die Tausende gehenden Opfer an Zivilisten und Soldaten auf dem Reichsgebiet fortzuführen.

Dennoch gelang es führenden Militärs wie etwa Hitlers Generalstabschef Heinz Guderian, dem Marineoberbefehlshaber Karl Dönitz und Generälen wie Hoßbach, den Mythos aufzubauen, man habe den aussichtslosen Krieg 1945 auf dem eigenen Territorium einzig und allein deshalb weitergeführt, weil man die ostdeutsche Bevölkerung vor der Rache der Roten Armee retten wollte. Alles wäre noch viel schlimmer geworden – so das einmütige Rechtfertigungsmuster – hätten sie, die führenden Militärs, nicht verantwortungsvoll gehandelt. Schuld an der Katastrophe seien Hitler, der die Ostfront zu Gunsten der Ardennenoffensive im Westen geschwächt habe, und die Gauleiter, die die Räumungsbefehle zu spät herausgegeben hätten.

Belegt schien dies mit der Durchhaltestrategie von Gauleitern wie Erich Koch (Ostpreußen), Albert Forster (Danzig-Westpreußen) oder Karl Hanke (Niederschlesien), die nach Beginn der sowjetischen Winteroffensive im Januar 1945 die Räumungsbefehle zurückgehalten hatten. Dies kann aber die Wehrmachtführung nicht wirklich entlasten. Sie trug eine erhebliche Mitverantwortung an der Katastrophe, die ab Januar 1945 über die ostdeutsche Bevölkerung hereinbrach.

Schon bei der Erstellung von Evakuierungsplänen im Herbst 1944 waren die Militärs – anders als später behauptet – keineswegs unbeteiligt. Gewiss, den Gauleitern oblag die Organisierung von Evakuierungsmaßnahmen, aber in den dafür eingesetzten Kommissionen saßen auch Vertreter der Wehrmachtstäbe vor Ort, die genau wussten, dass beim nächsten sowjetischen Großangriff, auf den sich die Rote Armee über ein halbes Jahr vorbereitet hatte, mit weiträumigen Durchbrüchen auf das östliche Reichsgebiet gerechnet werden musste.

Nach den Gräueltaten von Rotarmisten im ostpreußischen Nemmersdorf im Oktober 1944 musste für die Zivilbevölkerung ohnehin mit dem Schlimmsten gerechnet werden. Dass dann in den Evakuierungsplänen nur von der schrittweisen Räumung frontnaher Gebiete ausgegangen wurde, war ein leichtsinniges Vabanquespiel sondergleichen.

Auf der anderen Seite inszenierten Wehrmacht und Partei in der zweiten Jahreshälfte 1944 im Osten einen gigantischen Bluff. Hunderttausende Zivilisten wurden für den Bau von Stellungen herangezogen, die von der Propaganda als „unüberwindliches Bollwerk" gegen die „bolschewistische Flut aus dem Osten" verbrämt wurden. Dabei wurde der militärische Wert dieser Anlagen von vielen – besonders von erfahrenen Soldaten – in Frage gestellt: „Wenn schon der Atlantikwall nicht hält, wie erst diese Erdwälle und Gräben" – so der Kommentar eines Soldaten, der sich im Januar 1945 bewahrheiten sollte, als die sowjetischen Panzerdivisionen mühelos den „Ostwall" durchbrachen.

Als zwischen dem 12. und 15. Januar 1945 die Rote Armee zwischen Ostsee und Karpaten zum Angriff auf das Reichsgebiet antrat, lösten deren weiträumige Vorstöße eine lawinenartige Fluchtbewegung der ostdeutschen Bevölkerung aus, die bis Ende Januar 1945 auf etwa fünf Millionen Menschen anschwoll. Wie wir aus vielen Erlebnisberichten wissen, sahen sich die Ostdeutschen überall mit

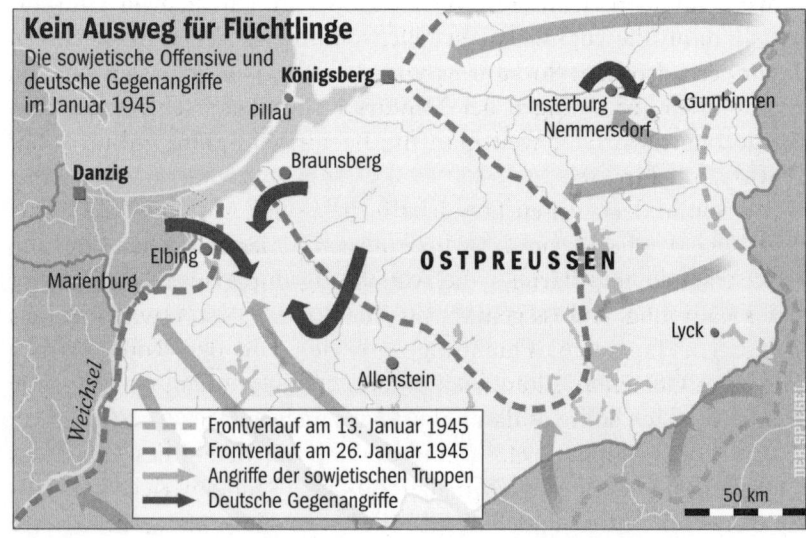

Kein Ausweg für Flüchtlinge
Die sowjetische Offensive und deutsche Gegenangriffe im Januar 1945

Königsberg
Pillau
Danzig
Braunsberg
Insterburg
Nemmersdorf
Gumbinnen
Elbing
Marienburg
OSTPREUSSEN
Lyck
Weichsel
Allenstein

- - - Frontverlauf am 13. Januar 1945
▬ ▬ ▬ Frontverlauf am 26. Januar 1945
→ Angriffe der sowjetischen Truppen
➡ Deutsche Gegenangriffe

50 km

der gleichen Situation konfrontiert: Sorgte zuerst der Durchzug von Flüchtlingen für Unruhe, so wurde es schließlich durch den fluchtartigen Rückzug von zerschlagenen Wehrmachtverbänden, denen sich lokale Parteigrößen anschlossen, zur Gewissheit, dass die Rote Armee buchstäblich vor der Haustür stand.

Die meisten entschieden sich zur Flucht. Dass die sich zu einer alle Dimensionen sprengenden Katastrophe entwickelte, schrieben viele Flüchtlinge dem Versagen der Parteifunktionäre zu: Überall wurden die Evakuierungsbefehle entweder zu spät oder aber überhaupt nicht erteilt. Die Niederlage der Wehrmacht wurde dagegen eher als schicksalhaftes Ereignis gegenüber einem weit überlegenen Gegner wahrgenommen.

Die Gauleiter in Ostdeutschland waren Ende Januar 1945 weitgehend entmachtet. Die Rote Armee hatte große Teile der Ostgaue erobert, Parteistellen und Behörden hatten sich aufgelöst – und so waren die Gauleiter jetzt auf die Wehrmachtbefehlshaber angewiesen, die noch letzte Reste ihres früheren Herrschaftsgebietes hielten. Nach dem Krieg wurde von den Generälen gern behauptet, die Gauleiter hätten entgegen Forderungen der Wehrmacht weiträumige Evakuierungen verweigert, verschwiegen wurde aber, dass die Militärs nur daran interessiert waren, frontnahe Gebiete in einer Tiefe bis zu 30 Kilometer evakuieren zu lassen.

Weiträumigere Evakuierungen waren nämlich nicht erwünscht, da sie dann die rückwärtigen Nachschubwege der Wehrmacht zu behindern drohten. So kam es vor, dass etwa in Schlesien oder in Ostpreußen auf Drängen der Militärs Räumungsbefehle sogar hinausgezögert wurden, weil man die Beeinträchtigung militärischer Aktionen befürchtete.

Als sich in der zweiten Januarhälfte 1945 das Ausmaß der Flüchtlingskatastrophe abzeichnete, begann sich in der deutschen Führung – Wehrmacht und Partei – die Auffassung durchzusetzen, dass mit der „Räumung Schluss gemacht werden muss" – so etwa Goebbels in seinem Tagebuch. Flüchtlinge aus den von der Roten Armee besetzten Gebieten sollten noch untergebracht werden; vorbeugende Evakuierungen sollte es dann aber nicht mehr geben.

Am 28./29. Januar 1945 erging deshalb ein Befehl des Chefs des Oberkommandos der Wehrmacht (OKW), Wilhelm Keitel, an die Spitzen von Armee und Partei, der für die Zukunft „jede weitere

Räumungs- oder Auflockerungsmaßnahme" untersagte. Nur noch ein 30 Kilometer breiter Frontstreifen in Niederschlesien sollte evakuiert werden.

SS-Führer Heinrich Himmler, frisch ernannt als Oberbefehlshaber der Heeresgruppe Weichsel, tönte: „Wir organisieren die Verteidigung und nicht das Davonlaufen." Rüstungsminister Albert Speer schien ganz dieser Meinung: Auf sein Betreiben hin sollten Rüstungsbetriebe im Osten so lange weiterarbeiten, bis die Belegschaft „durch den Feind herausgeschossen" werde. Deshalb wurde in Oberschlesien ein erheblicher Teil der Arbeiterschaft von der Roten Armee überrollt.

In den folgenden Monaten ließen die sowjetischen Vorstöße in Pommern, Niederschlesien, Danzig und Ostpreußen die Flüchtlingszahlen um weitere Millionen ansteigen – und es wiederholte sich genau das Gleiche wie im Januar 1945: Allein die Stoßrichtung der sowjetischen Vorstöße bestimmte die Fluchtwege. Wenn noch Räumungsbefehle erteilt wurden, dann kamen diese kurzfristig und damit oft zu spät. Da die deutsche Führung nicht bereit war, den Krieg und somit das Massensterben im Osten zu beenden, potenzierte sich das Elend bis Mai 1945.

An den großen Menschenverlusten unter der ostdeutschen Zivilbevölkerung hatten die katastrophalen Transportbedingungen einen erheblichen Anteil – sei es, dass die Flüchtlinge wegen der unzureichenden Transportmittel unter den mörderischen Witterungsbedingungen ums Leben kamen, sei es aber auch, dass sie nicht mehr rechtzeitig fliehen konnten und von der Front eingeholt wurden.

Wie am Beispiel Ostpreußens gezeigt, hatte die Wehrmacht von Anfang an ihre Transportprioritäten gegenüber den Flüchtlingen durchgesetzt. Wohl war auf Betreiben Martin Bormanns am 2. Februar 1945 ein Befehl Hitlers an die Heeresgruppen im Osten ergangen, dass der „gesamte leer zurücklaufende Transportraum ... zur Mitnahme von Flüchtlingen – in erster Linie von Frauen und Kindern – auszunutzen" sei. Doch konnte von einem planmäßigen Abtransport keine Rede sein, da bei Wehrmachtfahrzeugen nur sporadisch Leerraum zur Verfügung stand. Schon Mitte Februar wurde die Weisung mit der Begründung zurückgezogen, dass Soldaten auf diese Weise versuchen würden, sich vor der Front zu „drücken".

Die Wehrmacht ließ nicht nur die gut ausgebauten Hauptstraßen für Trecks sperren, sondern nahm auch die Eisenbahnkapazitäten für sich in Beschlag. So stand für die Menschenmassen, welche die Bahnhöfe stürmten, viel zu wenig Transportraum zur Verfügung. Bezeugt ist auch, dass Zivilisten zurückbleiben mussten, weil Soldaten die „letzten Züge" stürmten. Oft wurden Züge mit Flüchtlingen auf Nebengleisen abgestellt, wo diese in eisiger Kälte tagelang ausharren mussten, weil militärische Transporte Vorrang hatten. Es gibt zahlreiche erschütternde Berichte, dass sich Frauen mit ihren Kindern bei Eiseskälte zu Fuß auf den Weg machten – und dies oft genug nicht überlebt haben.

Ungeachtet dessen konnte die Wehrmachtführung im März 1945 weiterhin ihren alles dominierenden Anspruch auf Verkehrssystem und Transportmittel durchsetzen. Speer, inzwischen von Hitler auch mit der Leitung der Eisenbahn betraut, gab in einem Befehl an führende Stellen im Reich bekannt, dass für alle Transporte „ausschließlich ihr unmittelbarer Wert für die Kriegführung" ausschlaggebend sei. Ausdrücklich hieß es, Flüchtlingstransporte erfolgen nur dann, wenn „wirklich ungenutzter Leerraum zur Verfügung steht".

Im Kriegstagebuch des OKW steht hierzu der lakonische Kommentar: „Es gibt praktisch keine Flüchtlingszüge mehr." Hauptvehikel für Millionen Ostdeutsche war und blieb deshalb die gefahrvolle und verlustreiche Flucht per Treck.

Bis Januar 1945 hatte es keinerlei Pläne gegeben, Zivilisten per Schiff über die Ostsee zu evakuieren. Das Problem wurde schnell akut, als die ostpreußische Bevölkerung – bedingt durch die Abschnürung vom Reich – Ende Januar 1945 Richtung Ostsee und über das Eis des Haffs und die Nehrung in den Danziger oder in den Königsberger Raum flüchtete. Der Abtransport von Flüchtlingen über die Ostsee war nun unausweichlich. Er wurde nach 1945 als „größte Rettungsaktion" der Geschichte gefeiert, für die der Marinechef und Nachfolger Hitlers, Großadmiral Walter Dönitz, für sich persönlich die Urheberschaft beanspruchte.

In dieses Bild passt allerdings nicht, dass Dönitz und Hitler Ende Januar 1945 vereinbart hatten, dass auch die Flüchtlingstransporte über See nur „insoweit durchgeführt werden können, als die Heranführung von Kampftruppen ... nicht darunter leidet". Alles wurde getan, um den Kampf der in den Kesseln von Kurland, Ostpreußen und Danzig auf Hitlers Befehl in aussichtsloser Position stehenden Verbände zu ermöglichen. Deshalb stauten sich in den Hafenstädten der östlichen Ostsee Menschenmassen.

So wurden aus Ostpreußen zwar Hunderttausende mit Schiffen abtransportiert, allerdings nur in den Danziger Raum, wo kaum Schiffe, geschweige denn Züge für die Weiterfahrt nach Westen zur Verfügung standen. Es wurden deshalb Trecks in Richtung Pommern zusammengestellt. Abertausende holte dann Anfang März die Rote Armee in Pommern ein; einem Teil gelang es noch, in den Danziger Raum zurückzuflüchten, der jetzt vom Reich abgeschnitten und zum militärischen Kessel geworden war. Als die Rote Armee am 13. März den Großangriff auf den Danziger Kessel begann, erreichte die Katastrophe ihren Höhepunkt.

Dokumente aus den Akten der im Danziger Raum stehenden 2. Armee zeigen wie in einem Brennglas das Dilemma der ostdeutschen Bevölkerung, die seit Januar 1945 zwischen die Fronten von Roter Armee und Wehrmacht geraten war. So heißt es in einem Besprechungsprotokoll beim Stab der 2. Armee etwa: „Im Brückenkopf befinden sich rund zwei Millionen Menschen … Bedauerlicherweise wurde die Bevölkerung zuerst nach Westen und dann wieder nach Osten abtransportiert. Das Elend ist teilweise unglaublich, weil die Bevölkerung von der sich absetzenden Truppe im Einvernehmen mit der Gauleitung rücksichtslos von der Straße gedrängt werden muss und liegen bleibt."

Am 26. März 1945 schickte der Oberbefehlshaber der 2. Armee, Weiß, viel zu spät einen Hilferuf an Dönitz: „48 000 Verwundete, zusammen mit Hunderttausenden Zivilisten bei Tag und Nacht feindlichem Artilleriefeuer und Bombenhagel hilflos ausgeliefert. Schickt Schiffe, Ausrüstung und Fahrzeuge!" Dönitz gab seine Antwort am 31. März, als er die Dringlichkeitsstufen für die Verteilung der knappen Brennstoffvorräte für Schiffe festlegte: Alle militärischen Bewegungen behielten Vorrang, der Transport von Flüchtlingen kam an zweitletzter Stelle, gerade noch vor der Fischerei.

Bei einer Festlegung auf andere Prioritäten hätten im Frühjahr 1945 wohl alle Flüchtlinge einschließlich der in den Kesseln stehenden Soldaten über See evakuiert werden können, doch war dies – entgegen der Rechtfertigung nach 1945 – nicht Ziel der Krieg-

führung gewesen. Dass dennoch etwa 800 000 bis 900 000 Flüchtlinge und 350 000 verwundete Soldaten in die Häfen der westlichen
Ostsee abtransportiert wurden, war dem Einsatz der lokalen Marine-
stellen zu verdanken, die zum Teil im Widerspruch zur Befehlsgebung von Dönitz handelten.

Beim „Endkampf 1945" auf dem Reichsgebiet führten Hitler und
die Wehrmacht Krieg ohne Rücksichtnahme auf die Zivilbevölkerung. An keiner Stelle im Telegrammverkehr oder bei den Bespre-
chungen zwischen Führerhauptquartier und Frontstäben ist das nach
1945 so gern herangezogene Argument zu finden, die Front sei zu
halten, um die Bevölkerung in Sicherheit zu bringen. Im Gegenteil:
Viele Befehle machen deutlich, wie skrupellos das massenhafte Sterben von Zivilisten in Kauf genommen wurde.

So hieß es etwa im Oberkommando des Heeres, dass Panzersperren bei Vorstößen sowjetischer Verbände zu schließen seien, da
„vom Feind überholte Ziviltrecks ohnehin der Vernichtung anheim
fielen". Die Befehlsgebung für den Fall, dass Trecks die Wehrmacht
behinderten, war überall an der Ostfront eindeutig: „Trecks müssen
von den Straßen runter."

Besonders perfide war, dass Feldjäger- und Polizeieinheiten die
Trecks nach Männern zwischen 16 und 60 Jahren durchsuchten.
Selbst an der Haffstraße in Ostpreußen, wo sich im Januar/
Februar 1945 grauenhafte Szenen abspielten und viele Flüchtlinge
umkamen, wurde noch eine „schärfste lückenlose Kontrolle der
Ziviltrecks" durchgeführt. Halbwüchsige Jungen und ältere Män-
ner wurden aus den Trecks herausgeholt und in Volkssturmein-
heiten „gepresst".

Wie skrupellos die Wehrmachtführung agierte, zeigt sich auch bei
den „Endkämpfen" in den von Hitler zu Festungen erklärten Städten. So ging Königsberg, wo sich im April 1945 noch immer 70 000
Zivilisten und 50 000 Soldaten aufhielten, in einem Inferno unter.
Tausende kamen um. Der Befehlshaber, General Otto Lasch, kapitulierte, allerdings erst, als die Rote Armee das gesamte Stadtgebiet
erobert hatte und vor dessen Bunker stand. Hitler, der wütend war,
dass Lasch nicht den „Ehrentod" gesucht hatte, ließ ihn in Abwe-
senheit zum Tode verurteilen. Lasch kam das später sogar noch
zupass: umso wirkungsvoller konnte er sich in seinen Memoiren als
verantwortungsbewussten Militär präsentieren, der mit Rücksicht

auf die Leiden von Bevölkerung und Soldaten kapituliert und noch Schlimmeres verhindert habe.

In Breslau, das von der Roten Armee drei Monate lang belagert wurde, kapitulierte die dortige Militärführung erst am 6. Mai – als die Stadt zerstört und etwa 40 000 Zivilisten umgekommen waren. Auch in anderen Städten wie Elbing, Pillau, Danzig, Gotenhafen/Gdingen oder Posen wurden Hunderttausende grauenhaften Straßen- und Häuserkämpfen ausgesetzt, da die Wehrmachtführung alles daran setzte, Hitlers Grundsatzbefehl zu exekutieren – den kompromisslosen Kampf bis zum „letzten Atemzug".

Stellten die Reste der zerschlagenen Wehrmachtverbände den Kampf ein, nahm das Leiden der Zivilbevölkerung seinen Fortgang, weil sie den Rache- und Vergewaltigungsexzessen von Sowjetsoldaten ausgesetzt wurden. Die Ausschreitungen der Roten Armee hatten ein riesiges Ausmaß angenommen, dem die sowjetische Militärführung nur mühsam Einhalt gebieten konnte.

Durch dieses Trauma, das Millionen Ostdeutsche noch Jahrzehnte quälte, wurde verdrängt, dass sie auch unter eigenen Soldaten zu leiden hatten: Bei sowjetischen Durchbrüchen flüchteten nicht nur die Bevölkerung, sondern auch die Wehrmachtverbände, die oft die von den Straßen gedrängten Trecks ihrem Schicksal überließen. Und es plünderten nicht nur Rotarmisten, sondern auch deutsche Soldaten – ein Massenphänomen, wie viele erhaltene Beschwerden, Berichte und Befehle zeigen.

Schon im Herbst 1944 waren aus evakuierten frontnahen Gebieten zuhauf Klagen über Plünderungen gekommen. Ab Januar 1945 stiegen die Plünderungen exponentiell an. Aufgefangene Soldaten rechtfertigten sich damit, dass diese verlassenen Gebiete ohnehin verloren seien – womit sie nicht einmal Unrecht hatten.

Zahlreiche Disziplinierungsbefehle waren die Folge: „Aus der Bevölkerung kommen in steigendem Maße Klagen, dass Häuser, die von ihren Bewohnern verlassen wurden, durch deutsche Soldaten geplündert und das Hab und Gut der armen Menschen gestohlen oder zerstört wurde ... Wer plündert, ist unverzüglich zu erschießen" – so etwa Himmler in einem Befehl vom Februar 1945.

Demgegenüber schildern Erlebnisberichte allerdings auch, dass Truppenangehörige in Eigeninitiative Flüchtlinge verpflegten oder mitnahmen, vielfach Hilfe leisteten und Leben retteten. Aufzeichnungen von Soldaten sprechen von dem „herzzerreißenden Elend" der Flüchtlinge und der Erfahrung von Ohnmacht, nicht genug Hilfe leisten zu können.

Tatsächlich waren die Handlungsspielräume durch eine Befehlsgebung von oben begrenzt, die letztlich auf Flüchtlinge keine Rücksicht nahm, auch wenn die Wehrmacht Suppenküchen einrichtete und Verpflegung austeilte. In militärischen Krisensituationen wurde auf die Zivilisten keine Rücksicht genommen.

Die geradezu apokalyptischen Erfahrungen bei den Endkämpfen im Osten ließen die Stimmung der Soldaten auf den Nullpunkt herabsinken. Vielfache Berichte über den „defätistischen Landsergeist" und der rapide anwachsende Durchhalteterror der Wehrmachtführung gegenüber den Soldaten zeigen, dass die Masse der Soldaten längst nicht mehr an die Endsiegparolen glaubte. Dennoch: Anders als im Westen, wo Verbände die Waffen streckten, kämpften die Soldaten im Osten verbissen weiter, aus Verzweiflung in einer als ausweglos empfundenen Lage, aus Angst vor der russischen Kriegsgefangenschaft, der Rache der Roten Armee – und viele durchaus auch, um die Flucht der Ostdeutschen zu ermöglichen.

Das Flüchtlingselend war tatsächlich – ganz im Sinne der eigenen Führung – für viele Wehrmachtsoldaten ein zentraler Beweggrund für die Kampfmotivation. In der Propaganda und in den Aufrufen der Oberbefehlshaber an ihre Truppen wurde ihnen schließlich auch permanent der Glaube eingeimpft, sie würden kämpfen, um die Bevölkerung vor den „bolschewistischen Bestien zu schützen". Dass in den internen Befehlen die Zivilbevölkerung als Störfaktor behandelt wurde, konnten sie nicht wissen.

Hätte die Wehrmachtführung den Krieg im Osten – wie nach 1945 behauptet – tatsächlich geführt, um die Zivilbevölkerung zu retten, dann hätte alles diesem Ziel untergeordnet werden müssen. Dem war aber nicht so: Es wurde nicht Krieg geführt, um Frauen und Kinder zu schützen, sondern um Hitlers ideologische Haltebefehle durchzusetzen, den kompromisslosen Kampf um „Sieg oder Untergang", den vom Führer anvisierten Untergang in „geschichtlicher Größe".

Im Falle einer frühzeitigen Kapitulation wäre es anfangs sicherlich ebenfalls zu Ausschreitungen der Roten Armee gekommen, doch hätte die sowjetische Führung dies wohl bald unterbunden. Dafür spricht, dass ab Februar 1945 Disziplinierungsbefehle erlassen wurden, weil die kämpfenden Frontverbände außer Kontrolle gerieten. Tatsächlich waren diese Ausschreitungen jedoch aus Sicht sowjetischer Militärführer sogar kontraproduktiv: Nicht zuletzt ihretwegen kämpften die deutschen Verbände verbissen weiter und ignorierten alle Kapitulationsangebote. Immense Verlusten auf beiden Seiten waren die Folge. Nicht von ungefähr hatte das Ostheer bei den Endkämpfen die größten Verluste während des Krieges – zwischen Januar und Mai 1945 fast eine Million Soldaten.

In der gleichen Zeit starben Hunderttausende aus der im Stich gelassenen ostdeutschen Zivilbevölkerung.

„Lauft, ihr Schweine!"

Nach dem Einmarsch der Roten Armee in das Deutsche Reich beginnen die „wilden Vertreibungen". Hunderttausende werden im Sommer 1945 aus den Ostprovinzen, der Tschechoslowakei und Polen hinausgeworfen. Spontane Reaktion der von den Nazis Unterdrückten oder kühl kalkulierte Interessenpolitik?

Von Thomas Darnstädt und Klaus Wiegrefe

Das Ende von allem war ganz genau bedacht. Die Schlüssel: „Sie sind von allen Türen abzuziehen" und „mit Schnur zusammenzubinden". Sodann sind sie „mit der genauen Anschrift auf starkem Papier zu versehen, das mittels Schnur zu befestigen ist". Und noch was: „Vor dem Verlassen der Wohnzimmer und der Gebäude muss jede Eingangstür verschlossen und mit einem Streifen Papier so verklebt werden, dass dieser beide Türflügel verbindet und das Schlüsselloch überdeckt. Böhmisch Leipa, 14. Juni 1945, der Militärortskommandant."

Das Leben, von Amts wegen beschlossen. Die Schlüssel gefädelt, die Türen zum eigenen Haus gehorsam verklebt, ein Koffer rechts, ein Koffer links, ohne Ziel, ohne Obdach morgens um fünf Uhr auf der Landstraße, weil der Militärortskommandant eines Städtchens irgendwo in den Sudeten das so angeordnet hat.

Die Vertreibung: Kann sich jemand das vorstellen?

Die Vertreibung – nach Krieg und Flucht die dritte Katastrophe im Leben der Deutschen im Osten. Mehr als 14 Millionen Menschen werden aus der Tschechoslowakei, aus Polen, Jugoslawien, Ungarn und Ostdeutschland hinausgeworfen.

Vor den Bomben waren sie in die Keller gekrochen, vor den heranrückenden Besatzern konnten sie weglaufen und dabei doch ihr eigenes Leben, wenn auch elendig, in die eigene Hand nehmen.

Was für ein Gefühl aber muss das gewesen sein: mit jedem Lidschlag vom Willen anderer Menschen abhängig zu sein, die bei ihren blindwütigen Aktionen entweder gar nichts empfinden – oder nackten Hass.

Es begann mit nacktem Hass. Beim Prager Aufstand im Mai 1945 wurde den Deutschen im Osten blutig gezeigt, was die bis gestern von Hitlers Hilfsdiktatoren geknechteten Tschechen und Polen nun mit dem Volk der Unterdrücker vorhatten.

4. Mai, Nähe Wenzelsplatz, der Krieg ist noch nicht einmal ganz zu Ende: Eine kleine Gruppe Prager hat sich vor einem Friseursalon versammelt und klatscht johlend Beifall. Der Friseur überpinselt das deutsche Firmenschild an seinem Laden. Ein Polizist hält ihm dabei die Leiter.

Im „Reichsprotektorat Böhmen und Mähren" waren deutsche Schilder Pflicht. Doch nun ist die Macht der Deutschen gebrochen. Seit Monaten haben sich im Untergrund Widerstandsgruppen formiert, Nationalisten und Kommunisten Hand in Hand arbeitend; die schlagen nun los.

Am Morgen des folgenden Tages tobt an den Moldaubrücken der Aufstand. Tschechen, mit Revolvern, Messern und Beilen bewaffnet, ziehen durch die Straßen. SS-Mannschaften schießen auf die Rebellen.

Den Aufständischen gelingt es, den Sender Prag II zu kapern. Dort verkünden sie die Parole, die in den nächsten Tagen in allen Straßen der Goldenen Stadt zu hören sein wird: „Tod den Deutschen".

Eine Menschenjagd beginnt. „Alle Bürger, die Deutschen Schutz gewähren, werden zur Verantwortung gezogen", heißt es im Radio. An den Bäumen hängen die ersten SS-Männer. Als die Russen anrücken, um den Aufständischen mit Panzern zu helfen, kapitulieren die bisherigen Besatzer. Militärs und wenige Zivilisten können sich im letzten Augenblick Richtung Westen durchschlagen.

Doch die meisten der rund 200 000 Deutschen in Prag sind hilflos der Wut der revolutionären Miliz ausgeliefert. Von den sowjetischen Soldaten können sie keinen Schutz erwarten; die plündern und vergewaltigen. Die wilden Garden filzen Häuser und Wohnungen und schleifen ihre Opfer – oft genug mit dem Kopf nach unten – in Gefängnisse und Keller.

Ein deutsch-tschechischer Banker, gestern noch in leitender Position, wird verhaftet und landet im alten Palais Auersperg. Seine Erinnerungen an die furchtbaren Wochen, die für ihn folgen, gibt er später wie viele andere für die Dokumentation des Bonner Vertriebenenministeriums zu Protokoll:

„Eine versoffene Stimme brüllte fast ohne Unterbrechung. Dazwischen knallte es, und ich hörte menschliches Stöhnen und Schmerzensschreie. Auf alle Fälle befühlte ich meine Giftampulle in der Tasche, die mir unterwegs der Apotheker zugesteckt hatte."

Im Hof des Hauses, in das sie ihn eingesperrt haben, ein schwer beschreibbarer Anblick: „Ich sah einige alte Herren wie Gamsböcke springen, Holzscheite sammeln und wieder hüpfend wegtragen." Das sei „die KZ-Schule", erklärt ein Mithäftling – eine Vermutung, die sich bestätigt: „Da habe ich euch, ihr Hurensöhne, vier Jahre habt ihr mich im KZ gequält, jetzt seid ihr an der Reihe", schreit ein Aufseher wutentbrannt.

Den internierten Deutschen stand Schreckliches bevor. Im Stechschritt mussten sie unter Beschimpfungen der Passanten durch die Straßen zu Arbeitseinsätzen ausrücken. Den Frauen wurden die Haare geschoren, und sie hatten Steine zu schleppen. Kranke oder Verletzte wurden auf offener Straße erschossen.

Im Strahov-Stadion am Stadtrand harrten 10 000 Gefangene ohne Essen und Trinken aus. Alte und Kinder starben zu Hunderten an der Ruhr. Vor den Augen der Häftlinge prügelten Milizionäre tatsächliche oder vermeintliche NS-Funktionäre zu Tode.

In Ungewissheit über ihr Schicksal verharrten viele in dem einstigen Konzentrationslager Theresienstadt, eingesperrt von den Tschechen. Die Überlebenden der Quälereien gelangten schließlich Wochen später in Viehwagen in den Westen.

„Ethnische Säuberungen" heißt so etwas heute. „Wilde Vertreibungen" wurde die Jagd auf die Deutschen zwischen Mai und Juli 1945 genannt, als die Wut noch ungebremst war. Der Austrieb der Deutschen aus Ost- und Mitteleuropa sollte sich über Jahre hinziehen – doch niemals wieder wurde es so schlimm wie in jenen strahlend schönen Sommerwochen nach dem Sieg der Alliierten.

Und erst jetzt, wo sich Weltöffentlichkeit und Weltgerichte um die Aufklärung solcher Säuberungen – wie zuletzt in Serbien – bemühen, weiß man mehr über Motive und Abläufe. Die blutigen Schergen derartiger Aktionen sind bei aller persönlichen Wut meist nur willige Werkzeuge eines kühl kalkulierenden Mastermind. Die Vertreibung war nicht einfach nur der Ausbruch des von den Nazis gesäten und den Besatzern vor Ort aufgestachelten Hasses. Hinter fast allem steckte zugleich auch ein seit Jahren vorbereiteter und diplomatisch sorgsam abgesicherter Coup nationaler Interessenpolitik.

Der Wunsch, mit Hilfe ethnischer Säuberungen homogene Nationalstaaten zu bilden, war unter Hitlers Verbündeten und Feinden gleichermaßen verbreitet. Bulgaren und Rumänen, Kroaten und Serben, Slowaken und Ungarn – alle wollten ihre jeweiligen Minderheiten loswerden. Sollte das mit geordneten „Transfers", wie man die Vertreibung damals nannte, nicht möglich sein, blieb am Ende nur die Gewalt.

Die Londoner Exilregierungen Polens und der Tschechoslowakei planten so von Kriegsbeginn an, Millionen Deutsche zu verjagen. Der große Nachbar im Zentrum Europas sollte nie wieder deutsche Minderheiten als Brückenköpfe nutzen können, aus deren Existenz die Berliner Regierungen Gebietsansprüche ableiteten. So war es in den zwanziger und dreißiger Jahren gewesen, als sich die in Polen und der Tschechoslowakei lebenden Deutschen mit ihrer Lage nicht abfinden mochten – und die Regierungen in Warschau und Prag kaum etwas taten, um diese Bürger für sich zu gewinnen.

Und hatte nicht Hitlers Wehrmacht Polen 1939 in wenigen Wochen überrannt? Die polnische Exilregierung führte die Niederlage auch auf den Grenzverlauf zurück und forderte zur Arrondierung ihres Reiches Teile Schlesiens, Danzig und Ostpreußen – ohne Deutsche natürlich.

Und die Tschechen mochten mit ihren sudetendeutschen Landsleuten, Staatsbürger des Vielvölkerstaats ČSR, ebenfalls nicht mehr zusammenleben. Jene – von der Weltwirtschaftskrise besonders betroffen – hatten mit großer Mehrheit die nationalistische Sudetendeutsche Partei selbst dann noch gewählt, als sich deren Vorsitzender Konrad Henlein willig dem „Führer" unterwarf.

Auf der Münchner Konferenz 1938 gaben der britische Premierminister Neville Chamberlain und sein französischer Kollege Edouard Daladier gegenüber Hitler schließlich nach; das geschlossen deutsch besiedelte Sudetengebiet wurde dem Reich zugeschlagen. Dass das Gros der dort ansässigen Bevölkerung deutscher Nationalität freiwillig die demokratische Republik gegen die Nazi-Diktatur eintauschte („Führer, wir danken dir"), haben die Tschechen bis heute nicht verziehen.

Exil-Präsident Edvard Beneš, ein Soziologieprofessor aus Böhmen, dachte zuerst an ein Abtreten einiger deutsch besiedelter Gebiete und wollte einen zivilisiert ablaufenden Bevölkerungsaustausch aus dem dann noch bei der Tschechoslowakei verbliebenen Territorium vornehmen. Doch je länger der deutsche Besatzungsterror dauerte, desto unrealistischer wurden solche Pläne.

Über die Stimmung seiner Landsleute notierte Josef Kalla, tschechischer Militärattaché in London: „Man sagt: Einen Teil bringen wir um, einen Teil vertreiben wir, viele fliehen aus Angst vor Rache und den Rest werden wir durch die Umsiedlung der Deutschen bzw. Grenzkorrekturen los."

Kallas Vermerk stammt vom Januar 1940 – Hitlers größte Verbrechen standen zu diesem Zeitpunkt noch bevor. Zwischen 1939 und 1945 brachten die Nazis mehr als vier Millionen Polen um. Aus dem „Reichsprotektorat Böhmen und Mähren" wurden über 100 000 Menschen, vor allem Juden, in Konzentrationslager verschleppt. Die Ermordung der Einwohner von Lidice 1942 als Vergeltung für das Attentat auf Reinhard Heydrich, den Stellvertretenden Reichsprotektor und Chef der Sicherheitspolizei, zählt zu den schrecklichen Verbrechen dieser Zeit.

So war es für den Nationalisten Beneš leicht, die düsteren Erfahrungen seiner Landsleute mit den grausamen Nachbarn am Ende des Krieges als Treibstoff für einen Befreiungsschlag zu nutzen. „Den Deutschen wird erbarmungslos und vielfach alles das zurückgezahlt werden, was sie seit 1938 in unserem Land angerichtet haben", hatte Beneš schon 1943 aus dem Exil verkündet.

Nun, da es so weit war, rief er seinen Landsleuten zu: „Werft die Deutschen aus ihren Wohnungen. Kein deutscher Bauer darf auch nur einen Quadratmeter Boden unter seinen Füßen behalten."

Im Ausweisungsbefehl des Militärortskommandanten von Böhmisch Leipa vom 14. Juni 1945 liest es sich dann so: „Die Einwohner deutscher Volkszugehörigkeit der Stadtregion Böhmisch Leipa, Alt-Leipa und Niemes, ohne Unterschied des Alters und des Geschlechts, verlassen am 15. Juni um fünf Uhr früh ihre Wohnungen und marschieren durch die Kreuz- und Brauhausgasse auf den Sammelplatz beim Brauhaus." Dann ging es zur Grenze, „heim ins Reich".

Ethnische Säuberungen, so lautet eine Lehre aus dem 20. Jahrhundert, führen meist in jenen Gebieten zu besonders blutigen

Exzessen, in denen verschiedene Nationen sich Dörfer und Städte teilen. Tödliche Nachbarschaft.

In Brünn etwa befanden die Arbeiter des Rüstungswerkes Zbrojovka Ende Mai, dass es nun genug sei mit den deutschen Mitbürgern. Der Vertreter der Belegschaft im örtlich regierenden Nationalausschuss verkündete: „Wir, die Arbeiter, nehmen die Abschiebung selbst in die Hand."

Wollten sie mit einer Bluttat den Vorwurf entkräften, allzu fleißig und freiwillig für Hitlers Wehrmacht Waffen montiert zu haben, wie Überlebende vermuten?

Am 30. Mai 1945 mussten rund 26 000 deutschsprachige Bewohner der mährischen Stadt binnen weniger Stunden ihre Häuser verlassen und wurden in einem langen Elendszug unter brutalen Misshandlungen Richtung Österreich aus ihrer Heimat gezwungen. Auch hier waren es vor allem Alte, Frauen und Kinder, von denen mindestens 2000 auf dem 80 Kilometer langen Marsch an Entbehrungen und Krankheit starben oder von ihren Bewachern getötet wurden.

„Wir wurden mit Peitschenhieben wie eine Herde Vieh getrieben", erinnert sich Walter Saller, der wegen einer Kopfverletzung keine

Zwangsarbeit leisten musste und sich deshalb in den Vertreibungszug einzureihen hatte. „Viele zogen ihr weniges Gepäck entkräftet an Schnüren über die Straße, bald zerbrachen die Koffer, und der Inhalt verstreute sich überall."

„Wir Kinder haben erst gedacht, es geht auf einen Ausflug", erinnert sich Maria Pekářová, die als siebenjähriges Mädchen am Todesmarsch teilnahm. „Aber dann merkten wir schnell, dass etwas Schreckliches geschah."

Die Kleinen sahen, wie ihnen am Straßenrand hilflose, erschöpfte Greise die Hände entgegenstreckten; Schwangere wurden mit Gewehrkolben malträtiert, alte Frauen totgeschlagen. Die Kinder hörten nachts die Schreie vergewaltigter Mädchen.

Es herrscht um diese Zeit Pogromstimmung in Böhmen und Mähren. Wilde Gerüchte über deutsche Freischärler („Werwölfe") laufen um, und Waffen sind schnell beschafft. Denn die einzige Ordnungsmacht – die Rote Armee – muss kein Tscheche fürchten.

Deren Generalissimus Stalin war es gewohnt, in seiner Sowjetunion ganze Völker hin- und herzuschieben. Einige Millionen Deutsche zu vertreiben, so sein Außenminister Wjatscheslaw Molotow, sei „eine Kleinigkeit, das ist leicht".

Aussig im Sudetenland, 31. Juli, 15.30 Uhr: Das etwa zwei Kilometer elbabwärts gelegene Waffenlager Schönpriesen der tschechischen Armee explodiert. Die Druckwelle schleudert Eisenbahnwaggons durch die Luft und lässt noch im Stadtzentrum von Aussig Fensterscheiben bersten. 27 Menschen sterben: Tschechen und deutsche Zwangsarbeiter.

Nahezu gleichzeitig beginnt an mehreren Plätzen der Stadt eine Hatz auf Deutsche. Die lassen sich an ihrer weißen Armbinde, die sie immer zu tragen verpflichtet sind, gut erkennen.

Vor dem Bahnhof liegen zwei Dutzend Totgeschlagene. Das Wasser im Feuerlöschteich färbt sich blutrot, johlende Männer ertränken hier wahllos, wen sie gerade zu greifen vermögen. Auch auf der 20 Meter hohen Brücke von Aussig tobt der Mob. Menschen jeglichen Alters stürzen hinab in die Elbe. Wer nicht gleich stirbt, auf den wird geschossen.

Die Rechtfertigung für die Ausschreitungen schiebt am nächsten Tag die tschechische Regierung nach: Deutsche Werwölfe hätten das Munitionsdepot gesprengt. Doch Vladimir Kaiser, heute Stadtarchivar in Aussig und der wohl beste Kenner aller Quellen, widerspricht dieser Behauptung: Das Massaker sei eine abgekartete Sache gewesen. Inszeniert von den neuen Machthabern in Prag, die der Weltöffentlichkeit beweisen wollten, dass es sich mit den nach wie vor gefährlichen Deutschen nicht friedlich zusammenleben lasse.

In vielen Sudetengebieten mit geschlossen deutscher Besiedlung bleibt es zunächst noch ruhig – bis die selbst ernannten Revolutionären Garden auftauchen. Den Tschechen, die sich ihnen anschließen, winkt reiche Beute. Der Landbesitz der Deutschen soll an all jene verteilt werden, so haben es die neuen Machthaber versprochen, die „ihren Wert im nationalen Befreiungskampf bewiesen" haben.

Die Plakate, etwa in Komotau, haben große rote Buchstaben. Als der Facharbeiter Adalbert Ehm am Samstag, dem 9. Juni, um sechs Uhr auf die Straße geht, hängen sie schon weithin sichtbar an den Mauern. Sämtliche männlichen Einwohner von 13 bis 65 sollen sich auf einem alten Sportplatz melden, mitzubringen: eine Garnitur Leibwäsche und Verpflegung für drei Tage.

Was haben die mit ihm vor? In der gleißenden Morgensonne müssen alle Zusammengetriebenen ihre Oberkörper entblößen und die Arme emporstrecken. Milizionäre untersuchen sie auf SS-Tätowierungen. Der Mob reißt einem Dutzend der Männer auch noch die restlichen Kleider vom Leibe. Dann werden die Nackten so lange mit Knüppeln geschlagen, bis sie leblos liegen bleiben.

Tschechen türmen die toten Körper zu blutigen Fleischhaufen auf – Adalbert Ehm und die anderen Überlebenden müssen in Fünferreihen an den Opfern vorbeiparadieren, ehe sie anschließend unter Hieben davongejagt werden.

„Lauft, ihr Schweine, ihr deutschen Schweine" – und die Männer kriechen Serpentinen hinauf ins Erzgebirge. Immer im Trab und über Stunden hinweg mit den Gewehrkolben und Maschinenpistolen der Milizen im Rücken.

Abends ist endlich die Grenze erreicht – bei Deutschneudorf. Doch die Russen im benachbarten Sachsen wollen die Vertriebenen von Komotau nicht aufnehmen. Sie haben ihrerseits bereits genug Elend zu verwalten. In Fünferreihen sitzend, muss Ehm mit den andern die Nacht auf der Straße vor dem Schlagbaum verbringen. Am nächsten Tag geht der Marsch zurück – ins Arbeitslager.

Europa, berichtete damals das amerikanische Magazin „Time",
war „aus dem schrecklichsten Krieg der Geschichte in den fürchter-
lichsten Frieden übergegangen".

Und niemand, bei dem die tschechischen Räumungskommandos
nächtens an die Tür donnerten, konnte wissen, welche der drei ihm
drohenden Qualen auf ihn zukommen würde: Fußmarsch bis zur
Erschöpfung nach Irgendwo, Verschleppung zur Zwangsarbeit in
ein böhmisches Bergwerk oder Einweisung in ein Lager zum späteren Abtransport in Kohlenwaggons nach Westen.
Wie das Leben weiterging – manchmal schien es sich durch Los zu
entscheiden. Ein Betriebsführer aus dem böhmischen Reichenberg
berichtet für die Vertriebenen-Dokumentation, wie er sich am
19. Juli zusammen mit Hunderten anderer auf einem Sportplatz ein-
zufinden hatte. Erst mussten er und seine Leidensgenossen im Freien
kampieren, dann alle Papiere abgeben. „Danach erhielt jeder entweder einen roten, gelben oder weißen Zettel". Rot war Abschiebung –
gelb und weiß hießen Lager.
Wer rausdurfte aus der ČSR, hatte einen Hauptgewinn gezogen.

Fakten schaffen – das ist das Motto der Stunde, denn in der amerikanischen und britischen Öffentlichkeit gibt es Kritik am brutalen
Austrieb der Deutschen. Und noch glauben alle an eine baldige
Friedenskonferenz, auf der die neuen Grenzen gezogen werden.
Beneš macht deshalb Druck. Er ordnet in mehreren Dekreten an, die
Deutschen grundsätzlich zu entrechten und zu enteignen. Nicht
noch einmal sollen die Westmächte Gelegenheit bekommen – wie
1938 in München –, sich auf die Seite der Sudetendeutschen zu
schlagen. Die sollen weg, so schnell es geht, um jeden Preis.

In Langenbruck im Kreis Reichenberg passiert es wie vielerorts.
Am 16. Juni um zwei Uhr nachts kommt der Befehl ans Dorf, am
nächsten Morgen die Häuser zu räumen. Ein Mann, der erst wenige
Tage zuvor aus dem Lazarett entlassen worden und endlich wieder
„zu Hause" ist, erschießt seine Kinder im Alter von drei und fünf
Jahren, dann die Frau, dann die Schwiegermutter und bringt sich am
Ende selbst um.

Die aus dem Dorf am Leben bleiben, ein Trüppchen von 2000
Leuten, werden in Kohlenwagen verfrachtet und nach Schlesien zu
den Polen geschickt. Dort irren sie zehn Tage lang hustend durch
die Ödnis, um schließlich vom polnisch besetzten Terrain aus

durch die Neiße nach Sachsen zu waten, das von den Russen kontrolliert wird.

In diesen Tagen wird die Neiße, ein schmales, unscheinbares Flüsschen aus dem Isergebirge, zur historischen Wasserscheide. Westlicherseits erstreckt sich das, was noch von Deutschland übrig ist, das verwüstete Sachsen, die Lausitz, unter sowjetischer Verwaltung. Im Osten regieren die von den Russen abhängigen Polen, im Süden die Tschechen. Den provisorisch arbeitenden Behörden und der ausgehungerten Bevölkerung werden die Überflüssigen von hüben und drüben jeweils vor die Tür gekippt – Hunderttausende irren herum, ohne Ziel, ohne Obdach.

„Du kannst nach links, du kannst nach rechts, oder du kannst ins Wasser": Die zynische Antwort eines Rotarmisten auf die ratlose Frage eines Vertriebenen am Neiße-Ufer ist mehrfach überliefert. Das war offenbar so ein Spruch, den sich die Besatzer zurechtgelegt hatten. Wehe den Besiegten!

Und die meisten wollten nicht nach rechts oder links, die wollten zurück in ihre Heimat. Der Krieg war zu Ende, und die Rote Armee stand an der Elbe. Statt im überfüllten Berlin oder im zerbombten Dresden auszuharren, machten sich viele auf den Weg nach Hause. Sie wussten ja nicht, dass sie gegen den Strom der Geschichte liefen. Schlesien und Pommern – das schienen doch zunächst nur Teile der großen sowjetischen Besatzungszone.

In Görlitz, der heute zwischen Deutschland und Polen geteilten Grenzstadt, in der so wunderschöne Häuser stehen, dass sie ein halbes Jahrhundert später zum Kulturerbe der Menschheit erklärt werden sollen, lag damals eine der wichtigsten Brücken über die Neiße nach Schlesien. Und auf dieser Brücke brandete das Elend jetzt aus zwei Richtungen gegeneinander: Vertriebene aus dem Osten prallten auf Rückkehrerströme, die von Westen her kamen.

Pfarrer Franz Scholz von der Görlitzer Bonifatius-Gemeinde, die am östlichen Ufer der Stadt siedelt, notiert am 26. Mai: „Draußen immer stärkere Elendshaufen. Sie bitten um Suppe, Brot." Die kommen nicht *aus* dem Osten, „die wollen in ihre Heimat in Richtung Osten zurück."

Die wenigsten, die nun über die Neiße nach Schlesien drängen, machen sich klar, was sie „daheim" erwartet: verbrannte Erde, zerstörte Häuser. Denn das Land war beim Rückzug der deutschen

OSTSEE

Kolberg

POMMERN

Danzig

OST-
PREUSSEN

Stettin

Deutsch Krone

Oder

Weichsel

NEUMARK

Posen

Warthe

Neiße

Grünberg

Herrnstadt

Görlitz

SCHLESIEN

Breslau

Oder

Warmbrunn

Oppau

Riesengebirge

Gleiwitz

Elbe

100 km

SUDETENLAND

DER SPIEGEL

Wehrmacht verwüstet worden, dann waren die russischen Panzer darüber gerollt, und schließlich hatten marodierende Rotarmisten geplündert und gebrandschatzt, was noch übrig geblieben war. Und trotzdem: Über eine Million Menschen quälen sich über die kaputten Straßen nach Hause.

Noch ist die Heimat für zwei Mark zu haben: So viel kosten die „Passierscheine", welche die Polen an alle Rückkehrer-Flüchtlinge mit einem Zielort östlich der Neiße ausstellen. Die Zettel gibt es freilich nur langsam und zögernd, und das ist Absicht. Sollen so viele Deutsche wirklich nach Breslau, Gleiwitz und Stettin zurückkehren?

Während die zerlumpten hungrigen Gestalten von Pfarrer Scholz und anderen wenigen Hilfskräften mit Suppe versorgt werden und der Stau der Menschen, die sich hier von Osten nach Westen und umgekehrt entgegenlaufen, immer größer wird, herrscht höheren Orts erst mal eine andere Art von Chaos. Wie die Geschichte mit Deutschlands Ostgebieten eigentlich weitergehen soll, scheint niemandem klar zu sein.

Denn die Grenzen nach dem Sieg waren von den Alliierten bis dahin nur in groben Zügen vorbesprochen. Schon am 28. November 1943 hatten sich Winston Churchill, Josef Stalin und Franklin D. Roosevelt in der amerikanischen Botschaft in Teheran zusammengesetzt.

Es war zwei Tage vor Churchills 69. Geburtstag. Der Gastgeber, US-Präsident Roosevelt, fühlte sich unpässlich und ging früh zu Bett. Briten-Premier Churchill und der Kreml-Herr Stalin machten es sich auf dem Sofa bequem, um über die Nachkriegsordnung zu plaudern.

Stalin war daran interessiert, den Ostteil Polens – in dem überwiegend Ukrainer und Weißrussen lebten – zu behalten, den Hitler ihm bereits 1939 zugestanden hatte: Galizien mit der Metropole Lemberg und den Ölfeldern sowie Wilna und die weißrussische Ebene.

Churchill sagte, er habe nichts dagegen, wenn Polen nach Westen wandere „wie Soldaten, die zwei Schritte nach links aufschließen". Die Verluste des geschundenen Landes im Osten sollten im Westen durch den Zugewinn deutscher Gebiete kompensiert werden. Ein ganzer Staat, versetzt um einige hundert Kilometer.

Der Sowjetdiktator, ein ausgefuchster Schauspieler, gab sich skrupulös – da zog Churchill eine Streichholzschachtel heraus und entnahm ihr drei Hölzchen, die Weltgeschichte machten: Eines stand für Russland, das zweite für Polen, das dritte für Deutschland. Das russische – rechts – schob der Brite nach links. Da mussten die beiden anderen auch nach links rutschen. „Das gefiel Stalin", notierte Churchill.

Natürlich nahm sich der gerissene Kreml-Chef später ein größeres Stück vom Vorkriegspolen, als es dem Bündnispartner lieb war. Die Zeche – das war die Logik des Spiels mit den Hölzchen – zahlten am Ende die Deutschen. Ihre Höhe stand allerdings auch im Frühsommer 1945 noch nicht fest.

Görlitz, 28. Mai 1945. Pfarrer Scholz notiert in seinem Tagebuch, das er später als Zeitdokument veröffentlicht: „Die nach Osten wogenden Ströme der heimkehrenden Flüchtlinge werden ab heute von schwer bewaffneten Kommandos an der Schenkendorffstraße aufgehalten. Zu Hunderten und Tausenden stehen sie da mit ihren Gespannen."

Eine Woche zuvor hatte Wladyslaw Gomulka, der mächtige Generalsekretär der polnischen KP, beim Plenum des Zentralkomitees Krisenstimmung verbreitet: Die „Rückkehr der Deutschen" bringe die Vereinbarungen der Alliierten in Gefahr.

Am 1. Juni werden fünf Divisionen der neuen polnischen Armee an die Oder und an die Görlitzer Neiße beordert. Der Eiserne Vorhang geht herunter. Rückkehr für Deutsche nach Schlesien oder Pommern verboten. Wer es trotzdem wagt, landet in den Folterkellern im Osten von Görlitz.

Fast fünf Millionen Deutsche leben noch jenseits des Eisernen Vorhangs unter polnischer Verwaltung. Nun droht auch ihnen der Austrieb. Denn was konnten die polnischen Kommunisten ihren Landsleuten in diesem völlig zerstörten und im Osten vom Genossen Stalin kaltschnäuzig amputierten Land schon bieten? Häuser und Boden der Deutschen – und die Vision eines homogenen Nationalstaats, den fast alle Polen wollten. Gomulka: „Wir müssen die Deutschen hinauswerfen, da alle Länder auf nationalen, nicht multinationalen Grundlagen errichtet sind."

Eigentlich sollte erst im Juli, auf der Potsdamer Konferenz der Siegermächte, entschieden werden, wie es weitergeht. Noch war ja ungeklärt, wo genau die neue Grenze zwischen Polen und Deutschland verlaufen würde. Doch die polnische Regierung hatte das Gesetz des Handelns längst in die Hand genommen – von Stalin dazu ermuntert.

Schon rollten aus den einstigen Ostprovinzen Polens, die an die Sowjetunion fielen, in offenen Viehwaggons eineinhalb Millionen Landsleute heran, darunter 150 000 Juden, die gerade dem Holocaust entronnen waren. Für ihre Häuser und Höfe hatte man ihnen Kompensation versprochen; sie sollten nun in Breslau oder Pommern siedeln. Doch da waren immer noch die Deutschen.

Edward Ochab, Innenminister in Warschau, entschied, die übrig gebliebenen, unter polnischer Aufsicht befindlichen Deutschen in drei Gruppen zu teilen: Die erste, so sein Beschluss, möge man zu Fuß „in kleinen Herden über Oder und Neiße" hinaustreiben. Die zweite habe sich aus Fachleuten und Experten zusammenzusetzen, die man vorerst noch brauche. Als dritte Gruppe schließlich qualifizierte der Politiker Menschen in Städten und grenzfernen Gebieten, die man nicht so schnell aus dem Lande bekomme. Die sollten erst einmal in Lagern untergebracht werden.

Die polnischen Armeeeinheiten im Westen – zuständig für die Gruppe eins – bekommen nun aus Warschau den Auftrag, „mit den Deutschen so umzugehen, wie die mit uns umgegangen sind". Der Befehl an die polnische West-Truppe: Behandelt die so, „dass sie von selbst fliehen".

Den meisten muss man das nicht zweimal sagen.

Vom 20. Juni an läuft die erste große Ausweisungswelle nun auch in Niederschlesien, das nach Meinung der Westalliierten gar nicht an Warschau fallen sollte. Aber wer – außer Stalin – kann die Polen noch stoppen? „Wie ein Blitz aus heiterem Himmel", so beschreibt Georg Gottwald, katholischer Dekan im schlesischen Grünberg, sei der Befehl gekommen, binnen sechs Stunden müsse der gesamte Stadt- und Landkreis „deutschenfrei" sein.

Der Ablauf war immer derselbe: Militärtrupps umstellten die Häuser, und deren Bewohner wurden mit Schüssen oder unter Einsatz von Gewehrkolben und Peitschen aus dem Bett geprügelt, ausgeplündert und unverzüglich in Marsch gesetzt.

Mehrere Tage lang wankten so unzählige Schlesier zu Fuß bis zur 250 Kilometer entfernten Neiße. Im schlesischen Herrnstadt wurde ein ganzes Altersheim auf solche Weise vertrieben. Die gebrechlichen Greise kippten unterwegs in Scharen tot um.

Den Pommern ging es ebenso schlecht. Am 1. Juli, nachmittags um 17.30 Uhr, erschien der neue polnische Bürgermeister einer Gemeinde mit Namen Gottschimmerbruch, im Schlepptau zwei Polizisten. „In 30 Minuten raus", wurde die Bäuerin Anna Kientopf angeherrscht. Zugleich brachte das Räumkommando, wie die Frau später zu Protokoll gab, „eine Menge Ukrainer-Jungs" mit auf den Hof. Vertriebene ersetzten Vertriebene.

Als sich der eilends zusammengestellte Treck, zu dem auch Anna Kientopf gehört, Richtung Westen in Gang setzt – ein Elendsmarsch der Entwürdigten –, schlägt ein aufgeputztes polnisches Mädchen mit Topfdeckeln den Takt dazu.

Und dann die Nächte im Wald: Wenn die Sonne aufging und der Boden sich erwärmte, erfüllte ein „Pesthauch" – der Geruch verwesender Leichen von Menschen und Tieren – die Luft. Ungeheure Schwärme blauer Fliegen saßen auf den Toten.

Görlitz, 21. Juni: Die Vertreibung hat auch Pfarrer Scholz erreicht. Er muss seine Wohnung räumen und gesellt sich nun zu denen, die mit ihrem bisschen verbliebener Habe in Parkanlagen und auf Wiesen umherirren und nicht weiterwissen. Die Baumstämme sind weiß vor Zetteln, auf denen Kinder ihre Mütter suchen und Mütter ihre Kinder.

An den folgenden Tagen gibt es am westlichen Ufer der Neiße bald keinen Fleck zum Treten mehr. Tausende und Abertausende werden über die Brücke nach Görlitz-West gepresst. Dort wächst langsam das Chaos zur Katastrophe: Es gibt ja keine funktionierende Stadtverwaltung, kein Wasser, keine Nahrung mehr.

Schließlich ein Ultimatum von oben: Binnen 48 Stunden müssen die Habenichtse am Westufer das Stadtgebiet verlassen haben. Der diesseitig liegende Stadtteil droht nun auch noch von den Polen vereinnahmt zu werden.

Mitten im großen Tohuwabohu geschieht zusätzlich Verwirrendes. Am 29. Juni meldet der Stabschef des 27. polnischen Infanterieregiments an den Stabschef der 7. Infanteriedivision, dass die Aussiedlung „wegen des entschiedenen Widerspruchs der Führung der Roten Armee" eingestellt worden sei. Es hätten sich Fälle ergeben, „in denen unsere Soldaten von der Führung der Roten Armee unter Beteiligung bewaffneter Deutscher entwaffnet, verhaftet und geschlagen wurden".

Nachforschungen bestätigten, dass tatsächlich ein polnisches Armeekommando bei seinem Versuch, Deutsche aus Hirschberg zu vertreiben, von Russen umringt, gefangen genommen und zwei Tage eingesperrt worden war.

Diese erst kürzlich wieder aufgefundene Meldung – „Nummer 24" – untermauert, was Historiker seit langem vermuteten: Die Polen hatten ihre Aktionen nicht einmal mit den Russen hinreichend besprochen.

Und der große Bruder reagierte empört. Weitere Hungerleider aus den polnisch besetzten Gebieten wollte er in seiner Zone – der späteren DDR – nicht haben. Zumindest noch nicht.

Am 15. Juli, einem strahlenden Sommertag, geschieht in Görlitz ein kleines Wunder: Der Westen der Stadt wird nun doch nicht von den Polen beansprucht.

Und noch ein Wunder: Der Strom der Vertriebenen aus dem Osten versiegt. Aber die Hoffnung, dass es mit dem Grauen ein Ende haben könnte, erfüllt sich nicht. Irgendein Mächtiger hat da nur wieder mal mit Streichhölzern gespielt.

Hohn für die Opfer

Eine Minderheit der Jugoslawiendeutschen blieb im Lande, als die Wehrmacht Ende 1944 vom Balkan flüchtete: Fast 10 000 wurden ermordet, beinahe fünfmal so viele starben in Lagern, die übrigen wurden vertrieben.

Von Fritjof Meyer

Wenn Deutschland Hunderttausende Juden verjagen kann und Russland Millionen Menschen von einem Ende des Kontinents zum anderen transportiert, dann werden ein paar hunderttausend Albaner keinen Weltkrieg provozieren. So berief sich 1937 in einem offiziellen Memorandum der Belgrader Minister Vaso Čubrilović auf kompetente Vorbilder.

Er vermochte die Risiken einzuschätzen, hatte er sich doch 1914 an der Verschwörung zum Attentat auf den österreichischen Thronfolger Franz Ferdinand beteiligt, das vor 88 Jahren das Signal zum Ersten Weltkrieg gab.

Das ethnische Reinigungsgebot serbischer Chauvinisten galt aber auch einer deutschen Minderheit, deren Vorfahren der Wiener Hof nach dem Rückzug der Türken vor 300 Jahren nördlich von Belgrad angesiedelt hatte – die „Donauschwaben". Emsig verwandelten sie die Steppe in „Batschka" und „Banat" in eine Kornkammer, die heutige Vojvodina.

Der Serbe Nikola Pašić, Architekt jenes 1918 gebildeten Vielvölkerstaates, der sich ab 1929 Jugoslawien nannte, hielt es für einen Fehler, damals die Deutschen nicht gleich vertrieben zu haben. Serbische Abgeordnete empfahlen in den zwanziger Jahren, sie nach Mazedonien umzusiedeln, und bald darauf veröffentlichte der Nationalist Vladan Jojkić ein Buch über eine generelle „Depopulation der Nichtslawen".

Doch erst die Besetzung durch Hitlers Wehrmacht beflügelte nationale Tschetniks ebenso wie Titos kommunistische Partisanen, sich der mehr als einer halben Million deutschstämmiger Mitbürger zu entledigen, zumal viele „Volksdeutsche" in die SS-Division „Prinz Eugen" eingetreten waren.

Das reichte der Tito-Regierung, um ihren Deutschen am 21. November 1944 die Bürgerrechte abzuerkennen und sie zu „Volksfeinden" zu erklären. Angehörige der deutschen Volksgruppe, die mit Deutschland kollaboriert hatten, erwartete die Todesstrafe.

Als Hitlers Soldaten 1944 vom Balkan flüchteten, schloss sich ihnen die Mehrheit der Jugoslawen deutscher Nationalität an, doch ungefähr 200 000 blieben im Lande. Sie erlebten eine willkürliche Verfolgung durch die Sieger – denn in Serbien sollten nur noch Serben leben.

Die „ethnische Säuberung" Jugoslawiens von seiner deutschen Minderheit begann gleich nach Titos Freibrief. Geschockt von den ans Licht gekommenen deutschen Kriegsverbrechen, schaute die Welt weg. Damals, urteilte im Londoner „Observer" später der NS-Verfolgte und ehemalige Leiter der britischen Sektion von Amnesty International, Paul Oestreicher, waren nur „wenige bereit, die Allgemeingültigkeit der Menschenrechte zu verteidigen".

In Hodschag (Vojvodina) zwang am 23. November 1944 die Krajiška-Partisanenbrigade 181 Männer und 2 Frauen dazu, sich auszuziehen, und führte sie zu einer Grube an der Straße nach Karavukova. Dort wurden sie erschossen. Einer entkam, drei immerhin – den Gastwirt Franz Kraus, den Kaufmann Ladislaus Kollmann und Hans Petko – konnte der serbische Gemeinderat retten.

Deutsche Siedlungsgebiete in Jugoslawien

UNGARN
RUMÄNIEN
Baranja JUGOSLAWIEN
Batschka
Vukovar Neusatz Banat
Donau
Belgrad
DER SPIEGEL

Donauschwaben
1941: 509 350
1981: etwa 9000   100 km

Zwei Tage später folterte und tötete in Filipova dieselbe Brigade 212 Männer, wobei viele Schützen nicht mitmachen wollten. In Elemir verhinderte ein serbischer Priester die Exekution von 70 Deutschen, und ein russischer Offizier wendete ein Massaker in Setschan ab. Mehrfach griff der neu gebildete serbische Gemeindevorstand ein, so in Parabutsch, wo der Vorsteher deshalb verhaftet wurde.

Das blieben Ausnahmen. Niemand hielt die Marodeure davon ab, in Ruma auf ihren liegenden Opfern herumzutanzen – wie 1999 auch bei Kosovaren in Peć –, ehe sie in der Ziegelei die Gequälten ermordeten. Frauen wurden vergewaltigt, Häuser geplündert. In Semlin (Zemun) bei Belgrad, wo die Wehrmacht 6280 Juden in Gaswagen ermordet hatte, wurden nun 241 namentlich bekannte Deutsche im Salzamt exekutiert. Der deutsche Kommunist Alexander Mettler protestierte, konnte aber nur gerade noch die eigene Haut retten.

In Homolitz erschoss die Sremska-Brigade der Partisanen 173 Menschen mit Maschinengewehren. In Kubin starben auf gleiche Weise 108 Menschen; dabei soll es nach Zeugenaussagen zu grausamen Perversionen gekommen sein.

Auf einem Acker bei Brestowatz gruben Titos Freischärler zwölf Männer bis zum Hals in der Erde ein und schlugen ihnen dann die Köpfe wie Kohl ab, eine Tötungsart, von der auch der damalige Partisanenführer Milovan Djilas berichtet hat. In der Milchhalle von Kikinda wurden die Männer erst verprügelt, dann schnitt man ihnen Nase, Zunge, Ohren oder Penis ab und stach ihnen die Augen aus – schließlich lagen 136 Leichen auf dem Hof.

In Pančevo, wo 1941 ein deutscher Offizier seinen Opfern den „Gnadenschuss" gegeben hatte, starben von der Hand der Partisanen 222 Männer und Frauen, darunter der Abgeordnete Simon Bartmann, Rechtsanwalt Bartosch und der Schüler Franz Mayerhöfer.

Die übrigen mehr als 5000 Deutschen am Ort wurden vertrieben, die 1200 Arbeitsfähigen unter ihnen kamen in das Lager Fischplatz unter der rothaarigen Kommandantin Radojka, in Baracken hinter Stacheldraht mit zwei Klosetts für alle.

Die Vorgänge in Jugoslawien hat die Donauschwäbische Kulturstiftung in München nach Zeugenaussagen penibel dokumentiert, die Namen der meisten Opfer und einiger Täter konnten ermittelt werden. In jenem blutigen Herbst und Winter bis ins Frühjahr 1945 wurden demnach insgesamt 9500 Deutsche umgebracht – mithin wohl ebenso viele Menschen wie 1998/99 im Kosovo.

In acht Transportzügen wurden zudem 8000 Frauen und 4000 Männer in die Sowjetunion deportiert, von ihnen kam jeder Sechste ums Leben. Die übrigen 167 000 Deutschstämmigen, die verschont geblieben waren, wurden in Lagern konzentriert. Bis zum August 1945 waren sämtliche serbischen Ortschaften von Deutschen geräumt, ihre 637 939 Hektar Land fielen vorzugsweise an verdiente Partisanen.

Im Zentrallager von Novi Sad (vormals: Neusatz) lebten 2000 Donaudeutsche auf zweistöckigen Bretterpritschen, strafweise auch in einem engen Bunker, der unter Wasser stand.

Das Zentrallager in Zemun (Semlin) hatte einst die deutsche Luftwaffe gebaut. Durch das Lager Valpovo in Slawonien ritt der zuständige politische Kommissar auf seinem Schimmel, ohne je abzusteigen. Er führte zufällig denselben Nachnamen wie der Befehlshaber der deutschen Vernichtungslager in Polen 1942/43, Sohn eines Kroaten: Odilo Globočnik.

Alte, Kranke, Kinder und Mütter mit Babys steckten in „Lagern mit Sonderstatus", Massengräber ließ man gleich neben dem Zaun ausheben: An Hunger und Kälte, Schikanen und Fleckfieber starben zwischen November 1944 und März 1948 genau 48 447 Jugoslawiendeutsche, deren Namen fast alle dokumentiert sind.

1948 wurden die Lager aufgelöst. Das Internationale Komitee vom Roten Kreuz erreichte ab 1950 die Möglichkeit der Ausreise – zu einem Kopfpreis, je Familie bis zu vier Monatslöhne. Bis 1985 gelang es 87 600 Deutschen, das Land zu verlassen, in das ihre Vorfahren gerufen worden waren. Bei der jugoslawischen Volkszählung 1981 meldeten sich noch 8712 Deutsche.

Die „Säuberung" von den Schwaben von der Donau, gedeckt vom Schweigen der Großmächte, blieb ungesühnt. Das konnte nur dazu ermuntern, gut 50 Jahre später mit einer anderen Minderheit genauso umzugehen.

„Eine teuflische Lösung"

*Nach dem barbarischen Krieg und den „wilden"
Vertreibungen wollten die Alliierten auf der Potsdamer
Konferenz Frieden stiften. Doch sie verursachten eine
weitere humanitäre Katastrophe. Nochmals über sechs
Millionen Deutsche wurden gezwungen, Heimat und
Hof zu verlassen.*

Von Thomas Darnstädt und Klaus Wiegrefe

Am Bahnübergang beim kleinen pommerschen Städtchen Belgard
ließ sich der Fortgang der Geschichte ganz gut überblicken: Flüchtlinge, Eroberer, Vertriebene – alle mussten hier durch.

Denn die Eisenbahnstrecke war damals, 1945, die wichtigste
Verbindung zwischen Ost und West, zwischen Danzig und Stettin
oder – etwas mehr von oben herab betrachtet – zwischen Moskau
und Berlin.

Und es ging immer in eine Richtung. Erst hatte der Schrankenwärter die langen Güterzüge mit halb erfrorenen Menschen ab-
zufertigen, die vor der anrückenden Roten Armee nach Westen rollten. Zwischendrin kamen die Maler, die das Bahnhofsschild –
Belgard heißt nun auf Polnisch Bialogard – überpinselten. Dann passierten endlose Güterzüge mit vertriebenen Deutschen die Ortschaft.

Im ersten Sommer nach dem Krieg kam immer um 15 Uhr der
in der Bevölkerung so genannte Plünderzug nach Stettin vorbei. Vor
der Schranke verlangsamte der Lokführer auf Schritttempo, und ein
Trupp junger Männer – Russen, später Polen – sprang auf die
Wagen. Die organisierten Banden raubten die Deutschen, die sich
auf dem Weg aus der Heimat ins Ungewisse befanden, bis auf die
Unterwäsche aus.

Aus dem Zug flogen die Fetzen. Unbrauchbares Zeug warfen die
Plünderer auf die Gleise – und die halb nackten Menschen manch-
mal hinterher. „Ein Bild des Grauens", notierte der zunächst für die
Russen arbeitende und danach von den Polen zwangsverpflichtete

Schrankenwärter, der in späteren Berichten nur mit den Initialen O. S. auftaucht.

Akribisch versuchte der brave Eisenbahner, wenigstens notdürftig Ordnung in diese erbarmungslose Welt um sich herum zu bringen. Wenn der Zug die Station verlassen hatte, sammelte er am Bahndamm die herumliegenden Dokumente, Briefe oder Personalpapiere und zuweilen auch Sparbücher ein, sortierte sie und verwahrte sie in seinem Keller.

O. S. denkt dabei an spätere Zeiten, die er sich in diesen Wochen nicht vorzustellen vermag. Werden die Polen wirklich hier bleiben, oder wird man das Bahnhofsschild abermals umpinseln? Werden die Menschen in den Güterwagen wiederkommen – oder müssen schließlich auch die restlichen Deutschen Hinterpommern preisgeben, wo sich Russen und Polen unentwegt darüber streiten, wer das Sagen hat?

Im Potsdamer Schloss Cecilienhof haben sich seit dem 17. Juli 1945 die drei mächtigsten Männer der Welt zusammengesetzt. Winston Churchill, der Briten-Premier, Kreml-Chef Josef Stalin und US-Präsident Harry Truman wollen dieses vom Krieg verwüstete Europa, in dessen Mitte die Menschen hin- und herirren, neu vermessen.

Es geht dabei um über sieben Millionen Deutsche, die vor der Roten Armee geflohen sind und von denen gut eine Million alles daransetzt, in ihre Heimat zurückzukehren, um über 400 000 Sudetendeutsche, die zu Fuß oder in Zügen planlos von den Tschechen vertrieben worden sind, und um 400 000 Deutsche aus den Gebieten östlich von Oder und Neiße, die ebenso wild im Sommer 1945 von den Polen – zumeist via Belgard – in die sowjetisch besetzte Zone Deutschlands gepresst werden.

Hinzu kommen dann noch 1,5 Millionen Polen, abtransportiert aus Galizien oder der Westukraine, die vor dem Krieg zu Polen gehörten und nun an die Sowjetunion fallen.

Die meisten der Entwurzelten haben nicht einmal ein dauerhaftes Dach über dem Kopf. Hunger, Typhus und Ruhr grassieren.

Und jene Millionen Deutsche, die in ihrer Heimat jenseits von Oder und Neiße und im Sudetenland ausharren, leiden unter dem Terror und dem Hass von Russen, Polen und Tschechen.

In Erwartung einer weisen Entscheidung hatten zu Beginn der Potsdamer Konferenz die Machthaber in Warschau und Prag immer-

hin ihre wilden Vertreibungen vorübergehend eingestellt. Die Westmächte sollten den polnischen Gebietswünschen gegenüber gnädig
gestimmt werden.

Doch das Treffen der großen Drei war dann leider die Ursache
dafür, dass der Versuch, nach einem barbarischen Krieg die Probleme zu lösen, in eine neue humanitäre Katastrophe führte. Denn
statt die mörderische Völkerwanderung sofort zu stoppen, beschlossen die Sieger, das Chaos auf die Spitze zu treiben. Eine totale ethnische Säuberung in Osteuropa sollte ein für alle Mal Frieden zwischen den schwierigen Deutschen und ihren geplagten Nachbarn
stiften.

Nochmals über sieben Millionen Deutsche, so das Resultat der
Männerrunde im Schloss, werden nun gezwungen, Heimat und Hof
zu verlassen.

105

Nur wenige Tage nachdem am 2. August der Beschluss von Potsdam den Menschen über die Radios – falls sie noch welche hatten – bekannt gegeben worden war, ereilte das Schicksal auch den Wärter O. S. an der Bahnschranke bei Belgard. Er wurde in einen der langen Güterzüge verfrachtet und selbstverständlich ausgeplündert.

Um ein neues historisches Desaster zu vermeiden, hatten westliche Politiker jahrelang diskutiert und in Mengen Vermerke geschrieben. Die britische Regierung bildete schon 1943 eine „Transfer-Kommission", in der dann hochrangige Diplomaten und Juristen, Experten des Äußeren und des Inneren die Frage hin- und herwendeten, wie in Europa nach dem sicher erscheinenden Untergang des Dritten Reiches Stabilität hergestellt werden könne.

Das Problem war seit dem Ende des Ersten Weltkriegs bekannt. Wenn die Siegermächte die Staatsgebiete neu verteilen, ist das nicht nur eine Sache von Verträgen, brauchbaren Grenzflüssen und ordentlichen Landkarten. Der entscheidende Faktor sind die Menschen, deren Interessen man seinerzeit allerdings sträflich zuwiderhandelte.

Denn nach dem Ersten Weltkrieg waren die Grenzen in Europa quer durch die Volksstämme gezogen worden. Überall entstanden neue Staaten, überall gab es neue Mehrheiten und Minderheiten.

Über vier Millionen Deutsche lebten auf einmal in Polen und in der ČSR und mochten sich damit nicht abfinden. Etwa im nun polnischen Posen oder Westpreußen verloren deutsche Landwirte durch eine Bodenreform ihr Land; Schulen wurden geschlossen, und wer seine deutsche Staatsangehörigkeit nicht aufgeben wollte, wurde kurzerhand aus dem Land gedrängt.

Auch in Böhmen und Mähren, wo 3,5 Millionen Sudetendeutsche noch den größten Minderheitenschutz genossen, wurden alle Beamten entlassen, die einen Sprachtest nicht bestanden.

Die Berliner Regierung schürte schon in den Jahren der Weimarer Republik und erst recht unter Adolf Hitler die Unzufriedenheit ihrer Landsleute im Osten. Die bildeten schließlich einen Brückenkopf für Gebietsansprüche – und waren damit Quelle ständiger Reibungen zwischen den Großmächten.

Als vergebens erwiesen sich alle Versuche von Völkerrechtlern und Politikern, ethnische Probleme durch so genannte Nationalitätenstatute zu entschärfen – ein Lösungsmodell, das die Londoner Transfer-Kommission dann endgültig verwarf. Eine Aussiedlung der

Deutschen, befand auch Churchill, sei das „zufriedenstellendste und dauerhafteste Verfahren". Es werde danach „nicht mehr jenes Völkergemisch geben, das nicht enden wollende Schwierigkeiten mit sich bringt".

Die Idee, durch ethnische Säuberungen Frieden zu stiften, hatte erstmals 1915 der Schweizer Arzt und Völkerkundler George Montandon, ein erklärter Antisemit, proklamiert: „Durch die massive Verpflanzung von Nichtangehörigen der Nation in Gebiete jenseits der Grenze" könne man die Nationalstaaten künftig „reinigen".

Acht Jahre später wurde aus der Theorie bitterer Ernst. In Lausanne einigten sich Türken und Griechen, ihre wechselseitigen Minderheiten nicht mehr zu drangsalieren, sondern sie stattdessen auszutauschen – es ging um zwei Millionen Menschen.

Lord Curzon, der damalige britische Außenminister, hatte den Deal vermittelt, aber wohl war ihm nicht dabei: „Eine teuflische Lösung" sei das, schrieb er, „für welche die Welt in den nächsten hundert Jahren einen hohen Preis entrichten wird".

Die Vereinbarung von Lausanne wurde für Churchill trotzdem zum Vorbild. Die Deutschen sollten eine kurze Frist bekommen, „um sich das Nötigste zu nehmen und zu gehen", argumentierte der Premier deshalb schon lange vor der Potsdamer Konferenz, „das hat sich vor Jahren in der Türkei bewährt und wird sich auch jetzt wieder bewähren".

Seinen Vertreibungsexperten war zudem nicht entgangen, dass ausgerechnet Adolf Hitler 1939 seinerseits damit begonnen hatte, Deutsche aus Osteuropa auszusiedeln. Der „Führer" brauchte neue Menschen für sein Rasse-Imperium. Volksdeutsche, die Jahrhunderte vorher nach Russland oder auf den Balkan ausgewandert waren, sollten jene polnischen Gebiete besiedeln, die Hitler seinem „Tausendjährigen Reich" angegliedert hatte.

Über eine Million Menschen aus dem Baltikum und Bessarabien, aus Galizien und Siebenbürgen kamen so bis Kriegsende „heim ins Reich". 1,2 Millionen Polen wurden dafür vertrieben oder kurzerhand ermordet.

Es war der Horror vor der großen Zahl, der die Briten dennoch zu hinhaltendem Widerstand gegen Stalins Forderung veranlasste, den Polen nicht nur Westpreußen und Teile Ostpreußens, sondern auch Hinterpommern und Schlesien bis zur westlichen Neiße zu überlassen: Das bedeutete ja noch einmal einige Millionen Entwurzelte mehr. Und kettete nicht die absehbare Feindschaft der vertriebenen Deutschen Polen auf ewig an die Sowjetunion?

Doch Kreml-Herrscher Stalin ließ nichts unversucht, London von der Notwendigkeit einer Totalbereinigung bis zur Oder-Neiße-Linie zu überzeugen, und setzte sich letztlich durch.

Die Potsdamer Konferenz entschied am 2. August 1945 über das Schicksal von Millionen Menschen mit ein paar beschwichtigenden Formeln: Die Regierungen von Polen, der Tschechoslowakei und Ungarn sollten den Transfer der Deutschen in „ordnungsgemäßer und humaner Weise" durchführen – und bis zu klärenden Detailgesprächen des Alliierten Kontrollrates die Aktionen erst einmal aussetzen.

Aber der Fortgang der Geschichte in Pommern, wo O. S. an der Bahnstrecke nach Westen nun keinen Dienst mehr tat, beschleunigte sich stattdessen – die Polen mochten nicht warten. Sie fürchteten, die Alliierten könnten aus humanitären Gründen die Vertreibung hinauszögern. Milizeinheiten umstellten die Dörfer, und Uniformierte trieben die Bürger mit vorgehaltener Waffe auf offener Straße zusammen. Frauen, die gerade beim Einkaufen waren, trugen noch ihre Kittelschürze, Männer ihre Hausschuhe. Mit Peitschenhieben und Kolbenstößen wurden die Menschen zu den jeweiligen Bahnhöfen gescheucht.

Tage und Nächte standen danach Greise wie kleine Kinder in der drangvollen Enge in Viehwaggons ohne Essen und Trinken auf irgendwelchen toten Gleisen. Niemand wusste, wohin die Transporte eigentlich gehen sollten. Sicher war nur die Richtung: nach Westen.

Im Bahnhof Stettin-Scheune, wo die Züge mit oft Tausenden Entwurzelten eintrafen, fielen die nach langen Irrfahrten Verhungerten oder Erfrorenen einfach auf die Bahnsteige.

Skrupellose Milizionäre nutzten das Chaos in der pommerschen Provinzmetropole, die Davongekommenen um ihre allerletzte Habe zu bringen – und schoben die Schuld anschließend den Rotarmisten in die Schuhe. Umgekehrt machten es die Russen allerdings nicht anders.

Im Spätsommer gab es eine regelrechte Schlacht um den Bahnhof. Der polnische Stadtpräsident von Stettin meldete in Scharen auftretende „Banditen". Polen, Russen und Deutsche – teils Soldaten, teils Kriminelle – beschossen sich gegenseitig.

Wer in Scheune ankam, war nicht Vertriebener, sondern „Flüchtling". Die feinsinnige Sprachregelung in Polen fand ihre Rechtfertigung in einem Papier, das die Betroffenen bei der Abfahrt unterschreiben mussten: 1. Wir fahren freiwillig; 2. Wir stellen keinerlei Ansprüche an den polnischen Staat; 3. Wir versprechen, niemals wiederzukommen.

Die „freiwillige Ausreise" war eine Erfindung der provisorischen Warschauer Regierung unter Boleslaw Bierut, der mit dieser Masche das Moratorium von Potsdam umgehen wollte, das ja solche Ausweisungen bis auf weiteres strikt untersagt hatte.

Doch die Polen standen allerorten unter Druck: Die neu gewonnenen Gebiete im Westen mussten an Umsiedler übergeben werden, die schon massenhaft aus dem an Stalin abgetretenen Ostpolen eintrafen. Die sollten nun die von den Deutschen geräumten Häuser und Höfe bewirtschaften.

Ein chaotisches Programm: Im niederschlesischen Rosenbach beobachtete ein Pfarrer, wie Industriearbeiter aus dem ehemaligen Ostpolen als Bauern im neuen Westpolen rasch die Lust verloren und sich ersatzweise auf die Jagd nach Schätzen machten. Statt Felder zu bestellen, durchpflügten sie Wiesen und Vorgärten auf der Suche nach mutmaßlich von den Deutschen vergrabenen Wertsachen.

Oft zogen polnische Umsiedler in Häuser ein, in dem noch die deutschen Besitzer wohnten. Diese mussten dann bis zur Abfahrt im Keller wohnen.

Weil der Lebensraum für die Polen aus dem Osten so dringend gebraucht wurde, mussten viele Deutsche, für die nicht sofort ein Viehwagen aufzutreiben war, zunächst einmal in Lagern untergebracht werden. Da saßen sie dann monatelang zusammen mit Strafgefangenen, NS-Funktionären, die auf ihre Aburteilung warteten, oder Schindern von der SS, die nun ihrerseits geschunden wurden, aber auch Polen, die beim Genossen Stalin und seinen Warschauer Vollstreckern in Ungnade gefallen waren.

In solchen Lagern ließen die Wächter und Kommandanten ihrem Hass auf die Deutschen freien Lauf. Nach Schätzungen von Experten des Koblenzer Bundesarchivs kamen während dieser Phase in Polen 60 000 bis 100 000 der Insassen ums Leben.

Der ehemalige Lagerarzt und spätere Braunschweiger SPD-Stadt-rat Heinz Esser schrieb beispielsweise über die „Hölle von Lams-dorf": „Sie wurden geschlagen und getötet, nur weil sie Deutsche waren." Die Erinnerung daran quält viele Überlebende bis heute, etwa wie es klingt, wenn Menschen mit einem Gewehrkolben geschlagen wer-den. „Es gab dann ein ganz komisches Geräusch, das sich anhörte wie ein Knall", erinnert sich Helmut Gerlitz, der als Sechsjähriger mit seiner Mutter und zwei Schwestern in das Lager Lamsdorf kam.

Im fernen London ahnten die Briten um diese Zeit zum ersten Mal, was sie mit ihren Transfer-Vorschlägen angerichtet hatten. Es sei „nicht auszuschließen", erklärte Churchill in einer Rede vor dem Unterhaus, dass sich „hinter dem Eisernen Vorhang" eine „Tragödie von ungeheurem Ausmaß" abspiele.

Eisern war in diesem Elendsherbst 1945 indessen vor allem der Wille bei den Verantwortlichen, die Katastrophe zu verdrängen. Dabei wurden die Alarmrufe von Beobachtern im zerschlagenen Deutschland immer lauter.

Am 12. Oktober meldete etwa Robert Murphy, der politische Berater der US-Militärregierung, aus Berlin: „Allein auf dem Lehrter Bahnhof ... haben unsere Sanitätsdienststellen täglich im Durch-schnitt zehn Menschen gezählt, die an Erschöpfung, Unterernäh-rung und Krankheit gestorben sind." Die Überlebenden kämen zu Hunderten in Krankenhäuser: „Sieht man das Elend und die Ver-zweiflung dieser Unglücklichen, spürt man den Gestank des Schmut-zes, der sie umgibt, stellt sich sofort die Erinnerung an Dachau und Buchenwald ein. Hier ist Strafe im Übermaß – aber nicht für die Par-teibonzen, sondern für Frauen und Kinder, die Armen, die Kranken."

Im November schreibt der US-Korrespondent F. A. Voigt in der „Nineteenth Century and After" über einen Transport, der in Berlin aus Danzig mit Kranken und Waisen ankommt: „Sie waren in fünf Viehwagen zusammengepfercht, auf dem nackten Boden, ohne Stroh. Es gab weder Ärzte noch Schwestern oder Medikamente. Zwischen sechs und zehn Patienten in jedem Wagen starben unter-wegs. Die Leichen wurden einfach aus dem Zug geworfen." Der-selbe Artikel enthüllt auch, dass es den Deutschen, die aus der ČSR hinausgeworfen wurden, nicht besser erging: „Ungefähr um die glei-che Zeit kam ein Transport mit Männern, Frauen und Kindern aus

Troppau. Sie waren 18 Tage lang in offenen Viehwagen unterwegs gewesen. 2400 Menschen hatten die Fahrt angetreten, 1350 erreichten Berlin. Es sind also mehr als 1000 unterwegs gestorben." Und nicht einmal der Philosoph Bertrand Russel konnte sich Gehör verschaffen, als er im „New Leader" am 8. Dezember 1945 berichtete: „Viele erreichen Berlin als Tote. Kinder, die unterwegs sterben, werden aus dem Fenster geworfen. Nach der Aussage eines britischen Offiziers, der sich jetzt in Berlin aufhält, sterben ganze Bevölkerungen."

„Bestürzt" hatte immerhin US-Außenminister James Byrnes an seinen Botschafter Arthur Lane in Warschau gekabelt, er möge den polnischen Machthabern die Missbilligung der US-Regierung überbringen. Lane telegrafierte zurück, Protest sei zurzeit nicht opportun. Die Deutschen würden offenbar total übertreiben, „wie es ihrer Art entspricht, nach einem verlorenen Krieg zu jammern".

Warum taten die Westmächte nichts gegen die flagrante Verletzung des Potsdamer Abkommens? Sie wollten wohl nicht, vermuten Historiker. Von vornherein betrachteten die Großen Drei von Potsdam die Drecksarbeit, den eigentlichen Transfer, als innere Angelegenheit der Polen, Tschechen, Slowaken und Ungarn. Sie mischten sich erst wieder ein, als in ihren alliierten Besatzungszonen eine Hungersnot drohte.

Ungezählte so genannte Displaced Persons aus Osteuropa – ehemalige Zwangsarbeiter und Kriegsgefangene, Überlebende des Holocaust oder auch vor der Roten Armee geflohene Kollaborateure der Nazis – irrten durch das zerstörte Deutschland.

Dazu kamen nun ständig neue Elendszüge aus dem Osten. Da beschlossen Briten und Amerikaner einen gigantischen Bevölkerungsaustausch: Die Displaced Persons sollten unverzüglich in ihre Heimat zurückkehren – und Platz machen für die noch zu Vertreibenden.

Die einstigen sowjetischen Kriegsgefangenen Hitlers wurden, auch gegen ihren Willen, der Roten Armee überstellt, die Polen durften sich immerhin aussuchen, ob sie zurückwollten. Am 13. Oktober begann die Operation „Adler" – so hieß die Rückführung von über 100 000 Polen in ihre Heimat.

Parallel schacherten die Alliierten-Vertreter im Kontrollrat um die Zahl der zu transferierenden Deutschen. Auf Vorschlag der Sowjets wurde sie schließlich mit 6,7 Millionen veranschlagt.

Diese „Zuzügler" sollten – zusätzlich zu den Millionen Deutschen, die Restdeutschland bereits erreicht hatten – in den folgenden Monaten auf die einzelnen Besatzungszonen verteilt werden: 1,5 Millionen entfielen auf die Briten, 2,75 Millionen auf die Sowjets, 2,25 Millionen auf die Amerikaner. 150 000 hatten die Franzosen in ihrem Einflussbereich anzusiedeln.

Die Volksverschiebung sollte im Juli 1946 abgeschlossen sein – 6,7 Millionen in sieben Monaten. Und außerdem brach nun noch ein gnadenloser Winter über die heimatlosen Deutschen herein.

Paul Fieweger, ein Landwirt aus einem Dorf in der Nähe des schlesischen Städtchens Neiße, überlebte die Strapazen nur knapp. Ende Januar 1946 stand er zusammen mit 80 Männern und Frauen tagelang in einem Waggon in der eisigen Kälte. Irgendwo auf freier Strecke wurde der Wagen einfach abgehängt.

Stalin, dem jeder in Potsdam ohne Zögern umfassende Erfahrung im Verschieben von Völkern zubilligte, hatte seine Gesprächspartner in Cecilienhof ja gewarnt: Dass man die Deutschen „direkt nimmt" und sie rauswirft, „so einfach ist die Sache nicht". Wirkungsvoller sei, man bringe sie „in eine Lage, bei der es für sie besser ist, diese Gebiete zu verlassen".

So haben es Stalins Genossen in jenem Winter dann auch gemacht. In vielen Dörfern Schlesiens meldeten sich die Drangsalierten freiwillig zum Abtransport, und die in den Lagern flehten um einen Platz im Güterwagen. Tausende liefen einfach zu Fuß durch den Schnee zur Grenze. Und sie atmeten erleichtert auf, wenn sie endlich bei Görlitz die Brücke über die Neiße erreicht hatten.

„Nur weg aus dem Machtbereich des Terrors. Ganz gleich, wohin, nur weg von hier nach Westen", notierte Pfarrer Franz Scholz von der Görlitzer Bonifatius-Gemeinde in seinem Tagebuch.

Doch dann, Ende Februar 1946, tauchten im 30 Kilometer entfernten Kohlfurt unvermittelt britische Offiziere auf. Sie bestellten die ankommenden Deutschen zu sich und versprachen, von nun an werde alles reibungslos laufen – und der Pfarrer dankte dem Herrgott.

Die Briten, denen die Versorgung der ankommenden Elendsgestalten in ihrer Zone zu teuer wurde, hatten am 14. Februar mit der polnischen Regierung ein Abkommen geschlossen, um das Allerschlimmste ab sofort zu verhindern. Ohne Lebensmittel für zwei

Jubelempfang für einrückende Nationalsozialisten im Sudetenland 1938

Sudetendeutsche Kundgebung in Eger mit Adolf Hitler (im hellen Mantel) nach dem Anschluss 1938

HUGO JAEGER/TIMEPIX

Tschechoslowakischer
Präsident Edvard Beneš
1941 im Exil

ULLSTEIN BILD

HANS SCHALLER/DER SPIEGEL

Verwüstungen nach dem deutschen Angriff auf Polen 1939

BUNDESARCHIV KOBLENZ

Getötete Deutsche nach einem Vorstoß der Roten Armee ins ostpreußische Nemmersdorf im Oktober 1944

Flüchtlinge auf dem Eis des
Frischen Haffs in Ostpreußen
im Januar 1945

BPK

BPK

Zusammengeschossener
Flüchtlingswagen

Ostdeutsche Flüchtlinge
Anfang 1945

SÜDDEUTSCHER VERLAG

BPK

C. HENRICH

NOWOSTI

AKG

Rotarmisten nach der Eroberung Königsbergs

Gegenüberliegende Seite
Reste eines Flüchtlingstrecks in Ostpreußen
Soldaten der Roten Armee in Frauenburg in Ostpreußen Anfang 1945

Deutsche Flüchtlinge in Danzig

AKG

LANDSMANNSCHAFT OSTPREUSSEN

C. HENRICH/AKG

Flüchtlinge im Hafen von Pillau
Einschiffung von Flüchtlingen an der Ostsee

HEINZ SCHOEN/OSTSEE-ARCHIV

KDF-Schiff "Wilhelm Gustloff" im Jahr 1939
Evakuierung in Gotenhafen 1945

BPK

Churchill, Roosevelt und Stalin im Februar 1945 auf der Konferenz von Jalta

BPK

Evakuierung über die Ostsee im Mai 1945

AKG

Siegesfeier sowjetischer Soldaten in Ostpreußen

Bilder aus Filmaufnahmen amerikanischer Soldaten des Army Air Forces Special Film Project aus der Tschechoslowakei im April und Mai 1945

Fotos: NATIONAL ARCHIVES/DER SPIEGEL

Misshandelte Frau
Karteikarte der US-Armee mit genauer Beschreibung der Bildgegenstände

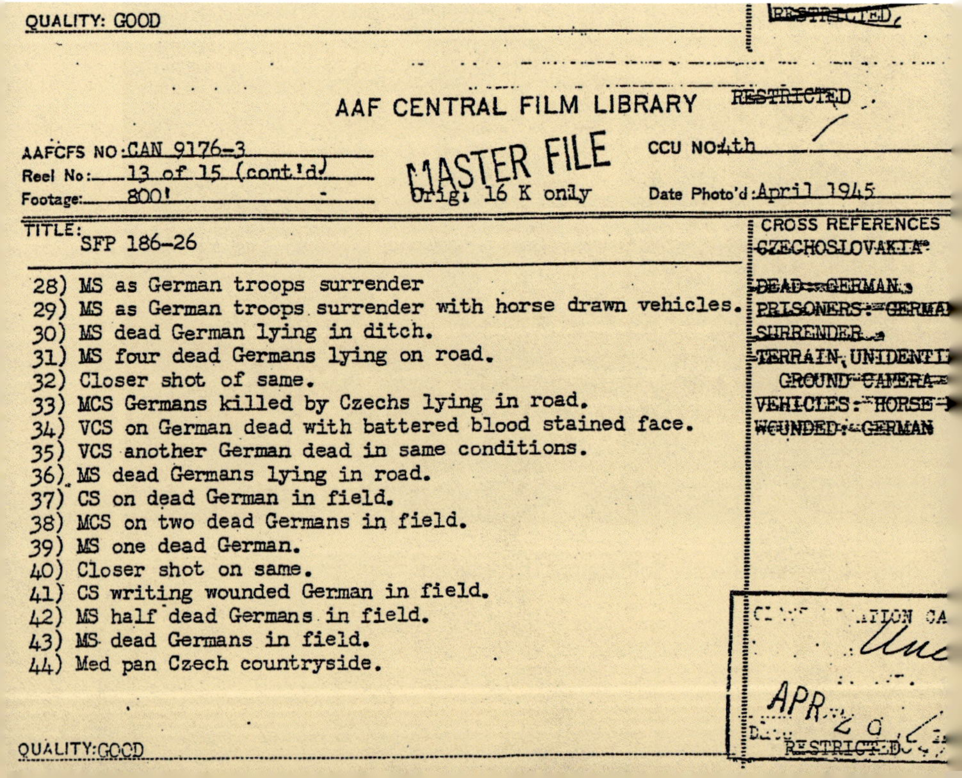

QUALITY: GOOD   RESTRICTED

AAF CENTRAL FILM LIBRARY   RESTRICTED

AAFCFS NO: CAN 9176-3   MASTER FILE   CCU NO: 4th
Reel No: 13 of 15 (cont'd.)   Orig: 16 K only
Footage: 800!   Date Photo'd: April 1945

TITLE: SFP 186-26

CROSS REFERENCES
CZECHOSLOVAKIA

28) MS as German troops surrender
29) MS as German troops surrender with horse drawn vehicles.
30) MS dead German lying in ditch.
31) MS four dead Germans lying on road.
32) Closer shot of same.
33) MCS Germans killed by Czechs lying in road.
34) VCS on German dead with battered blood stained face.
35) VCS another German dead in same conditions.
36) MS dead Germans lying in road.
37) CS on dead German in field.
38) MCS on two dead Germans in field.
39) MS one dead German.
40) Closer shot on same.
41) CS writing wounded German in field.
42) MS half dead Germans in field.
43) MS dead Germans in field.
44) Med pan Czech countryside.

DEAD - GERMAN.
PRISONERS - GERMAN
SURRENDER.
TERRAIN, UNIDENTI
GROUND CAMERA.
VEHICLES - HORSE -
WOUNDED - GERMAN

CLASSIFICATION CA

APR

QUALITY: GOOD   RESTRICTED

Fotos: NATIONAL ARCHIVES/DER SPIEGEL

Verladung von Flüchtlingen
Getötete Soldaten

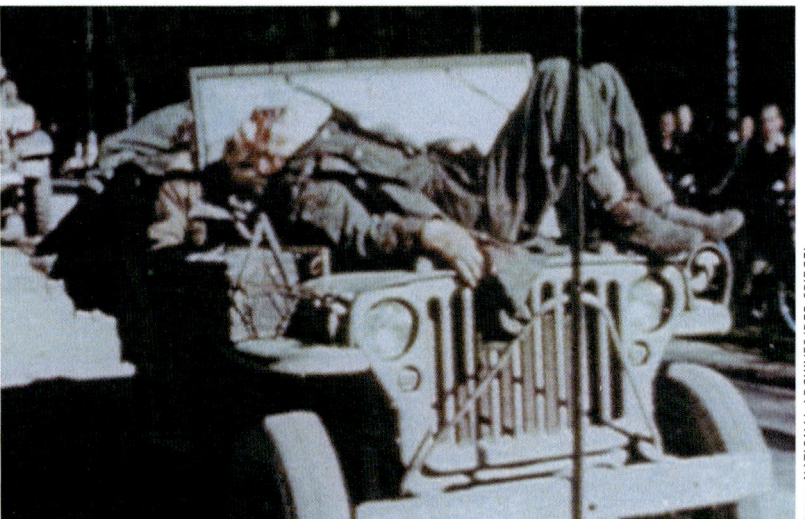

Tschechische Milizionäre
Rettung eines Schwerverletzten

Fotos: NATIONAL ARCHIVES/DER SPIEGEL

Tage sollte niemand mehr auf die Reise geschickt werden. Kranken, Hochschwangeren und Frauen im Kindbett verkündete man feierlich, sie zunächst einmal zu verschonen.

Die nunmehr geordnet erscheinende Vertreibung aus Polen in die britische Zone bekam den Namen Operation „Schwalbe". Präzise wurde festgelegt, täglich 8000 Menschen mit Schiffen von Stettin nach Lübeck, in polnischen und sowjetischen Zügen von Stettin nach Bad Segeberg oder von Kohlfurt nach Alversdorf bei Helmstedt und Friedland zu verfrachten.

Die Sudetendeutschen sollten sogar Essen für drei Tage bekommen und 1000 Mark Reisegeld mitnehmen dürfen. Denn ähnlich wie die Briten mit den Polen, so vereinbarten im Januar 1946 die Amerikaner mit den Tschechen Mindestbedingungen für die Einreise in den Westen. Die Waggons, entschied man großzügig, müssten bei schlechtem Wetter beheizt sein. Die ersten dieser Vertragstransporte trafen am 25. Januar im bayerischen Furth im Wald ein.

An der Grenze blühten plötzlich die Bäume – doch das waren keine Blüten, sondern die gelben, weißen und roten Armbinden, die alle Deutschen im Sudetenland tragen mussten und die sie nun, nachdem die Wagen die Demarkationslinie zu den Amerikanern passiert hatten, erleichtert vom Arm streiften und ins Geäst hängten.

Aus Böhmen und Mähren, aus Pommern und Schlesien, aus Westpreußen und Danzig – von überall rollten die endlosen Menschenzüge, manche sogar mit Tannengrün geschmückt.

Die Deutschen im nördlichen Ostpreußen um Königsberg allerdings, wo ein Jahr zuvor die große Flucht begonnen hatte, blieben zurück.

Stalin hatte diesen Teil des traditionsreichen und reichen Bernsteinlandes an der Ostsee für sich behalten. Die dort Eingeschlossenen stürzte er in kaum beschreibbare Zustände. Die Deutschen, die hier im Winter 1944/45 von der Roten Armee überrannt wurden, vegetierten auch im Frieden wie in einem Gefängnis. Viele bekamen nicht einmal mit, dass der Krieg zu Ende ist.

In Königsberg, wo im Mai 1945 ein Amt zur „Nutzung der deutschen Bevölkerung" eingerichtet wurde, grassiert die Ruhr. Lebensmittel gibt es für Deutsche nicht. Erst kochen die Eingekerkerten Hunde und Katzen, dann Mäuse. Der Arzt Hans von Lehndorff, der in der Stadt Krankenhausdienst leistet, schreibt in sein Tagebuch:

„Die Menschen, die man zu uns bringt, befinden sich fast alle im gleichen Zustand. Oben sind sie zu Skeletten abgemagert, unten schwere Wassersäcke. Auf unförmig geschwollenen Beinen kommen sie zum Teil noch selbst gegangen. Jedes Mal fragen wir uns, ob es noch Sinn hat, die Beine zu amputieren, oder ob man die Leute lieber sterben lassen soll. Und meistens lassen wir es dann bei letzterem bewenden."

Wohin das Auge reicht – Tod und Verderben. Im Hungerwinter 1946/47 warnt die Miliz sogar vor dem Genuss der verkauften Klopse: „Fleisch nicht gut, Menschenfleisch". Als das Schlimmste vorüber ist, ist von den Deutschen, die die Russen in der völlig zerbombten Stadt antrafen, etwa die Hälfte gestorben.

Westlich dieser Todeszone rollten derweil die überfüllten Züge der Operation „Schwalbe" mit Deutschen aus Pommern oder Schlesien in die britische Zone.

Doch der friedliche Name trog. Die Aussiedlungsaktion missriet zum Desaster, und zwar nicht nur aus Bosheit, sondern weil sie das Gros der neuen Herrenschicht schlicht überforderte.

Denn eine halbwegs funktionierende Ordnung musste im neuen Westpolen ja erst aufgebaut werden. Kommunisten und Bürgerliche konkurrierten erbittert um die Regie. Ständig intervenierten Kommandeure der Roten Armee.

Um die Vertreibung auch nur leidlich zu organisieren, so der Historiker Philipp Ther, „hätte es einer eingespielten, etablierten Verwaltung bedurft". Aber das zuständige „Staatliche Repatriierungsamt" war ein Hort der Inkompetenz. Wochenlang mussten die eingesammelten Aussiedler nach wie vor auf ihre Transporte warten, weil es an Waggons und Schiffen fehlte.

Das Fazit der Operation „Schwalbe" lässt sich aus dem Bericht der „New York Times" vom Oktober 1946 ablesen: „Der Umfang dieser Umschichtung und die Verhältnisse, unter denen sie vor sich geht, haben in der Geschichte nichts Vergleichbares. Niemand, der diese Gräuel unmittelbar erlebt hat, kann daran zweifeln, dass es sich um ein Verbrechen gegen die Menschlichkeit handelt, für das die Geschichte eine furchtbare Vergeltung üben wird."

Immerhin setzten die westlichen Militärbehörden im Winter 1946/47 einen vorübergehenden Stopp der Transporte aus Polen durch – sonst hätte es ein weiteres Mal Tausende Erfrorener gegeben.

Die Flucht

Über die Vertreibung
der Deutschen aus dem Osten

„Säuberung vom fremden Element"

*Die Erfolge der Sudetendeutschen Partei im Jahre
1938 und der Terror der Nazis gegen die tschechische
Bevölkerung im besetzten Protektorat kehrten sich
nach der Niederlage gegen ihre Urheber. Mehr als drei
Millionen Sudetendeutsche werden vertrieben und mit
Zustimmung der Siegermächte zwangsumgesiedelt.*

Von Detlef Brandes

„Heute ist klar, daß die Mehrheit unserer Deutschen von 1934 an in
vollem Einvernehmen mit Hitler und in voller Verantwortung die
Zerrüttung unseres Staates vorbereitet hat ... Alle Brücken zwischen
ihnen und uns sind durch ihr Vorgehen für immer abgerissen; ein
gemeinsames Leben mit ihnen ist nicht mehr möglich. Sie müssen
daher weggehen, weil es im Interesse der Ruhe und des Friedens
in Europa keine andere Lösung gibt." Mit diesen Worten begründe-
te der tschechoslowakische Staatspräsident Edvard Beneš am 28. Oktober 1945 die Vertreibung der Deutschen aus der Tschechoslowakei.

Mit seiner Erklärung spielte Beneš auf die Gründung der „Sudetendeutschen Heimatfront" im Jahre 1934 an, die im folgenden Jahr
als Sudetendeutsche Partei bei den Parlamentswahlen etwa zwei
Drittel der deutschen Stimmen gewonnen hatte. Die scharfen Konflikte mit dieser Partei und dem NS-Staat bis zum Münchner Abkommen im Jahr 1938 sowie mit der deutschen Besatzungsmacht in
den folgenden sechs Jahren prägten das Bild, das Tschechen und Slowaken nach Kriegsende von den Deutschen hatten. Die Erinnerung
an das Jahrzehnt von 1935 bis 1945 war so übermächtig, dass selbst
das friedliche Zusammenleben beider Nationalitäten in den Jahrhunderten bis zur Revolution von 1848 in diesem Licht gesehen
wurde.

Tschechen und Deutsche vor dem Münchner Abkommen

Erst während der Revolution von 1848, die auch die Habsburger-monarchie erschütterte, hatten Tschechen und Deutsche nationale Programme entwickelt, die einander widersprachen. Die tschechischen Politiker strebten nach einer stärker föderalistischen Struktur der Habsburgermonarchie, in der die historischen böhmischen Länder, das heißt Böhmen, Mähren und Österreichisch-Schlesien, eine Einheit bilden sollten. Die deutschböhmischen Politiker forderten die Abgrenzung des deutschen vom tschechischen Siedlungsgebiet zumindest durch die Einrichtung deutscher Kreise unterhalb der Ebene der Länder. Am 4. März 1849 einigten sich beide Seiten im Verfassungsausschuss des Reichstags auf einen Kompromiss: Die „historischen" Länder sollten erhalten, aber in nationale Kreise untergliedert werden. Drei Tage darauf löste der Kaiser den Reichstag auf, und die Vereinbarung wurde hinfällig. In der Folge scheiterten bis 1914 alle Bemühungen, einen umfassenden Ausgleich zwischen den tschechischen und deutschböhmischen Ansprüchen zu finden, die tschechische Nationalbewegung errang jedoch Teilerfolge auf wirtschaftlichem wie kulturellem Gebiet wie zum Beispiel durch den Aufbau eines eigenen Systems von Genossenschaften und Banken oder durch die Ausweitung des Netzes tschechischer Gymnasien und Hochschulen.

Der Erste Weltkrieg bot die Chance zur Neugestaltung Ostmittel-europas, allerdings erst, nachdem die geheimen Verhandlungen über einen Separatfrieden der Alliierten mit Österreich-Ungarn gescheitert waren. Mit den Mitteln der Diplomatie, geschickter Propaganda sowie durch den Einsatz tschechoslowakischer Truppen auf Seiten der Alliierten auf den Kriegsschauplätzen in Russland, Frankreich und Italien gelang es den tschechischen Exilpolitikern um Tomáš G. Masaryk und Beneš, die Entente-Mächte von der Zweckmäßigkeit der Gründung eines tschechoslowakischen Staates zu überzeugen. In den ersten Monaten nach der Ausrufung der Tschechoslowakischen Republik am 28. Oktober 1918 sah die neue Staatsführung ihre Hauptaufgabe in der Festlegung und Anerkennung möglichst weit vorgeschobener Staatsgrenzen, während die deutschen Abgeordneten aus den böhmischen Ländern am 29. und 30. Oktober 1918 in Wien die Bildung der Provinzen „Deutsch-Böhmen" in West- und Nordböhmen und „Sudetenland" aus Schlesien und Nord-Mähren und deren Anschluss an Österreich proklamierten. Der provisorische österreichische Nationalausschuss akzeptierte seinerseits am folgenden Tag diesen Anschluss und gab überdies am 12. November bekannt, dass Deutsch-Österreich Teil der Deutschen Republik werden wolle. Auf der Pariser Friedenskonferenz entschieden sich die alliierten Großmächte 1919 aber schließlich dafür, an der alten Grenze der böhmischen Länder festzuhalten. Das bedeutete, dass auch die Gebiete mit deutscher Mehrheit der neuen tschechischen Republik angegliedert wurden.

Die Deutschen der böhmischen Länder, die sich allmählich als „Sudetendeutsche" verstanden, gerieten durch die Pariser Grenzziehung in die Lage einer nationalen Minderheit. Wie die anderen Staaten Ostmittel- und Südosteuropas auch musste sich die Tschechoslowakei jedoch zum Schutz ihrer Minderheiten verpflichten. Der neue Staatspräsident Masaryk und die tschechischen Regierungsparteien vertraten die Konzeption eines „Nationalstaats" der Tschechoslowaken, der deutsche, ungarische und andere nationale Minderheiten umfasste. Sie betonten den Vorrang der tschechoslowakischen Staatssprache und lehnten die Form des Bundesstaats für die neue Republik ab. Die sogenannte Revolutionäre Nationalversammlung verabschiedete im Februar 1920 eine entsprechende zentralistische Verfassung. Diese versprach allerdings jedem Individuum gleiche staatsbürgerliche Rechte „unabhängig von seiner Sprache, Rasse und Religion".

Die deutschen Parteien kritisierten, dass sie nicht an der Ausarbeitung der Verfassung beteiligt worden waren. Wie in der Habsburgermonarchie forderten sie die Abgrenzung der deutschsprachigen Randgebiete durch die Schaffung nationaler Kreise. Im Parlament, in der Presse und in Eingaben an den Völkerbund beklagten sie sich über eine Benachteiligung bei der Bodenreform und bei der Bedienung der österreichischen Staatsanleihen, über mangelnde Förderung ihrer Konsumgüterindustrie, über Entlassungen aus dem Staatsdienst sowie über die bevorzugte Einstellung von Tschechen besonders bei Post und Eisenbahn sowie Gendarmerie und Staatspolizei. Böses Blut machte etwa die staatliche Förderung tschechischer Minderheitenschulen und der tschechischen „Grenzler"-Vereine, die überwiegend von Beamten und Angestellten geführt wurden, die in die deutschen Gebiete versetzt worden waren. Neuere Forschungen haben gezeigt, dass die Regierungspolitik zwar parteiisch zugunsten nationaler tschechischer Anliegen war, von einer Unterdrückung wie in den anderen Nachfolgestaaten der Habsburgermonarchie aber dennoch keine Rede sein kann. Auch bestimmten keinesfalls nur Konflikte das Alltagsleben zwischen beiden Nationalitäten; Zeichen für den Wunsch nach einem friedlichen Zusammenleben war unter anderem der sehr häufige Schüleraustausch zwischen deutschen und tschechischen Familien.

Die Sudetendeutschen verfügten über ein breites Spektrum von politischen Parteien. Um 1,7 Millionen deutsche Wähler bewarben sich schließlich sieben überregionale und zehn Splitterparteien. Wegen des Fehlens einer stabilen Wählerschaft und überzeugender ideologischer und inhaltlicher Klammern wetteiferten die bürgerlichen Parteien vor allem in der nationalen Programmatik. Infolge des Verhältniswahlrechts waren die Deutschen seit 1920 in der Nationalversammlung entsprechend ihrem Anteil an der Bevölkerung vertreten. Zwei deutsche Parteien standen dem Staat grundsätzlich und auf Dauer ablehnend gegenüber, und zwar die Deutsche Nationalpartei und die Deutsche Nationalsozialistische Arbeiterpartei. Die drei anderen größeren Parteien, nämlich die Deutsche Sozialdemokratische Arbeiterpartei, die Deutsche Christlich-Soziale Volkspartei und der Bund der Landwirte, begannen schon 1919, sich mit der neuen Lage zu arrangieren.

Bei den Wahlen von 1925 – und auch 1929 – erhielten die drei zur Zusammenarbeit bereiten, „aktivistischen" Parteien rund zwei Drittel der deutschen Stimmen. Seit 1926 beteiligten sich die Christlichen Sozialen und der Bund der Landwirte, seit 1929 auch die deutschen Sozialdemokraten an der Regierung. Ihre Hoffnung, durch diese Mitarbeit nationalpolitische Erfolge zu erzielen, wurde allerdings enttäuscht. Weder gelang es ihnen, Selbstverwaltung in deutschen Kreisen oder nationale Sektionen für die Verwaltung der Schulen durchzusetzen noch den Vorrang der tschechoslowakischen Staatssprache im Verkehr der Bürger mit den Behörden zu mildern.

Nach der nationalsozialistischen Machtergreifung in Deutschland 1933 wuchs unter den Sudetendeutschen die Hoffnung auf einen Anschluss an das Deutsche Reich. Als die Deutsche Nationalpartei und die Deutsche Nationalsozialistische Arbeiterpartei verboten wurden, gründete Konrad Henlein, Führer des Deutschen Turnverbands, die Sudetendeutsche Heimatfront. Von der Regierung erhielt sie die Auflage, sich in Sudetendeutsche Partei (SdP) umzubenennen, wenn sie sich an den Wahlen von 1935 beteiligen wolle. Während der Weltwirtschaftskrise, die in der Tschechoslowakei später einsetzte als in Deutschland, war die Arbeitslosigkeit in den deutschen Grenzbezirken der Tschechoslowakei zweieinhalbmal so hoch wie im Landesinneren. Diese durch die Struktur der deutschen Leichtindustrie bedingte Arbeitslosigkeit interpretierte die SdP als bewusste nationale Benachteiligung durch die Regierung. Die Wahlen von 1935 brachten der SdP zwischen 62 und 63 Prozent der deutschen Stimmen.

In dieser Partei konkurrierten zwei antidemokratische Strömungen um die Macht: Der „Kameradschaftsbund" war nationalistisch, antiliberal und antidemokratisch, sein Ziel der Aufbau eines sogenannten sudetendeutschen „Stammeskörpers". Ehemalige Funktionäre der verbotenen Deutschen Nationalsozialistischen Arbeiterpartei, die sich der SdP angeschlossen hatten, fühlten sich hier gegenüber dem Kameradschaftsbund zurückgesetzt und fanden im „Aufbruchkreis" zusammen. Einige von ihnen stiegen aber schon 1936 in die Hauptleitung der SdP auf.

Um dieser innerparteilichen Opposition, die auf ein radikales Vorgehen drängte, den Wind aus den Segeln zu nehmen und um eine verbindliche Auslegung der reichsdeutschen Politik durch Hitler zu erreichen, wandte sich Henlein im November 1937 in einem Schreiben an Hitler: Die SdP sei zur Erkenntnis gekommen, dass „eine Verständigung zwischen Deutschen und Tschechen in der Tschechoslowakei praktisch unmöglich" sei und die Lösung nur vom „Reich" herbeigeführt werden könne.

Die SdP bekenne sich zum Nationalsozialismus, müsse sich aber zur Tarnung „demokratischer Terminologie und demokratisch-parlamentarischer Methoden bedienen". Sie ersehne „innerlich nichts mehr als die Einverleibung des sudetendeutschen Gebiets, ja des ganzen böhmisch-mährisch-schlesischen Raumes in das Reich". Hitler zögerte jedoch, sich gegenüber Henlein festzulegen, und wurde erst in einer Rede vor dem Reichstag am 20. Februar 1938 deutlicher, die wie eine Bombe einschlug: Zehn Millionen Deutsche lebten in Nachbarstaaten und würden „gegen ihren eigenen Willen durch die Friedensverträge an einer Vereinigung mit dem Reiche verhindert". Zu den Interessen Deutschlands gehöre „der Schutz jener deutschen

Volksgenossen, die aus eigenem nicht in der Lage sind, sich an unseren Grenzen das Recht der allgemeinen menschlichen, politischen und weltanschaulichen Freiheit zu sichern".

Nach dem Anschluss Österreichs im März 1938 radikalisierte sich die Stimmung der Sudetendeutschen und terrorisierte die SdP die Mitglieder der übrigen Parteien stärker noch als zuvor – am Arbeitsplatz, in der Dorfgemeinde oder im Wohnviertel, an den Schulen und Hochschulen, um möglichst alle Deutschen in eine antitschechische Front zu zwingen. Der Bund der Landwirte, die Gewerbe- und die Christlich-Soziale Volkspartei lösten sich auf und schlossen sich ebenso wie die großen Volkstumsverbände der SdP an. Nur die Sozialdemokraten und die Kommunisten blieben außerhalb der nationalsozialistisch geführten Einheitsfront und plädierten für die Verteidigung der demokratischen Republik gegen „Hitler und Henlein". Im April 1938 verkündete Henlein das „Karlsbader Programm", in dem er neben Autonomie auch die „Freiheit des Bekenntnisses zur deutschen Weltanschauung", das heißt zum Nationalsozialismus forderte. Im Juli 1938 hatte die SdP schon 1 350 000 Mitglieder. Bei den Kommunalwahlen vom Mai und Juni 1938 votierten denn auch knapp 90 Prozent der Sudetendeutschen für Kandidaten der SdP.

Am 28. März hatte Henlein in einem persönlichen Gespräch von Hitler erfahren, dass er das tschechoslowakische Problem in nicht allzu ferner Zukunft lösen wolle. Die SdP solle unerfüllbare Forderungen stellen und dadurch einen Eintritt in die tschechoslowakische Regierung vermeiden. Unter dem Druck der Westmächte, die immer noch auf einen Ausgleich mit dem immer aggressiver auftretenden Hitlerregime hofften, stimmte die tschechoslowakische Regierung im August 1938 den SdP-Forderungen einschließlich der Bildung von drei deutschen Kantonen und schließlich sogar ihrer Zusammenfassung in einem deutschen Bundesland zu. Da sie diese Zugeständnisse kaum noch ablehnen konnte, inszenierte die SdP am 7. September in Mährisch Ostrau einen Zusammenstoß mit der tschechischen Polizei und brach unter diesem Vorwand die Gespräche ab. Auf dem Nürnberger Parteitag forderte Hitler am 12. September „das freie Selbstbestimmungsrecht für die Sudetendeutschen". Unmittelbar nach dieser Rede zogen sudetendeutsche Demonstranten unter der Parole „Ein Volk, ein Reich, ein Führer" durch die deutschen Dörfer und Städte. Die tschechische Regierung verhängte den

Ausnahmezustand über eine Reihe von Bezirken und stellte die Ruhe schnell wieder her. Daraufhin floh Henlein ins Deutsche Reich, gab die Parole aus „Wir wollen heim ins Reich" und rief zur Aufstellung eines „Sudetendeutschen Freikorps" auf, das Unruhen in den Grenzgebieten und Gegenaktionen der tschechischen Polizei provozieren und dadurch den Anlass für ein militärisches Eingreifen der Wehrmacht schaffen sollte. Das Freikorps unternahm Überfälle auf tschechische Zoll- und Postämter sowie auf Bahn- und Polizeistationen und verschleppte Tschechen ins Reich.

Spätestens seit dem Anschluss Österrreichs fürchteten die französische und die englische Regierung, in einen Krieg um die staatliche Zugehörigkeit der Sudetengebiete hineingezogen zu werden. Die französische Regierung war nicht bereit, ohne britische Unterstützung ihrer Verpflichtung aus dem Beistandsvertrag mit der Tschechoslowakei nachzukommen und den Tschechen gegen Deutschland militärischen Beistand zu leisten. Nachdem die SdP am 15. September die Verhandlungen mit der Regierung abgebrochen hatte, empfahlen die beiden Westmächte der Tschechoslowakei die Abtretung aller Gebiete mit mehr als 50 Prozent Deutschen. Als Prag zögerte, forderten der französische und der britische Gesandte in der Nacht zum 21. September Beneš in ultimativer Form auf, ihren „Rat" anzunehmen, um einen unmittelbar bevorstehenden deutschen Einmarsch noch zu verhindern. Andernfalls würden die beiden Mächte die Tschechoslowakei ihrem Schicksal überlassen. Beneš und die Regierung unterwarfen sich am 21. September diesem Ultimatum. Auf der Münchner Konferenz vereinbarten Großbritannien, Frankreich, Italien und Deutschland schließlich am 29. September einen Zeitplan für die Amputation der Tschechoslowakischen Republik. Innerhalb von zehn Tagen sollten die Gebiete mit einer deutschen Mehrheit an Deutschland abgetreten werden.

Alle Quellen berichten übereinstimmend von einem Freudentaumel der sudetendeutschen Bevölkerung beim Einmarsch der Wehrmacht in den ersten Tagen des Oktober 1938. Denn der Anschluss stärkte die eigene Position gegenüber den Tschechen. Langfristig hoffte man auf eine Besserung der wirtschaftlichen und sozialen Lage. Vor allem aber beruhte die nationale Hochstimmung auf der Erfüllung des großdeutschen Traumes einer Vereinigung mit den Deutschen des Reiches und Österreichs. Hitler wurde als „Befreier" verehrt.

Nationalsozialistische Besatzungspolitik in den böhmischen Ländern

Sofort nach dem Anschluss begannen Kommandos aus Mitgliedern der SdP und des Freikorps Tschechen, Juden, Sozialdemokraten und Kommunisten zu terrorisieren. Unter diesem Druck flohen etwa 50 000 Staatsangestellte sowie weitere 150 000 Tschechen aus den abgetrennten Grenzgebieten, ein Vorgang, der in tschechischen Publikationen ebenfalls als „Vertreibung" bezeichnet wird. Unter deutschem Druck erklärte am 14. März 1939 der slowakische Landtag die Unabhängigkeit der Slowakei vom tschechischen Landesteil. Noch am selben Tag fuhr der im November 1938 gewählte tschechoslowakische Staatspräsident Emil Hácha nach Berlin, um über die Folgen der slowakischen Separation und eine eventuelle noch engere Anlehnung an Deutschland zu verhandeln. Als Göring mit der Bombardierung Prags drohte, legte Hácha „das Schicksal des tschechischen Volkes und Landes vertrauensvoll in die Hände des Führers des Deutschen Reiches", während Hitler dem tschechischen Volk „eine autonome Entwicklung seines völkischen Lebens" versprach. Am nächsten Tag marschierten deutsche Truppen in Prag und Brünn ein. Hitler vereinigte das restliche Böhmen und Mähren in einem sogenannten „Protektorat".

Die deutsche Tschechenpolitik war während des ganzen Krieges gemäßigter als die nationalsozialistische Politik gegenüber Polen, Serben und Russen, vor allem wegen der kriegswirtschaftlichen Bedeutung des Protektorats. Hácha blieb als Staatspräsident des Protektorats im Amt, es gab eine tschechische Protektoratsregierung, und der Reichsprotektor Konstantin von Neurath konnte seiner Behörde eine teilweise Autonomie gegenüber den Berliner Zentralbehörden sichern. Im Herbst 1939 nutzte jedoch Karl Hermann Frank, der sudetendeutsche Stellvertreter Neuraths, eine Studentendemonstration gegen die deutsche Besatzungspolitik, um den Kurs zu verschärfen: Die tschechischen Hochschulen wurden geschlossen, 1200 Studenten in ein Konzentrationslager gesteckt und neun Studentenführer erschossen. Nach dem deutschen Angriff auf die Sowjetunion im Juni 1941 verstärkte sich der tschechische Widerstand. Die Protektoratsregierung erwog, im Fall neuer „unerträglicher Lasten" zurückzutreten. Hitler schickte deshalb Ende September 1941 Reinhard Heydrich, den Chef des Reichssicherheitshauptamts, als „stellvertretenden Reichsprotektor" nach Prag. Innerhalb kurzer Zeit ließ Heydrich an Mitgliedern der Widerstandsbewegung über 400 Todesurteile vollstrecken, und rund 5000 Personen ließ er verhaften. Die Protektoratsregierung wurde durch Umbesetzungen und die Ernennung eines Deutschen zum Wirtschaftsminister gleichgeschaltet.

Anfang Oktober 1941 erklärte Heydrich vor deutschen Beamten, Parteifunktionären und Offizieren in Prag, dass Deutschland während des Krieges die tschechischen Rüstungsarbeiter und deshalb „Ruhe im Raume" brauche. Zur Vorbereitung der „Endaufgabe", nämlich der „deutschen Besiedlung", müsse er eine „rassisch-völkische Bestandsaufnahme" machen: Die „gutrassigen" Tschechen seien einzudeutschen, so weit sie „gut gesinnt" seien, oder aber an die Wand zu stellen, soweit sie „schlecht gesinnt" seien. Die „schlechtrassigen" und zugleich „schlechtgesinnten" Tschechen werde man in den Osten abschieben, wo viel Platz sei; die „schlechtrassig Gutgesinnten" sollten ebenfalls aus Böhmen und Mähren entfernt werden, wobei man dafür sorgen müsse, dass sie keine Kinder bekämen.

Nach den ersten militärischen Rückschlägen der Wehrmacht in Russland und Afrika und dem Kriegseintritt der USA Ende 1941 erläuterte Heydrich seinen Mitarbeitern, dass er dennoch den Eindruck erwecke, als ob er alle Tschechen eindeutschen wolle, um keine Revolution heraufzubeschwören. Deshalb beschränkte sich die „Volkstumspolitik" im Protektorat im wesentlichen auf konventionelle Methoden wie die Förderung deutscher und die Schließung tschechischer Schulen, die Bevorzugung der deutschen Sprache, die finanzielle Unterstützung von Sudetendeutschen und die Eindeutschung der Verwaltung und Wirtschaft. Nur knapp 9000 sogenannte „Volksdeutsche" wurden im Protektorat angesiedelt. Allerdings wurden zwei neue Truppenübungsplätze angelegt und die tschechischen Bewohner der betroffenen Gemeinden ausgesiedelt. Nach dem Kriege sollten die Übungsplätze mit Deutschen besiedelt werden und Basis je einer „deutschen Siedlungsbrücke" über Prag und entlang der böhmisch-mährischen Grenze bilden.

Am 27. Mai 1942 verübten tschechische Widerstandskämpfer ein Attentat auf Heydrich, dem dieser eine Woche später erlag. 1585 Tschechen wurden als Vergeltung zum Tod verurteilt, 500 allein „wegen Gutheißung des Attentats". Unter den Ermordeten befanden sich alle männlichen Einwohner und die Mehrzahl der Kinder des Dorfes Lidice sowie alle Männer und Frauen des Weilers Ležáky. Die Angst und den Hass auf alle Deutschen steigerte noch das Gerücht, dass jeder zehnte Tscheche erschossen werde, wenn die Mörder Heydrichs nicht gefunden würden. Karl-Hermann Frank erklärte zwar im März 1944 in einer Geheimrede, dass er und seine Mitarbeiter für die Dauer des Krieges „nüchterne, reale Interessenpolitiker geworden" seien. Das hinderte ihn nicht, Familienangehörige führender Exilpolitiker als Geiseln in Haft nehmen zu lassen und mit sogenannten „Sühnemaßnahmen" gegen die tschechische Widerstandsbewegung vorzugehen. Der nationalsozialistischen Rassenpolitik in der Tschechoslowakei fielen 260 000 Juden und 6000 Roma zum Opfer, weitere etwa 78 000 tschechoslowakische Staatsbürger wurden zum Tode verurteilt oder starben in Konzentrationslagern, wurden bei den erwähnten Sühnemaßnahmen erschossen, kamen bei Luftangriffen um oder aber fielen auf Seiten der Alliierten an der Front.

Entscheidung für den „Transfer" der Deutschen

Als Antwort auf die „Heim ins Reich"-Losung der Sudetendeutschen Partei hatte Staatspräsident Beneš noch Mitte September 1938 eine Kompromisslösung entwickelt: Durch Abtretung strategisch nicht unbedingt erforderlicher Grenzgebiete und durch Teilaussiedlung sollte die Zahl der Sudetendeutschen so weit reduziert werden, dass die Restminderheit ungefährlich werden würde beziehungsweise assimiliert werden könnte. Im Grundsatz hielt Beneš, der 1940 in London eine Exilregierung gebildet hatte, an dieser Idee bis kurz vor Kriegsende fest. Unter dem Druck der Stimmung in der Exilarmee und in der tschechischen Bevölkerung, über die die Widerstandsgruppen berichteten, verringerte er jedoch schrittweise die Größe der abzutretenden Gebiete und die Zahl derjenigen Deutschen, die in der Nachkriegsrepublik bleiben dürften.

Auf die Tagesordnung der alliierten Großmächte geriet die Frage der Zwangsaussiedlung von Deutschen aus Ostmitteleuropa erstmals in den Verhandlungen, die der britische Außenminister Eden im Dezember 1941 mit Stalin führte. Ausgesiedelt werden müssten die Deutschen aus jenen Gebieten, so Stalin, mit denen Polen für seine erwarteten Gebietsverluste an die Sowjetunion entschädigt werden sollte. Auf Stalins Initiative sowie auf die Vorstellungen der polnischen und tschechoslowakischen Exilregierungen reagierte das britische Kabinett im Juli 1942 mit einem Doppelbeschluss, nämlich erstens mit der Aufhebung des Münchner Abkommens und zweitens mit der Zustimmung zum „allgemeinen Prinzip, nach dem Krieg deutsche Minderheiten in Mittel- und Südosteuropa nach Deutschland zu transferieren, wo dies notwendig und wünschenswert erscheint". In der Erläuterung seines Antrags an das Kabinett hatte Eden geschrieben, dass Beneš den Umfang der deutschen Minderheit durch „Transfer" sowie Abtretung von Grenzgebieten auf 600 000 bis 1 Million Personen reduzieren wolle. Für das britische Kriegskabinett bildeten also die Rückgabe der Sudetengebiete an die Tschechoslowakei und die Vertreibung der Deutschen eine Einheit. Darauf wies auch der britische Gesandte Beneš im Oktober 1942 nochmals hin. Seit März 1943 erklärten auch Beamte des amerikanischen Außenministeriums und Präsident Roosevelt mehrfach ihre Zustimmung zum Transfer. Das endgültige Einverständnis Stalins zur Zwangsaussiedlung holte sich Beneš im Dezember 1943 in Moskau.

Vertreibung und Zwangsaussiedlung

Ende April und Anfang Mai 1945 lebten in den böhmischen Ländern zwischen 3,1 und 3,2 Millionen Sudetendeutsche. Der größte Teil der sudetendeutschen Soldaten erlebte das Kriegsende in Gebieten außerhalb der Republik. Ein Teil der deutschen Bevölkerung wurde noch vor der Befreiung von den deutschen Behörden aus dem Ostsudetenland ebenso wie die Deutschen aus der Slowakei meist nach Nord- und Westböhmen evakuiert, ein anderer Teil flüchtete vor der Front in Richtung Westen – auf das von den Amerikanern befreite Gebiet, nach Österreich und Deutschland. Die Mehrheit der Alteingesessenen blieb aber in ihrer Heimat oder versuchte zurückzukehren, nachdem die Front sie überrollt hatte.

Mit dem Einmarsch der Roten Armee in Prag am 9. Mai 1945 war die Zeit der deutschen Besatzung beendet, die Tschechoslowakei wurde in den Grenzen von 1937 wiederhergestellt. Für die kompromisslose Abrechnung mit den Nationalsozialisten und die schnelle Abschiebung einer größtmöglichen Zahl von Deutschen setzten sich nun alle politischen Kräfte ein. Zur Steigerung der Emotionen trugen Reden von Politikern, so auch von Präsident Beneš, sowie die Enthüllung der NS-Verbrechen in den Massenmedien bei. Besonders radikal gebärdeten sich die Nationalen Sozialisten und die Kommunisten, die mit einer radikal antideutschen Haltung im politischen Konkurrenzkampf die Unterstützung der Bevölkerung suchten. Dagegen kamen in der Presse der katholischen Volkspartei wie der Sozialdemokraten auch Stimmen zu Wort, die die brutalen Ausschreitungen gegen die Deutschen kritisierten.

Am 19. Mai 1945 wurde das gesamte Vermögen „der Deutschen, Magyaren, der Verräter und Kollaboranten" unter „nationale Verwaltung" gestellt. Ihre Bauernhöfe und Betriebe wurden entschädigungslos enteignet, ihre Bankguthaben gesperrt. Deutsche und Magyaren (Ungarn) wurden zur Zwangsarbeit verpflichtet, wobei sie meist außerhalb ihres bisherigen Wohnorts eingesetzt und in Arbeitslagern untergebracht wurden. Durch ein aufgenähtes „N" für Němec, also Deutscher, beziehungsweise durch weiße oder gelbe Armbinden sollten sie sich zu erkennen geben. Ihre Bewegungsfreiheit war durch Ausgehverbote und Sperrstunden eingeschränkt. Sie durften keine öffentlichen Verkehrsmittel benutzen, Radio hören, telefonieren und mussten Radio- und Fotoapparate, Fahrräder und Schreibmaschinen abliefern.

Die tschechoslowakische Regierung war entschlossen, die Aussiedlung der Mehrheit der deutschen Bevölkerung um jeden Preis durchzuführen. Man verließ sich darauf, dass es mit Hilfe der Sowjetunion sehr schnell gelingen würde, diese Absicht zu realisieren und die westlichen Großmächte vor vollendete Tatsachen zu stellen. Der Armee wurde am 14. Mai 1945 die Aufgabe übertragen, „die Staatsgrenzen und das Grenzgebiet zu sichern" und von den Deutschen zu „säubern". Außerdem operierten in den Grenzgebieten sogenannte Revolutionsgarden, zum Teil entsprechend den Anweisungen der Armee und des Innenministeriums, zum Teil aber auch unabhängig. Selbsternannte Rächer und sogenannte Goldgräber konnten sich austoben und Beute machen. Anders war die Lage in den west- und südböhmischen Gebieten, die unter der Kontrolle von Einheiten der 3. US-Armee standen. Die Amerikaner halfen zwar den tschechischen Behörden Nationalsozialisten und Kollaborateure festzunehmen, bemühten sich aber, größere Exzesse zu verhindern, was bei einem Teil der tschechischen öffentlichen Meinung Kritik erregte.

Zu Gewalttaten an entwaffneten und festgenommenen Deutschen, an Personen, die als Nationalsozialisten und Kollaborateure erkannt oder nur bezeichnet wurden, kam es an vielen Orten. In aller Öffentlichkeit fanden Lynch- und Selbstjustiz sowie Exekutionen statt. Die Gewalttätigkeiten erreichten schließlich solche Ausmaße, dass die Regierung reagieren musste. Die örtlichen Machtorgane sollten sich künftig nur auf die Sicherstellung verdächtiger Personen und ihres Besitzes beschränken. Dennoch gelang es nicht, Willkürakte völlig zu verhindern. Das „Retributionsdekret" des Präsidenten vom 19. Juni 1945 „über die Bestrafung der nazistischen Verbrecher, der Verräter und ihrer Helfershelfer sowie über die außerordentlichen Volksgerichte" stellte nicht nur Verbrechen gegen die Menschlichkeit und den Frieden oder Kriegsverbrechen unter Strafe, sondern auch „Anschläge gegen die Republik". Bestraft wurde die Mitgliedschaft in der SS „oder anderen hier nicht genannten Organisationen ähnlichen Charakters". Gegen 475 Deutsche wurden Todesurteile verhängt, 443 Deutsche wurden zu lebenslangem Kerker und 19 888 zu durchschnittlich zehn Jahren Haft verurteilt.

In den ersten Monaten wurden mindestens 120 000 bis 130 000 Personen, darunter 92 Prozent Deutsche, in Gefängnissen und mindestens 500 Lagern aller Art, darunter in Kinosälen, Gasthäusern und Schulen interniert. Unter ihnen befanden sich deutsche Kriegsgefangene ebenso wie Personen, die eines Verbrechens beschuldigt wurden, solche, die zur Zwangsarbeit eingesetzt, oder andere, die in kurzer Zeit vertrieben werden sollten. In manchen Lagern führten die mangelhafte Unterkunft, Hygiene und Gesundheitsfürsorge sowie die 10- bis 12stündige Arbeit bei niedrigen Lebensmittelrationen zu Epidemien und Todesfällen, besonders unter alten Menschen und den etwa 10 000 eingesperrten Kindern. Entgegen den Vorschriften ließen sich die bunt zusammengewürfelten Wachmannschaften in vielen Lagern zu Misshandlungen, Vergewaltigungen und allen möglichen Schikanen hinreißen und vollzogen sogar Hinrichtungen. Mit einem Gesetz vom 8. Mai 1946 wurden nicht nur alle Handlungen in der Zeit vom 30. September 1938 bis zum Kriegsende straffrei gestellt, sondern auch solche, die bis zum 28. Oktober 1945 begangen worden waren, wenn sie dem Ziel gedient hätten, „zum Kampf um die Wiedererlangung der Freiheit der Tschechen und Slowaken beizutragen, oder auf die gerechte Vergeltung für Taten der Okkupanten oder ihrer Helfer gerichtet" waren.

Im Herbst 1945 verbesserten sich die Verhältnisse in den meisten Lagern dank vermehrter Kontrollen, der Ablösung kompromittierter Leiter sowie regelmäßiger Besuche des Internationalen Roten Kreuzes. Dennoch war die Versorgung mit Lebensmitteln, mit Decken, Kleidung und Schuhen völlig unzureichend und hielten die Mängel bei der Unterbringung, Gesundheitsfürsorge und Auszahlung der Arbeitslöhne an. Auf der Basis seiner bisherigen Forschungen schätzt der Historiker Tomáš Staněk die Gesamtzahl der Todesfälle in den Lagern auf mindestens 4000 bis 5000 Personen. Ein Beispiel: In der Kleinen Festung Theresienstadt, die als Internierungslager genutzt wurde, starben bis Ende 1945 mindestens 458 Menschen, ein Jahr später nur noch höchstens neun Personen pro Monat. Problematisch war, dass in vielen Lagern, wie erwähnt, unterschiedliche Kategorien von Häftlingen zusammengesperrt waren. Obwohl zum Beispiel die Kleine Festung im Bewusstsein der Bevölkerung als Lager für Naziverbrecher galt, wurden von den 3725 Personen, die das Lager passierten, nur 365 überhaupt vor Gericht gestellt. Die tschechoslowakische Regierung beschäftigte sich zwischen Mai und August 1945 mehrfach mit der Aussiedlung der Deutschen. Aufgrund von Beschwerden des IRK sagte der Innenminister am 23. Mai zu, dass „bei Personen ..., die keine Straftaten begangen haben, die Aussiedlung auf menschliche Weise durchzuführen ist". In einer Rede in Pilsen am 15. Juni mahnte auch Präsident Beneš seine Landsleute zu Mäßigung und Geduld.

Der rechtliche Rahmen für die Zwangsaussiedlung wurde erst nach der Potsdamer Konferenz durch ein Präsidentendekret vom 2. August 1945 geschaffen, durch das die Deutschen und Magyaren die Staatsangehörigkeit verloren, die „nach den Vorschriften einer fremden Besatzungsmacht die deutsche oder ungarische Staatsangehörigkeit erworben haben, und zwar rückwirkend zum Tage ihres Erwerbs". Ausgenommen waren nur diejenigen, die sich aktiv am Kampf für die Befreiung der Tschechoslowakei beteiligt oder unter dem NS-Terror gelitten hatten. Die tschechoslowakische Regierung hatte aber schon Anfang Juni die Zustimmung der Sowjetführung erreicht, mit der Zwangsaussiedlung der Sudetendeutschen in den von der Sowjetunion besetzten Osten Deutschlands zu beginnen, die jedoch „organisiert und so durchgeführt werden sollte, dass ihnen [den Sowjets] dabei keine Schwierigkeiten entstehen". Erst am 15. Juni 1945 verabschiedete die Regierung provisorische Richtlinien für die Durchführung der Vertreibung. Die technische Seite der Operation wurde der Armee übertragen. Die Militärs sollten mit den Verwaltungsorganen und dem „Korps für nationale Sicherheit" zusammenarbeiten. Am 2. Juli kehrte eine tschechoslowakische Regierungsdelegation aus Moskau mit der Nachricht zurück, dass Stalin „uns die Abschiebung nach Deutschland, Ungarn und Österreich erlaubt". Briten und Amerikaner forderten dagegen, die Entscheidung des bevorstehenden Gipfeltreffens der Alliierten abzuwarten.

Die sogenannte „wilde" Vertreibung vor der Potsdamer Konferenz verlief örtlich unterschiedlich. Staněk fasst sie folgendermaßen zusammen: „Ein Teil der Bevölkerung wurde konzentriert, ein anderer bei der Arbeit eingesetzt oder in Gütertransporten bzw. zu Fuß über die Grenze gebracht. Höfe, Wohnungen und andere Vermögenswerte wurden beschlagnahmt, häufig aber auch buchstäblich geplündert und ausgeraubt. Die Behörden erlaubten, Gepäck gewöhnlich im Gewicht von 30 bis 50 Kilogramm und Lebensmittel für drei bis sieben oder zehn Tage mitzuführen. An Bargeld konnten 100 bis 300, mancherorts jedoch nur 50 Reichsmark ausgeführt werden." Die Kontrolle, ob jemand Sparbücher, Wertpapiere oder Wertsachen über diesen Betrag hinaus besaß, nutzten Milizionäre oft und wiederholt zum Raub, so dass Deutsche ohne irgendeine Ausstattung, zum Teil sogar ohne die erlaubten Eheringe, an der Grenze ankamen.

Bis heute umstritten sind Verlauf und Zahl der Opfer des „Brünner Todesmarschs". Der nationale Gegensatz zwischen den Deutschen und Tschechen der Stadt war während der Herrschaft des verhassten NS-Bürgermeisters in Feindschaft umgeschlagen. Dazu kam die soziale Unruhe unter den Arbeitslosen der stillgelegten Rüstungsbetriebe. Am Morgen des 31. Mai wurden die Brünner Deutschen, vor allem Frauen, Kinder und Alte unter Bewachung von Polizisten, Revolutionsgardisten und Betriebsmilizen nach Süden getrieben. Nach einer Übernachtung in Pohrlitz vom 31. Mai auf den 1. Juni 1945 wurden 18 000 Personen, die zum Weitermarsch in der Lage waren, über Nikolsburg zur Grenze geführt. In einem Notlager in Pohrlitz blieben etwa 6000 Menschen. Die neueste Studie, die auf archivalischen Quellen beruht, gibt an, dass in der Zeit vom 1. Juni bis zum 12. Juli 1945 in Pohrlitz und Umgebung 649 Menschen an Erschöpfung und ansteckenden Krankheiten gestorben sind. Auch insgesamt gesehen, war die Zahl der Todesopfer im Lauf und infolge der Vertreibung groß. Die meist von der Sudetendeutschen Landsmannschaft inspirierten Veröffentlichungen setzen die 220 000 bis 250 000 zu Anfang der fünziger Jahre ungeklärten Fälle mit den „Vertreibungsverlusten" gleich, während die Deutsch-Tschechische Historikerkommission ebenso wie Staněk von mindestens 16 000 und höchstens 30 000 Todesopfern ausgeht. Auch die Gesamtzahl der Deutschen, die bis zur Potsdamer Entscheidung „wild" vertrieben wurden, ist umstritten. Staněk schätzt, dass damals 450 000 Menschen in die Sowjetische Besatzungszone (SBZ), 200 000 in die eigentlich noch gesperrte US-Zone und 150 000 nach Österreich vertrieben worden sind.

Im Protokoll der Potsdamer Konferenz forderten die Siegermächte nicht nur eine „ordnungsgemäße und humane" Aussiedlung der deutschen Bevölkerung aus der Tschechoslowakischen Republik, Polen und Ungarn, sondern auch die vorläufige Einstellung der Massenausweisungen, bis sich der Alliierte Kontrollrat für Deutschland mit der Aktion befasst habe. Dieser einigte sich am 20. November 1945 über die Verteilung der Zwangsaussiedler auf die Besatzungszonen: In die US-Zone sollten 1 750 000, in die SBZ weitere 750 000 Deutsche aus der Tschechoslowakei gebracht werden.

Die Regierung verabschiedete am 14. Dezember 1945 die „Richtlinien zur systematischen Durchführung der Abschiebung (des Transfers) der Deutschen". Die Leitung der Aktion wurde dem kommunistisch geführten Innenministerium übertragen, das die Aus- und Ansiedlung über seine Regionalen Besiedlungsämter in Zusammenarbeit mit den lokalen Verwaltungsorganen der Polizei und Armee durchführen sollte. In diesen sogenannten Nationalausschüssen war die örtliche Macht konzentriert, und in diesen hatten wiederum die meist kommunistischen Sicherheitsreferenten das Sagen. Sie waren es, die die Diskriminierung der deutschen Bevölkerung umsetzten, Bewilligungen für die „freiwillige" Ausreise erteilten oder provisorische Staatsbürgerschaftsbescheinungen ausstellten.

Die Amerikaner bestanden darauf, dass nur ganze Familien abgeschoben würden, die pro Person 50 kg Gepäck, darunter Lebensmittel für drei Tage, sowie 1000 RM mitnehmen sollten. Sie verlangten auch, dass die Deutschen vor der Ausweisung ärztlich untersucht und die Transporte von deutschen Ärzten und Krankenschwestern begleitet würden. Ein Transport bestand aus 40 geschlossenen Güterwaggons mit etwa 1200 Menschen. Meist wurde den Betroffenen der Termin ein bis zwei Tage vorher mitgeteilt. Dann brachte man sie in Sammellager, wo sie bis zu drei Wochen auf den Abtransport warten mussten, und von dort zu den Bahnstationen.

Von Januar bis Oktober 1946 wurden mit regulären Transporten 1,2 Millionen Sudetendeutsche in die US-Zone gebracht. Die tschechischen Behörden entschieden sich, geringer belastete Personen aus den Gefängnissen und Internierungslagern zu entlassen, um die Ausweisung ihrer Familien zu ermöglichen. Personen, die aus Lagern in die Transporte eingereiht wurden, besaßen oft nicht mehr, als sie auf dem Leib trugen. Sie wurden daher mit 1000 RM ausgestattet und erhielten aus konfisziertem Eigentum das Nötigste. Bei einer Besprechung im April 1946 drohten die Amerikaner erneut an, unvollständige Familien zurückzuschicken. Einen Monat zuvor hatte Prag in Moskau erreicht, dass Stalin den widerstrebenden Marschall Georgij Žukov zur Aufnahme weiterer Sudetendeutscher zwang. Von Juni bis Ende Oktober 1946 wurden 630 000 Deutsche in die SBZ deportiert.

Das erwähnte von Präsident Beneš am 2. August 1945 erlassene Dekret hatte Antifaschisten vom Verlust der Staatsbürgerschaft ausgenommen. Nach Potsdam wurde Kritik an einer angeblich „unzulässigen Großzügigkeit" bei ihrer Anerkennung geäußert. Tschechische Umsiedler in die Grenzgebiete drängten darauf, möglichst keine Ausnahmen zuzulassen und die Aussiedlung zu beschleunigen, da sie auf die Zuteilung von Betrieben, Bauernhöfen und Wohnungen hofften. Dagegen traten besonders tschechische Altsiedler dafür ein, bestimmten Deutschen, oft solchen, mit denen sie verwandt waren, die tschechoslowakische Staatsbürgerschaft zu verleihen und die Deutschen ordentlich zu behandeln.

Aber auch die meisten Deutschen, denen man nach dieser Ausnahmeregel für NS-Gegner das Bleiben gestatten wollte, sahen für sich keine Zukunft in der Tschechoslowakei. Die Kommunisten unter den Antifaschisten wollten schnell in die SBZ gelangen, um bei der Verteilung von Posten und Eigentum nicht zu spät zu kommen. In der ersten Oktoberhälfte 1945 fuhren sie mit ersten „freiwilligen Sonderaussiedlungstransporten" in die SBZ. Die Sozialdemokraten bemühten sich dagegen um die Aufnahme in der US-Zone. Bis Juli 1947 emigrierten so insgesamt über 96 000 Antifaschisten, über 53 000 in die amerikanische und fast 43 000 in die sowjetische Besatzungszone. Zurück blieben vor allem unersetzliche Facharbeiter, denen die Ausreise nicht gestattet wurde. Die deutsche Minderheit schmolz auf etwa 240 000 Personen zusammen.

Mitte Oktober 1946 teilte der neue Ministerpräsident Klement Gottwald den Abgeordneten unter lang anhaltendem Beifall mit, dass am 27. Oktober der letzte Transport in die US-Zone abgehen werde. Am nächsten Tag, dem Jahrestag der Staatsgründung, stellte Präsident Beneš auf einer Kundgebung auf dem Prager Wenzelsplatz fest, dass der Staat nunmehr ein „Nationalstaat der Tschechen und Slowaken" sei. Gottwald sprach von der siegreichen Beendigung der „Säuberung der Republik vom fremden Element und Todfeind des Volkes".

Seit den Wahlsiegen der Sudetendeutschen Partei und dem Münchner Abkommen waren die Politiker sowohl auf tschechischer wie auf alliierter Seite der Ansicht, dass die Sudetendeutschen auch in eine künftige Tschechoslowakei nicht zu integrieren seien. Nur die Exilgruppe um den Sozialdemokraten Wenzel Jaksch hoffte, dass der Schock über die Ergebnisse der Politik der SdP und NS-Deutschlands zu einer radikalen Umkehr unter den Sudetendeutschen führen würde. Von der voraussichtlichen Dauerhaftigkeit einer solchen Wandlung konnte Jaksch jedoch kaum jemanden überzeugen. Selbst bei Gesprächspartnern, die vom Widerstand der sudetendeutschen Sozialdemokraten gegen die Henlein-Partei beeindruckt waren, hatte er keinen Erfolg. 1945 konnte sich kaum jemand vorstellen, dass ein dauerhafter Kompromiss zwischen tschechischen und sudetendeutschen Interessen möglich sei.

Eine Neubewertung der Vertreibung setzte erst zwei Jahrzehnte nach dem Kriege ein. Auf die Angebote der christlichen Kirchen zum Dialog und auf die Ostpolitik der sozialliberalen Koalition in der zweiten Hälfte der 1960er Jahre reagierten Persönlichkeiten der demokratischen Opposition in Polen und der Tschechoslowakei mit einer neuen Sicht des Verhältnisses zu Deutschland und auch der

Zwangsaussiedlung. Im Nachbarschaftsvertrag mit der Tschechoslowakei aus dem Jahre 1992 wird „der zahlreichen Opfer [gedacht], die Gewaltherrschaft, Krieg und Vertreibung gefordert haben, und des schweren Leids, das vielen unschuldigen Menschen zugefügt wurde". In der deutsch-tschechischen Erklärung über die gegenseitigen Beziehungen und deren künftige Entwicklung vom Januar 1997 bedauern die deutsche Seite die NS-Politik gegenüber und in der besetzten Tschechoslowakei und die tschechische Seite das Leid und Unrecht, das vielen unschuldigen Menschen durch die Vertreibung und zwangsweise Aussiedlung zugefügt wurde. Schließlich erklären beide Seiten, „dass sie ihre Beziehungen nicht mit aus der Vergangenheit herrührenden politischen und rechtlichen Fragen belasten werden". Das Schwergewicht des Vertrages liegt aber nicht auf dem Urteil über die Vergangenheit, sondern auf der geplanten Zusammenarbeit in der Zukunft und der Zusage, den Wunsch der Tschechoslowakei zu unterstützen, sich voll in die Europäischen Gemeinschaften zu integrieren.

„Wo ist Ihre Heimat?"

Der Streit um die Umstände und Folgen der Vertreibung aus der Tschechoslowakei wird von Vertriebenenpolitikern kräftig angeheizt. Das hat Tradition. Schon seit den zwanziger Jahren sorgt die „sudetendeutsche Frage" für Konflikte im deutsch-tschechischen Verhältnis.

Von Hans Henning Hahn

Als 1989 die kommunistische Herrschaft zusammenbrach und Václav Havel sich für das Leid und Unrecht entschuldigte, das den Deutschen nach dem Krieg in der Tschechoslowakei zugefügt worden war, entschloss sich auch der Sprecher der Sudetendeutschen Landsmannschaft, Franz Neubauer, zu einer Geste.

Dem Ministerpräsidenten der tschechischen Teilrepublik in der Tschechoslowakei, Petr Pithart, schlug er vor, künftig in gemeinsam interessierenden Bereichen zu kooperieren, und zwar auf geziemender Augenhöhe: „als politische Repräsentanten der beiden traditionellen Völker des böhmisch-mährischen Raumes".

Schon der Ton des Angebots traf nicht ganz – das einst von Hitler aufgezwungene und von dem Sudetendeutschen Karl Hermann Frank verwaltete Reichsprotektorat Böhmen und Mähren ist unter Tschechen in übler Erinnerung geblieben. Entsprechend kühl die Reaktion: Zwar zählt Pithart zu jenen tschechischen Intellektuellen, die sich seit Jahrzehnten für die Verurteilung der Vertreibung und für eine Revision nationalistischer Geschichtsbilder einsetzen, doch dem böhmisch-mährischen Gruß konnte er nichts abgewinnen. Er verwies Neubauer mit seinem Anliegen an die Regierungen in Bonn und Prag.

Die sudetendeutschen Funktionäre waren beleidigt. Ein Prominenter stellte angesichts der Abfuhr sogar seinen jahrzehntealten Entschluss, in die frühere Heimat zurückzukehren, in Frage: „Böhmen ist auch unser Land", trotzte Walter Becher, Altsprecher der Sudetendeutschen Landsmannschaft, „aber keine Rückkehr in den Beneš-

135

Staat." Derzeitige Sudetenführer liebäugeln ohnehin nach wie vor mit einem alten Traum von starker Brisanz: wie die sudetendeutschen Rechtsansprüche in Tschechien umgesetzt werden können.

In der Öffentlichkeit spricht der gegenwärtige Landsmannschaftssprecher Johann Böhm (CSU), der zugleich Präsident des Bayerischen Landtags ist, gern vom Frieden im zusammenwachsenden Europa. Aber im kleineren Kreis wird er anders verstanden. „Worüber aus sudetendeutscher Sicht geredet werden müsse", zitierte ihn unlängst das bayerische Vertriebenenblatt „Informationen, Dokumente, Argumente", sei „für Böhm zunächst einmal das Heimatrecht. Und das sei etwas anderes als die Niederlassungsfreiheit, die mit dem Beitritt der Tschechischen Republik zur Europäischen Union von Prag natürlich auch den Sudetendeutschen gewährt werden müsse".

Diese Niederlassungsfreiheit enthalte nämlich eine ganze Reihe von sudetendeutschen Lieblingsvorstellungen nicht. Da vermisst die Landsmannschaft, so die Vertriebenenzeitschrift, etwa „das Recht, deutsche Schulen zu errichten, Deutsch als äußere Amtssprache zu verlangen oder Straßenschilder in doppelter Sprache gestattet zu bekommen". Sowieso versteht sich da, dass die Tschechen die Frage des von den Flüchtlingen einst zurückgelassenen Eigentums „aus der Welt schaffen müssten", und erst an dritter Stelle auch noch die „Beneš-Dekrete" („mit denen nach dem Zweiten Weltkrieg die Enteignung, die Vertreibung und schließlich das Verbrechen an den Deutschen für rechtens erklärt wurden").

Kurz vor dem Beitritt der Tschechen zur EU sind ganz alte Fronten wieder aufgebrochen. Hier die Sudetenvertriebenen mit irrwitzigem Beharren auf Revision der durch Hitlers Krieg ausgelösten politischen und rechtlichen Veränderungen im östlichen Mitteleuropa, dort die rabiate Widerrede tschechischer Spitzenpolitiker, die im Gegenzug die Vertreibung herausfordernd zur „Quelle des Friedens" deklarieren (so der sozialdemokratische Vize-Ministerpräsident Vladimir Spidla). Mittlerweile fordern sogar rot-grüne Regierungsvertreter die Aufhebung der Beneš-Dekrete von 1945. Tschechen, die dagegenhalten, fragt Unionskanzlerkandidat Edmund Stoiber, ob sie überhaupt „europatauglich" seien.

Diesen deutsch-tschechischen Rückfall in Positionskämpfe wie zu Zeiten des Kalten Kriegs hat sich die deutsche Öffentlichkeit kaum mehr träumen lassen. Es ist schließlich über ein halbes Jahrhundert her, dass drei Millionen Deutsche aus der Tschechoslowakei zwangsweise ausgesiedelt worden sind. Nach Angaben der Landsmannschaft seien 250 000 von ihnen heute noch Mitglieder sudetendeutscher Organisationen in der Bundesrepublik. Die jüngsten der damals Vertriebenen sind inzwischen um die 60 Jahre alt. Ist es die Verbitterung eines Kollektivs alter Leute, die die gegenwärtigen Beziehungen zwischen Deutschland und Tschechien nicht zur Ruhe kommen lassen wollen?

Gewiss nicht. Die meisten vertriebenen Deutschen machen, ähnlich wie die einstigen NS-Opfer auf der tschechischen Seite, ihre persönlichen Erinnerungen keinesfalls zum Lebensmaßstab – viele besuchen Tschechien und knüpfen dort persönliche Kontakte. Und die meisten Besucher der alljährlichen Sudetendeutschen Tage sind mehr an alten Freunden als an den Reden der Politiker interessiert.

Auf den ersten Blick bietet sogar die „Sudetendeutsche Zeitung", das offizielle Organ der Sudetendeutschen Landsmannschaft, ein oftmals harmonisches Bild der Beziehungen: Kinder- und Jugendgruppen treffen sich; Schriftsteller, Künstler und Wissenschaftler unterhalten gemeinsam ihr Publikum auf beiden Seiten der Grenze; tschechische Kommunalpolitiker nehmen an Heimat-kulturellen Veranstaltungen der Sudetendeutschen teil; Priester zelebrieren gemeinsame Gottesdienste; regelmäßige Diskussionsrunden wie die in Iglau oder Marienbad können inzwischen auf eine beachtliche Tradition zurückschauen; tschechische Politiker und Diplomaten diskutieren mit sudetendeutschen Politikern ebenso wie mit der Öffentlichkeit.

Eine heile Welt – aber sudetendeutsche Repräsentanten sind gar nicht glücklich damit, wie es scheint. Das schöne Bild vom vielfältig verzahnten Begegnungsalltag kaschiert nämlich nur, dass in der Satzung der Landsmannschaft einige Aufgaben und Ziele stehen, die veritable Dauerhindernisse der deutsch-tschechischen Beziehungen sind – vor allem die Forderungen der Sudetendeutschen,
– „an einer gerechten Völkerordnung Europas mitzuwirken",
– „den Rechtsanspruch auf die Heimat, deren Wiedergewinnung und das damit verbundene Selbstbestimmungsrecht der Volksgruppe durchzusetzen",
– „die Rückgabe des konfiszierten Vermögens auf die Basis einer gerechten Entschädigung zu vertreten".

Die Landsmannschaft ist keine demokratisch legitimierte Interessenvertretung. Obwohl sie nur für diejenigen spricht, die sich zum völkischen Stammesbewusstsein dieses „vierten Stammes Bayerns" bekennen, erhebt sie aber den Anspruch, für alle aus der Tschechoslowakei Vertriebenen zu stehen. Öffentliche Grundsatzdiskussionen über dieses Demokratiedefizit werden weder in der sudetendeutschen Presse noch in der Münchner Zentrale, dem Sudetendeutschen Haus, geduldet. Die Landsmannschaft repräsentiert zahlreiche sudetendeutsche Vereine. Am bekanntesten sind die drei „Gesinnungsgemeinschaften": die katholische „Ackermann-Gemeinde", die sozialdemokratische „Seliger-Gemeinde" und der völkische „Witikobund", der sich selbst als „national" bezeichnet.

Alle Vereine betonen nach außen ihre Unabhängigkeit, haben aber beim „1. Sudetendeutschen Kongress" 1987 in Regensburg erklärt, dass sie „in der Sudetendeutschen Landsmannschaft die legitime, demokratisch gewählte Vertretung der Sudetendeutschen" sehen, und „sie bekunden einmütig, dass sie für die Rechte dieser Volksgruppe auch in der Zukunft geschlossen eintreten werden".

So kann die Landsmannschaft als Vertreterin der Sudetendeutschen auftreten und – unbeeindruckt von den Meinungen einzelner Abweichler – ihre vermeintlichen Interessen formulieren und sogar Einfluss auf die deutsch-tschechischen Beziehungen nehmen.

Die Traditionen dieser „Volksgruppe" gehen auf die Zwischenkriegszeit zurück. Rhetorik, Symbolik, Geschichtsbilder und politische Ideenwelt entstammen nationalistischen Zirkeln der deutschen Bevölkerungsgruppe sowie der Sudetendeutschen Heimatfront des NS-Aktivisten und Anschlusspredigers Konrad Henlein. Der heutige Satzungsbestandteil „gerechte Völkerordnung" in Europa stand – als antitschechoslowakisches Programm – schon damals im Wunschkatalog.

Neue sudetendeutsche Feindbilder beschränken sich keineswegs auf die tschechische Regierung und die Mehrheit der tschechischen Gesellschaft. So gelten Aggressionen der „Sudetendeutschen Zeitung" der „Schröder-Fischer-Republik" und Politikern wie Antje Vollmer („verstockt und inkompetent").

Zur volkstümelnden „Leitkultur" radikaler Sudetsprecher passt auch, dass der Staatsmann Edvard Beneš (1884 bis 1948), vor dem Krieg immerhin führender Völkerbund-Diplomat und von 1935 bis

1938 Präsident einer demokratischen Insel in Mitteleuropa, heute als „Diktator neben Hitler, Stalin und Milošević", „Kriegsverbrecher", „Dämon" und „Liquidator" geschmäht wird.

An prominenten Verbündeten mangelt es nicht: Sogar der angesehene Berliner Zeithistoriker Arnulf Baring (geboren in Dresden) hat in einer Sendung im ZDF Beneš als Kriegsverbrecher bezeichnet. Das hören die Volkstumskämpfer gern. Baring bekam beim Nürnberger Sudetentag im Mai 2002 den „Europäischen Karlspreis der Sudetendeutschen Landsmannschaft".

Als ranghöchster Schutzpatron agiert seit längerem der bayerische Ministerpräsident Edmund Stoiber. Beim Nürnberger Sudetentag hieb er – nun als Kanzlerkandidat der CDU/CSU – auf die tschechische Regierung ein. Steht doch in seinem Wahlprogramm ausdrücklich: „Das Recht auf die Heimat gilt", die Union wolle „im Hinblick auf die Osterweiterung der Europäischen Union die berechtigten Anliegen der Heimatvertriebenen zur Sprache bringen". Dankbar hörten die Anwesenden, wie der Kandidat versprach, die Belange des „vierten Stamms Bayerns" auch künftig zu verfechten.

Diese ethnisierende Ausdrucksweise ist offizieller Sprachgebrauch. Sie findet sich auch schon auf der „Urkunde zur Schirmherrschaft des Freistaates Bayern über die sudetendeutsche Volksgruppe" von 1962. In der heißt es: „Die Bayerische Staatsregierung betrachtet die sudetendeutsche Volksgruppe als einen Stamm unter den Stämmen Bayerns."

Was wie Bayern-Folklore klingt, bekam allerdings seit jeher durch Aussagen von Münchner Spitzenpolitikern einen fatalen Ton. 1984 etwa erklärte der damalige Bundesinnenminister Friedrich Zimmermann auf dem Sudetendeutschen Tag: „Sudetenland – Bayern: Das ist auch ein wesentliches Stück deutscher Nation, ist Gemeinsamkeit in Sprache und Kultur, ist gemeinsames Vaterland. So war es jahrhundertelang in Höhen und Tiefen gemeinsamer Geschichte, so ist es in der Gegenwart unseres widersinnig geteilten Landes."

Das „Sudetenland" ist ohnehin eine Bezeichnung, die erst in den dreißiger Jahren im völkischen Milieu entstand – und dann auch noch im „gemeinsamen Vaterland" –, nicht nur hellhörige Tschechen könnten argwöhnen, dass im rechten politischen Lager der Bundesrepublik die Forderung nach einer Grenzrevision noch nicht gänzlich von der Tagesordnung getilgt ist. Jedenfalls war im Falle Zimmermann seitens der Bundesregierung von einer Distanzierung nichts zu hören.

Für sudetendeutsche Politiker besteht die Ursünde nicht in der Vertreibung nach dem Zweiten Weltkrieg, sondern bereits in der Gründung der Tschechoslowakischen Republik 1918, in deren Staatsbürgerschaft sie gegen ihren Willen hineingezwungen wurden. Das stellt in ihren Augen das eigentliche Unrecht dar, das es zu überwinden gilt.

Das provoziert tschechische Verweise auf die Vorgeschichte des Münchner Abkommens von 1938: Die Sudetendeutsche Partei (1933 als Sudetendeutsche Heimatfront gegründet) habe unter dem Führer Konrad Henlein mit Unterstützung von über zwei Dritteln der ortsansässigen Deutschen den gemeinsamen Staat und damit die Demokratie verraten, indem sie sich dem nationalsozialistischen Regime anschlossen.

Deren Aktivisten hatten in der Tat schon lange vor Hitler und den Vertreibungsschrecken als deutsch-tschechischer Störfaktor gewirkt.

Im Andenken an die gewaltsamen Ausschreitungen 1919, denen in mehreren tschechoslowakischen Städten 54 Deutsche zum Opfer fielen, wird noch heute alljährlich am 4. März der sudetendeutsche „Staatsfeiertag" in München und Wien (in der Bundesversammlung der Landsmannschaft sitzen auch Delegierte aus Österreich) begangen.

Man erinnert dabei jenen Tag, an dem „der sudetendeutsche Freiheitskampf seine Blutweihe empfangen hat", wie es bis heute heißt. Dass Sudetendeutsche damals für einen Anschluss der mehrheitlich deutsch besiedelten Gebiete Böhmens und Mährens an Österreich demonstrierten, gibt ihnen heute Anlass, sich als „Vorkämpfer für das Selbstbestimmungsrecht" zu stilisieren.

Dass dies damals wie heute nichts Gutes verheißt, machten verantwortliche Sudetensprecher immer wieder deutlich. So schrieb 1993 Alfred Ardelt, kürzlich verstorbenes Präsidiumsmitglied der Bundesversammlung der Landsmannschaft: „Die Tschechen haben das deutsche Land 1918 besetzt, sie mussten es 1938 herausgeben, sie haben es 1945 erneut besetzt, und sie halten es besetzt. Das muss unsere Position sein."

In der Geschichtsrhetorik leitender Funktionäre taucht so gut wie nie auf, dass die deutschen Oberen die Vertreibung, die ihre Landsleute schließlich erlitten, zuvor den Tschechen zugedacht hatten. Denn Umsiedlungen der angestammten Bevölkerung zwecks Neuordnung Europas war ein Lieblingsprojekt auch von sudetendeutschen NS-Planern.

In einer für Hitler bestimmten Denkschrift zur „Behandlung des Tschechen-Problems" schrieb der Protektorats-Gewaltige Karl Hermann Frank am 28. August 1940: „Mehrere Millionen Tschechen" seien geeignet, „einer echten Umvolkung zugeführt" zu werden; für „rassisch unverdauliche Tschechen und die reichsfeindliche Intelligenzschicht" sei dagegen Aussiedlung „bzw. Sonderbehandlung dieser und aller destruktiven Elemente" das rechte Mittel.

Auch der spätere erste Sprecher der Sudetendeutschen Landsmannschaft, Rudolf Lodgman von Auen, empfahl schon im April 1938, zur Verwirklichung des Nationalitätenprinzips „auch vor Umsiedlung" nicht zurückzuschrecken.

„Umsiedlungen" erlebten die Sudetendeutschen schon lange, bevor sie selbst umgesiedelt wurden, und die scheinen sie positiv aufgenommen zu haben.

Am 30. Juli 1941 meldete die Gauleitung der NSDAP an den Oberlandrat in Klattau, dass die „Ansiedlung deutscher Volksgenossen im Protektorat … in weiten Kreisen des deutschen Wirtschaftslebens im Sudetengau und im Protektorat größtes Interesse" gefunden habe; besonders „in den Gebieten des Ostsudetenlandes, die ausgesprochen fremdvölkischen Charakter haben", seien Sudetendeutsche, Altreichsdeutsche und Südtiroler angesiedelt worden. Am 10. Januar 1944 rief ein SS-Standartenführer Franz Müller bei der Gauleitung an und kündigte die Ankunft von 10 000 Russlanddeutschen an („erstklassiges Menschenmaterial, das zwei Jahre lang mit den deutschen Truppen zusammengearbeitet hat").

Die brutale Behandlung von Deutschen durch Tschechen nach dem Krieg ist von diesen Geschehnissen sicherlich mit geprägt worden. „Die Umsiedlung der Volksgenossen, begonnen von Adolf Hitler, wird in vollem Umfang durchgeführt werden, aber in umgekehrter Richtung, als sie der Führer vorgeschrieben hat", kündigte schon am 16. Dezember die Untergrundzeitung „Český Kurýr" an. Und in einer anderen, „V Boj", hieß es damals: „Wenn jetzt Hitler zeigt, dass es möglich ist, Hunderttausende von Deutschen von einem Staat in den anderen wie eine Viehherde zu treiben, warum sollten dann nicht auch alle deutschen Minderheiten aus allen europäischen Ländern ins Reich zurückgesiedelt werden?"

Es hat aber auch in der tschechischen Gesellschaft seit 1945 Kritik an der Vertreibung gegeben. Die konnte jedoch nach dem kommunistischen Umsturz von 1948 nur noch im Exil zum Ausdruck kommen. „Mich kümmert nicht, was mit den Gestapokommissaren geschehen ist", schrieb 1952 der ehemalige Buchenwald-Häftling Ferdinand Peroutka, „aber es haben auch viele Deutsche gelitten, die nur schuldig waren, als Deutsche geboren zu werden." Tschechische Vertreibungskritiker bemühten sich auch um Kontakte zu sudetendeutschen Organisationen. Dabei mussten sie jedoch erfahren, dass es denen keineswegs nur um die Vertreibung ging. 1956 formulierte der im Londoner Exil lebende ehemalige tschechische Diplomat Karel Lisický auf einer sudetendeutschen Tagung sein Misstrauen gegenüber dem sudetendeutschen Verständnis von Heimatrecht. „Nicht nur für mich allein, sondern für alle Tschechen" fragte er die Vertriebenen, wohin sie eigentlich zurückkehren wollten: „Betrachten Sie die Zukunft Ihrer Heimat innerhalb der deutschen Grenzen, oder sind Sie bereit, sich öffentlich – was unser Verhältnis betrifft – auf den Boden der deutschen Grenzen von 1937 zu stellen?"

Lisický: „Wo ist Ihre Heimat?" Eine Antwort erhielt er damals nicht. Allerdings erklärte Sudetenfunktionär Lodgman von Auen 1961 unmissverständlich: „Der Ausgangspunkt einer jeden deutschen Politik im Osten sind die tatsächlichen Grenzen Deutschlands, als es 1939 in den Krieg eingetreten war."

Schon 1958 hatte das in London angesiedelte Edvard-Beneš-Institut das Problem des tschechisch-sudetendeutschen Dialogs auf den Punkt gebracht: „Es scheint, dass eine fruchtbare Diskussion nicht begonnen werden kann, solange die Sudetendeutschen nach allem, was uns und ihnen geschehen ist, sagen lassen, dass sie mit uns [zwar] in irgendeinem gemeinsamen Raum leben wollen, aber nicht in einem gemeinsamen Staat, als ob wir immer noch ein Volk wären, das keinen Staat hat."

Die Forderung nach einem kollektiven „Recht auf Heimat und Selbstbestimmung" geht auf einen alten Streit in Böhmen zurück. Manche Deutsche forderten eine Teilung Böhmens und Mährens nach ethnischen Kriterien; für die Tschechen war das Separatismus und die Zerschlagung einer tausendjährigen Staatlichkeit. Einem deutschen ethnischen Nationskonzept stand ein tschechisches historisches Nationskonzept gegenüber.

Den Sudetendeutschen nach 1918, einer Bewegung unter den Deutschsprachigen in der Tschechoslowakei, ist es mit Unterstützung der Nazis gelungen, jene Einheit vorübergehend zu zerstören – 1938 glaubten sie sich am Ziel ihrer Wünsche.

Dabei hatten sie ihre „Heimat" schon verspielt. Denn mit dem Dritten Reich ging auch sie unter, und damit verloren nicht nur die völkischen Sudetendeutschen, sondern fast alle deutschsprachigen Bewohner der Tschechoslowakei ihr bisheriges Zuhause. Der tschechische Vorwurf der „fünften Kolonne" trifft bis 1938 nur auf die völkischen Sudetendeutschen zu. Am Schluss aber mussten alle die Zeche bezahlen. Damit teilten sie das Schicksal aller Deutschen.

Die Ideologie der Sudetendeutschen ging davon aus, dass die Deutschen im Reich und in Österreich ihnen näher stünden als ihre tschechischen Nachbarn, mit denen sie seit Jahrhunderten zusammenlebten. Noch heute ist ihr Denken derart von Volkstumsphraseologie geprägt, dass ein künftiges Zusammenleben mit der tschechischen Bevölkerung schwer vorstellbar erscheint. Die Erfahrungen mit der Instrumentalisierung der Beneš-Dekrete durch die Sudetendeutschen wirken kaum vertrauensbildend.

Ohne laut von „Heimat- und Selbstbestimmungsrecht" oder materiellen Entschädigungsforderungen zu sprechen und unter Ausnutzung des geplanten EU-Beitritts Tschechiens haben sudetendeutsche Scharfmacher die Debatte über die Dekrete angeheizt.

Dass dabei auch noch Resolutionen im Europäischen Parlament durchgebracht wurden, hat unter den nichtdeutschen Straßburger Parlamentariern Unmut gestiftet; viele Parlamentarier fühlten sich benutzt. Die Deutschen hätten die Angelegenheit „gehijacked", sagte der französische Politologe Jacques Rupnik, „der europäische Regenschirm" werde missbraucht, „um private Rechnungen aus der Vergangenheit zu begleichen, an Stelle in die Zukunft zu schauen".

Für sudetendeutsche Politiker hat sich die Kampagne gelohnt: Große Teile der deutschen Medien stützen ihre Position, ohne dass sie selbst als Drahtzieher in Erscheinung treten.

Die Vertriebenen können nicht pauschal dafür verantwortlich gemacht werden, dass sich die tschechische Gesellschaft bedroht fühlt. Sehr viele von ihnen sehen sich durch die aggressiven Kampagnen der Landsmannschaftsaktivisten nicht vertreten.

Das war schon vor Jahrzehnten so. Für eine Unterscheidung zwischen Vertriebenen und ihren radikalen Vertretern warb 1962 der Publizist Kurt Nelhiebel, der mit seinen Eltern aus der Tschechoslowakei nach Deutschland abtransportiert worden war. Nicht die vertriebenen Massen, sondern die „Henleins gestern und heute" – so der Titel seines Buchs – hätten durch ihre „politische Tätigkeit vor und nach der Besetzung der Tschechoslowakei durch die NS-Truppen die Voraussetzungen für den blutigen Terror" mit geschaffen. Vor allem diese Aktivisten aber bestimmten in der Bundesrepublik stets die Sudetendebatte, Gemäßigtere fanden kaum Gehör. Das ist bis heute ein Problem für die deutsche Politik und die deutsche Gesellschaft geblieben.

Doch die Volkstumskämpfer geben wohl nicht so schnell auf. Andere, für die sie zu sprechen behaupten, sind da schon weiter: Irene Kunc, Präsidentin der Landesversammlung der Deutschen in Tschechien, weiß: „Seit dem Ersten Weltkrieg sind bald 84 Jahre vergangen, seit dem Zweiten Weltkrieg 57 Jahre. Die Geschichte lässt sich nicht korrigieren, die Staaten wollen und können die Ergebnisse der beiden Kriege nicht revidieren."

Fotos: NATIONAL ARCHIVES/DER SPIEGEL

Fraueninternierungslager
Medizinische Versorgung einer Gefangenen

US-Soldaten mit der Leiche eines ermordeten Deutschen

Fotos: NATIONAL ARCHIVES/DER SPIEGEL

Tschechischer Freischärler

Elendskolonne

Gelynchter Lagerinsasse

Triumphierende Tschechen
Deutsche mit Bewachern

Fotos: NATIONAL ARCHIVES/DER SPIEGEL

Internierte Deutsche
Flüchtlingskinder

CTK

Zusammengetriebene Deutsche in Prag 1945
Deutsche als Zwangsarbeiter in Prag 1945

SUDETENDEUTSCHES ARCHIV

Festgehaltene Deutsche in Posen 1945

ADM/CAF

NATIONAL ARCHIVES

Sowjetsoldaten mit deutschen Flüchtlingen 1945

DEUTSCHES HISTORISCHES MUSEUM

Deutsche Flüchtlingsfamilie 1945 in Berlin

IMPERIAL WAR MUSEUM

ROLF STEININGER

Vertriebene in einem britischen Lager
Potsdamer Konferenz im Sommer 1945

SBERNE STŘEDISKO

CTK

PULVER/INTERFOTO

Helft den Flüchtlingen!

BAYERISCHES ROTES KREUZ

NATIONAL ARCHIVES

OTTO UMBEHR/BPK

Deportation von Deutschen in Prag 1946
Spendenaufruf
Vertriebene bei der Ankunft in Bebra 1946
Vertriebenenlager bei Hannover 1947

BPK

HERBERT HENSKY/BPK

Notunterkünfte in Hamburg 1946
Flüchtlinge in Schloß Katlow bei Greifswald 1949

BERG ACTION PRESS

CHRISTIAN LEHSTEN/ARGUM

Schlesiertreffen 1995 in Nürnberg
Sudetendeutscher Tag in Nürnberg 2002

JORDIS ANTONIA SCHLOESSER

JORDIS ANTONIA SCHLOESSER

Café am Markt in Wroclaw (Breslau)
Modenschau in Wroclaw

MICHAEL TRIPPEL/OSTKREUZ

Innenstadt von Kaliningrad (Königsberg)
Sowjetisches Marine-Denkmal vor dem Dom in Kaliningrad

MICHAEL TRIPPEL/OSTKREUZ

MICHAEL TRIPPEL/OSTKREUZ

Rekruten in Kaliningrad
Kriegsbrache mit dem Haus der Räte in Kaliningrad

MICHAEL TRIPPEL/OSTKREUZ

MICHAEL TRIPPEL/OSTKREUZ

Alte "Reichsstraße 1" bei Chernyakovsk (Insterburg)

„Tief in jedem Hinterkopf"

Der ehemalige tschechische Botschafter František Černý *
über die Sudetendeutschen, die Beneš-Dekrete und die
Ängste der Tschechen vor Deutschland

Interview von Christian Habbe und Hans-Ulrich Stoldt

SPIEGEL: *Der tschechische Ministerpräsident Milos Zeman*
hat kürzlich die nach 1945 vertriebenen Deutschen als „fünfte
Kolonne Hitlers" bezeichnet, die eigentlich die Todesstrafe
verdient gehabt hätten. Teilt die Mehrheit der Tschechen diese
Meinung?
Černý: Das war wieder eine der Entgleisungen Milos Zemans. Er
ist ein wunderbarer Redner, aber manchmal geht das Pferd mit
ihm durch.
SPIEGEL: *Beuten Hardliner unter den Prager Politikern*
Aversionen, die aus der Hitler-Zeit rühren, lediglich für Wahl-
kampfzwecke aus?
Černý: Hardliner? Es sind eher Populisten. Da im Wahlkampf
Themen, die den Wähler wirklich interessieren wie etwa Renten,
Schulen oder Gesundheitswesen, wenig vorkommen, baut man sich
als Papiertiger die Bedrohung von außen auf. Die Verteidigung der
nationalen Interessen, so glauben manche, bringe die meisten Wäh-
lerstimmen.
SPIEGEL: *Wieso lassen sich die alten Schreckvorstellungen*

---

* *František Černý* war zwischen 1990 und 2001 in Deutschland erster
Botschafter der tschechischen Republik nach der Wende. Als Journalist hatte der studierte Germanist wegen seiner Kritik am kommunistischen System 1969 Berufsverbot bekommen und danach vom
Deutschunterricht in Abendkursen gelebt. Der in Berlin sehr beliebte
Diplomat Černý gilt als ein guter Kenner von Kultur und Politik-
landschaft seines Gastlandes.

*von den Sudetendeutschen in der tschechischen Öffentlichkeit
noch so leicht mobilisieren?*

Černý: Das Zusammenleben, Nebeneinanderleben und dann auch
Gegeneinanderleben von Deutschen und Tschechen auf unserem Boden
war nie so ganz ohne Reibereien. Die Konflikte eskalierten nach der
Abtrennung des Sudetenlandes 1938, nach dem von allen Tschechen
als Verrat empfundenen Münchner Diktat. Es kam der 15. März
1939 und das Protektorat, die Besatzung. Und dann folgten fünf
Jahre, in denen sich dieses negative Verhältnis zu den Deutschen nur
immer weiter ausprägte.

SPIEGEL: *Auch das tschechische Parlament hat sich kürzlich
einstimmig zum Fortbestand der Beneš-Dekrete bekannt, die
1946 unter anderem die Vertreibung und deren Umstände
sanktionierten. Sind diese Dekrete eigentlich eher ein Thema
der politischen Klasse, oder interessiert es auch die Menschen
auf der Straße?*

Černý: Jedenfalls bringt das Thema viele Leute dazu, sich zu fragen: „Was waren das eigentlich für Dekrete?" Die Mehrheit der
Deutschen weiß es ja auch nicht so genau. Insgesamt gab es be-
kanntlich 143 Dekrete aller möglichen Art, von denen fünf oder
sechs relevant sind für die deutschtschechischen Beziehungen. Eine
große Rolle spielen vor allem zwei Dekrete – das eine betrifft die
Enteignungen, also Landbesitz und anderes Eigentum, das andere
die Aberkennung der Staatsbürgerschaft. Diese beiden Dekrete werden wirklich aktiv erlebt.

SPIEGEL: *Weil sie Schutz vor deutschen Ansprüchen in
der Zukunft bieten?*

Černý: Es gibt bei vielen nach wie vor eine gewisse Befürchtung,
dass Besitzverhältnisse, die durch die Dekrete entstanden sind, in
Frage gestellt werden könnten. Dazu haben auch blödsinnige Initiativen von manchen sudetendeutschen Einrichtungen beigetragen.
Einmal hat eine Vereinigung ihre Leute aufgefordert: „Schreibt
doch mal auf, was ihr alles besessen habt, und schickt das dann auf
vorgedruckten Formularen dem Amt des Ortes, aus dem ihr vertrieben wurdet." Das wurde von einigen gemacht. Ein Bürgermeister
zeigte mir die lange Inventarliste, die ein Bestattungsunternehmer
ihm geschickt hat; da war auf fünf, sechs Seiten alles aufgezeichnet,
was er zurückgelassen haben will und was das damals in Reichs-

mark gekostet hat. So etwas spricht sich herum. Und dann bekommen die Leute hier das Gefühl: „Vielleicht sind die Ansprüche doch noch nicht endgültig erledigt."

SPIEGEL: *Glauben auch Parlamentarier das?*

Černý: Viele in der Koalition halten die Debatte wahrscheinlich für überflüssig, sagten sich aber: Wenn wir uns jetzt dagegenstellen, dann haben wir das Odium von Landesverrätern. Man kann eben immer noch mit der Angst vor den Deutschen Punkte gewinnen, das hallt noch irgendwie nach.

SPIEGEL: *Warum misstrauen Ihre Landsleute den deutschen Erklärungen seit der Ostpolitik Willy Brandts, es werde keine Ansprüche an Tschechien geben?*

Černý: Jeder weiß, dass ein Deutscher die Vertreibung notgedrungen anders erlebt hat als ein Tscheche. Der war froh, dass wir die Deutschen losgeworden sind. Ich habe oft gesagt: Jeder Tscheche sollte sich mal von einem Sudetendeutschen erzählen lassen, wie das damals abgelaufen ist, damit er in Einzelheiten erfährt, wie es ist, wenn man mit einem Bündel das Haus verlassen muss und in eine ungewisse, schreckliche Zukunft zieht.

SPIEGEL: *Warum weigern sich die tschechischen Politiker eigentlich, mit den Sudetendeutschen zu sprechen?*

Černý: Ich war seit eh und je dafür, dass wir miteinander reden sollten, und bin auch überzeugt, dass es irgendwann dazu kommen wird. Ich habe keine Angst davor, denn ich glaube, wir haben die besseren Karten in der Hand und folglich keinen Grund, Gespräche abzulehnen.

SPIEGEL: *Was müsste denn von deutscher Seite kommen, um das verkrampfte Verhältnis zu entspannen?*

Černý: Ich würde das ganze Problem der Verkrampfung ein bisschen tiefer hängen. Wenn ich bedenke, wie wenig an Kontakten jeder Art bestand, als ich 1990 nach Deutschland kam, dann ist eine sehr positive Bilanz erlaubt. Man kann wirklich sagen, die deutsch-tschechischen Beziehungen waren noch nie so gut, wie sie heute sind.

SPIEGEL: *Etwas überspitzt klingt das schon.?*

Černý: Man muss die Ebenen unterscheiden. Es gibt heute praktisch keinen tschechischen Regierungsbeamten, der nicht irgendwie die Telefon- oder die Faxnummer seines Kollegen in der Bundesregierung oder in einer Landesregierung hätte. Das funktioniert. Bei allen Umfragen, in denen gefragt wird: „Wie ist das Verhältnis der Tschechen zu den Deutschen?", zeigte sich, dass in den Grenzgebieten, in Gegenden mit ständigen Begegnungen, dieses Verhältnis viel besser ist als in uralten tschechischen Regionen, in denen zwar kaum Deutsche vorkommen, aber immer noch alte Ressentiments herumgeistern.

SPIEGEL: *Der Vertriebene als Erbfeind?*

Černý: Ich wünschte mir das Gegenteil. Eigentlich sind die Sudetendeutschen die Lobby, die wir in Deutschland besitzen. Das sind Leute, die ein Verhältnis zur Tschechischen Republik haben. Das ist natürlich geprägt von bösen Erfahrungen. Aber insgesamt haben diese Menschen eine Verbindung zu uns. Sie haben hier ihre Wurzeln. Und das gilt auch für die Kinder. Ich kenne Nachkommen von Sudetendeutschen, die wissen wollen: „Wo kommen wir eigentlich her? Wo war das, wovon der Großvater immer erzählt hat?" Das ist ein Kapital.

SPIEGEL: *Wieso eigentlich eskaliert jetzt wieder ein Streit um die Vertreibungsumstände? In der deutsch-tschechischen Erklärung von 1997 stellten doch beide Seiten das Nötige klar: Die Deutschen haben noch einmal ihre Schuld bekannt, die Tschechen ihr Bedauern über Exzesse und Menschenrechtsverletzungen ausgesprochen und sogar darüber, dass es damals keine Strafverfolgung gegeben hat. Wird diese Erklärung jetzt wieder ausgehebelt?*

Černý: Nein. Die deutsch-tschechische Erklärung stellt ernsthaft niemand in Frage.

SPIEGEL: *Haben sich die Beteiligten in Wahrheit doch übernommen, als sie vereinbarten: „Wir lassen die Vergangenheit ruhen und wenden uns der Zukunft zu"?*

Černý: Mag sein. Die Vergangenheit hat natürlich eine große Macht über Menschen. Man hat damals geglaubt, dass man das, was nicht Konsens ist, auslassen könne. Das war eine sehr löbliche Absicht, aber leider, glaube ich, ein bisschen idealistisch.

SPIEGEL: *Es gab aber kaum warnende Stimmen.*

Černý: Das mag stimmen. Andererseits ist es aber auch sehr wichtig und bezeichnend, dass junge Leute, denen im Grunde genommen die Vergangenheit schnuppe sein könnte, auf einmal zunehmend Fragen stellen.

SPIEGEL: *Kritische Fragen an die Großvätergeneration?*
Černý: Die Rückkehr der Vergangenheit ist ein europäisches Problem. Es gibt sie bei Ihnen, wo auf einmal die Deutschen als Opfer im Gespräch sind, oder in Frankreich, wo man auf einmal begann, nicht nur die Kollaboration, sondern auch die Kolonialverbrechen in Algerien zu diskutieren.

SPIEGEL: *Wie weit sind die Tschechen mit der Debatte über ihre Vergangenheit?*
Černý: Wir Tschechen haben wie andere auch sozusagen zweierlei Geschichte: die tatsächlich geschehene und die geschönte, in der sich eigentlich nie etwas Schreckliches ereignet hat. Es ist schmerzlich, sich damit auseinander zu setzen, aber das steht auch uns Tschechen noch bevor. Es ist doch kein Masochismus, einzugestehen, dass auch wir Verfehlungen begangen haben. Man sieht ja überall, wie sehr die Geschichte, so gern man sie unter den Tisch kehren möchte, immer wieder lebendig wird, solange sie nicht wirklich authentisch aufgearbeitet wird.

SPIEGEL: *Macht die tschechische Öffentlichkeit genügend Unterschiede zwischen den Nazi-Verantwortlichen und denen, die allenfalls Mitläufer waren?*
Černý: In meinen Augen noch zu wenig. Da ist Aufklärungsarbeit notwendig. Den Hitler haben ja nicht die Sudetendeutschen gewählt, die haben sich ihm angeschlossen. Gewählt haben ihn andere Deutsche.

SPIEGEL: *Jüngere tschechische Historiker haben die Vertreibung und deren Begleitumstände kritisch untersucht. Wieso finden die so wenig Gehör?*
Černý: Lange Zeit war das alles tabuisiert. In der Nachkriegszeit sagte man: Es ist den Deutschen recht geschehen. Die haben den Krieg ausgelöst, sie haben dieses Unglück über die Menschheit gebracht, also die büßen das. Dann begann so ein langsames Nachdenken. Ab 1980 sind zur Vertreibung in der Tat immer öfter auch kritische tschechische Stimmen laut geworden. Nur erfahren davon wenige Leute. Als Václav Havel, kurz nachdem er Präsident geworden war, seine Entschuldigung für Exzesse bei der Vertreibung aussprach, war das dann ein bisschen voreilig. Denn was in seinem intellektuellen Umfeld schon gang und gäbe war, hatte das Volk noch lange nicht erreicht.

SPIEGEL: *Werden sich diese Aversionen gegen Deutschland im Laufe der Mitgliedschaft Tschechiens in der Europäischen Union entkrampfen?*

Černý: Es gibt kaum ein anderes Thema, von dem jeder Tscheche glaubt, so viel zu verstehen wie das der deutsch-tschechischen Beziehungen. Und da hält sich unverändert die Furcht vor Veränderungen der Grenzen und der Eigentumsverhältnisse nach dem Zweiten Weltkrieg. Die Parlamentserklärung hat also dem allgemeinen Gemütszustand der Bevölkerung durchaus gut getan.

SPIEGEL: *Sind Urängste im Spiel?*

Černý: Ängste in Bezug auf Deutschland würde ich nicht ausschließen. Deutschland ist, wie Václav Havel sagte, unser Schicksal. Das Verhältnis zu Deutschland ist für die Tschechen viel gewichtiger als umgekehrt das Verhältnis der Deutschen zu den Tschechen.

Jeder Tscheche hat irgendwo im Hinterkopf, dass ein Sieg der Deutschen im Zweiten Weltkrieg für andere europäische Nationen gewiss nicht das Ende bedeutet hätte, sicherlich aber für die tschechische. Es waren bereits Pläne vorbereitet, wie mit diesen Tschechen umzugehen ist. 1941 wurden beispielsweise sämtliche technischen Hochschulen geschlossen, und jeder wusste, wenn die Deutschen siegen werden, dann werden die auch nicht wieder aufgemacht. Diese Bedrohung der nationalen Existenz durch das deutsche Element sitzt tief in jedem Tschechen.

SPIEGEL: *Wieso haben deutsche Ostpolitik, gemeinsame Nachbarschaftsprojekte oder Wirtschaftskooperationen – etwa zwischen Škoda und Volkswagen – nicht viel stärker entspannend gewirkt?*

Černý: Bei manchem Tschechen rumort eine gewisse neue Nervosität. Ein gängiges Wort ist: „Was die Deutschen nicht mit der Wehrmacht geschafft haben, schaffen sie jetzt mit ihrer Wirtschaft. Es wird ein deutsches Europa geben." Die Macht der Deutschen wird als zu groß empfunden.

SPIEGEL: *Aber die ist doch europäisch gezähmt.*

Černý: Andererseits gibt es auch eine Art der Bewunderung den Deutschen gegenüber. Fast alle wissen, der Weg in die EU geht über Deutschland. Aber ich sage, die Deutschen fördern unseren EU-Beitritt nicht aus purer Tschechen-Liebe. Und das ist gut. Denn wenn ein Staat aus eigenem Interesse handelt, ist das immer am verlässlichsten. So haben wir unseren Advokaten sicher eher in Deutschland als in Spanien oder Griechenland.

SPIEGEL: *Bundeskanzler Schröder hat kürzlich gesagt, Vertreibung ist stets Unrecht. Ist das eine Sache, auf die man sich zwischen Deutschen und Tschechen verständigen könnte? Oder bleibt das in tschechischen Ohren eine Provokation?*

Černý: Man sollte sich darauf verständigen. Allerdings immer unter der Bedingung, dass man den kausalen Zusammenhang sieht, dass diese Vertreibung nicht nur vom bösen Willen eines gewissen Präsidenten Beneš einfach vom Himmel gekommen ist, sondern eine Vorgeschichte gehabt hat.

SPIEGEL: *Um das Unrecht letztlich doch zu relativieren?*

Černý: Absolutes Unrecht gibt es ebenso wenig wie absolute Gerechtigkeit. Aber ich glaube, dass es eigentlich keine andere Lösung gab. Sie hätte anders aussehen können, oder man hätte warten müssen, bis dieser Hass, das emotionale Feindbild abgebaut ist. Aber: Wie hätten die Deutschen dann hier leben sollen? Sie waren damals Parias, für lange Zeit und nicht nur bei uns.

Raub der Geschichte

Polen als Verlierer unter den Siegermächten:
Am Anfang unterwarfen Hitler und Stalin Millionen
Polen ihrer Gewaltherrschaft – am Ende erlitt das
Land schmerzhafte Territorialverluste, Bevölkerungs-
und Grenzverschiebungen.

Von Rainer Traub

Als Hitler am 1. September 1939 den lang geplanten Krieg der „Herrenrasse" um neuen „Lebensraum im Osten" entfesselte, war das künftige Schicksal des ersten Opfers bereits vorentschieden: Eine Woche zuvor hatten sich Stalin und Außenminister Ribbentrop bei einem Festessen im Kreml über die Aufteilung Polens in eine deutsche und eine russische Einflusssphäre geeinigt.

Ob „die beiderseitigen Interessen" überhaupt die Aufrechterhaltung eines unabhängigen polnischen Staates erforderten, sollte „im Laufe der weiteren politischen Entwicklung" festgelegt werden – so die geheime Zusatzklausel zum so genannten Hitler-Stalin-Pakt.

Kaum hatte Hitler losgeschlagen, drängte er den neuen Verbündeten Stalin: Er müsse sich seinen Beuteanteil, also die Südosthälfte Polens, sichern, bevor England und Frankreich dem Opfer zur Hilfe eilen könnten.

Während Warschau sich noch gegen die deutschen Angreifer verteidigte, wurde in der Nacht zum 17. September 1939 der polnische Botschafter Waclaw Grzybowski ins sowjetische Außenministerium in Moskau zitiert. Ein stellvertretender Minister übergab ihm eine diplomatische Note, deren Wortlaut zuvor mit dem deutschen Botschafter Graf Friedrich Werner von der Schulenburg abgestimmt worden war.

Da der polnische Staat praktisch nicht mehr existiere, so die Note, sei auch der zwischen der Sowjetunion und Polen bestehende Nichtangriffspakt hinfällig geworden – ein einmaliges Argument in der Geschichte der internationalen Beziehungen. Wenn nun die Rote

Armee in das Territorium des ehemaligen Polens einmarschiere, unternehme sie lediglich eine Rettungsaktion zu Gunsten „ihrer dort lebenden ukrainischen und belorussischen Blutsbrüder, die schutzlos ihrem Schicksal überlassen worden sind". Noch in derselben Nacht begannen sowjetische Truppen die „Rettungsaktion" mit der Besetzung und Ausplünderung Wilnas.

Am 28. September wurde in Moskau der deutsch-sowjetische „Grenz- und Freundschaftsvertrag" unterzeichnet. Er besiegelte die vierte Teilung Polens – nach den drei früheren zwischen Russland, Preußen und Österreich. Die neue Grenzlinie führte von Ostpreußen aus entlang der Flüsse Pissa, Bug und San bis zu den Karpaten.

Knapp die Hälfte von Polens Vorkriegsterritorium, 189 500 Quadratkilometer mit etwa 20 Millionen Einwohnern im Nordwesten, sollte von Deutschland, der Rest, über 200 000 Quadratkilometer mit etwa 12 Millionen Einwohnern, von der Sowjetunion besetzt werden.

Die deutschen Besatzer vertrieben und enteigneten gleich nach Beginn des Krieges Hunderttausende von Menschen, um Platz für Deutsche aus dem Baltikum oder Bessarabien zu schaffen. Über Nacht mussten die Polen ihre Höfe und Häuser verlassen. Die Familien wurden getrennt, erwachsene Mitglieder zur Zwangsarbeit geschickt, Kinder kamen in Lager.

Gleichzeitig deportierten Stalins Armeen bis zum Juni 1941 in mehreren Wellen ungefähr ebenso viele polnische Staatsangehörige aus ihrem Herrschaftsbereich. Davon wurden 150 000 in die Rote Armee gezwungen, 440 000 verschwanden in Straflagern oder Gefängnissen, bei anderen Zwangsarbeiten wurden 20 000 eingesetzt und die Übrigen nach Sibirien oder Zentralasien verschleppt.

Während Hitler es für überflüssig hielt, für seine rücksichtslose Gewaltpolitik einen Vorwand zu suchen, bemäntelte Stalin sein ebenso skrupelloses Vorgehen pseudodemokratisch. Er berief sich darauf, nur die Minderheit der Bewohner seines neuen Herrschaftsbereichs – also der polnischen Vorkriegsprovinzen östlich der Flüsse Bug und San – seien ethnische Polen.

Ein polnischer Zensus im Jahr 1931 hatte 62 Prozent der 11,6 Millionen Einwohner Ostpolens als Ukrainer, Litauer oder Angehörige anderer nationaler Minderheiten registriert; als ethnische Polen wurden in diesem Teil des Vorkriegsstaates nur 38 Prozent gezählt. In den dreißiger Jahren war es immer wieder zu Spannungen mit den nationalen Minderheiten gekommen, vor allem mit der größten – den 4,4 Millionen Ukrainern.

Zur Verschleierung der Annexion wurde im sowjetisch besetzten Ostpolen am 22. Oktober 1939 die Farce einer „Wahl" veranstaltet. Viele der künftigen Abgeordneten reisten aus dem sowjetischen Mutterland an, um sich wählen zu lassen. Wer der Wahl fernbleiben wollte, wurde von der Miliz abgeholt und gefesselt zum Wahllokal geführt. Nach der Wahl baten die neuen „Volksvertreter" den russischen Obersten Sowjet feierlich darum, ihre Gebiete als Teile der ukrainischen und weißrussischen Sowjetrepublik der Sowjetunion anzugliedern.

Wer es wagte, den neuen sowjetischen Pass abzulehnen, musste mit Verbannung rechnen. Und nach Kriegsende sollten in die neu gegründete Volksrepublik Polen nur diejenigen der von Stalin kassierten Ostpolen umsiedeln dürfen, deren sowjetischer Pass in der Rubrik „Nationalität" den Vermerk „polnisch" trug.

Während sich im ehemaligen Ostpolen die Ladenregale leerten, füllten sich Schaufenster und Häuserwände mit Porträts von Marx, Engels, Lenin und Stalin. Überall tauchten rote Fahnen und Spruchbänder auf: „Wir danken dem Genossen Stalin, unserem Befreier!"

Mit dem deutschen Überfall auf die Sowjetunion am 22. Juni 1941 änderte sich die Situation; Hitler hatte sich nun zum gemeinsamen Feind von Russen und Polen gemacht. Der Willkür des Kreml-Diktators blieben die Polen aber weiterhin ausgesetzt. So ließ Stalin, als die Wehrmacht nach Ostpolen einmarschierte, die etwa 150 000 Gefängnisinsassen evakuieren. Zehntausende wurden vor Ort erschossen oder mit den Gefängnissen in die Luft gesprengt, der Rest auf mörderischen Fußmärschen gen Osten getrieben.

Während die Überlebenden sich noch Richtung Moskau schleppten, hatte General Wladyslaw Sikorski, Chef der polnischen Exilregierung im London, auf Druck Großbritanniens bereits Verhandlungen mit dem russischen Botschafter Iwan Maiski aufgenommen. Die polnische Seite setzte sich nur äußerst widerstrebend an den Verhandlungstisch; ihr Misstrauen sollte sich als nur zu berechtigt erweisen. Denn Stalin dachte nicht daran, die annektierten Gebiete in Ostpolen herauszugeben. Sein Versprechen, Polen solle künftig unabhängig sein, war geheuchelt.

Die Sowjetunion wollte das „unabhängige Polen" der Nachkriegszeit nur in seinen „ethnografischen Grenzen" anerkennen: Die ukrainische und weißrussische Bevölkerung, behaupteten die Sowjets, habe sich in den „freien Wahlen" vom Herbst 1939 für den Anschluss an die Sowjetunion entschieden.

Als sich die polnische Seite schließlich dennoch zu einem Abkommen bereit fand, wurde die Grenzfrage ausdrücklich ausgeklammert. Den Ausschlag gab Stalins Versprechen, alle polnischen Häftlinge in der Sowjetunion – Kriegsgefangene und Zivilisten – freizulassen und mit ihnen eine Armee gegen Hitler zu bilden.

Unter General Wladyslaw Anders, der zu diesem Zweck aus dem Moskauer Lubjanka-Gefängnis freigekommen war, sammelte sich in der Nähe von Kuibyschew (heute Samara) eine Armee von verlumpten und ausgezehrten, aber zum Kampf für die Freiheit der Heimat entschlossenen polnischen Ex-Häftlingen. Rund 115 000 Polen wurden 1942 über Iran nach Nordafrika und Italien verlegt. Viele von ihnen sollten im weiteren Verlauf des Krieges gegen Hitler an Fronten fern ihrer Heimat fallen; so waren es etwa polnische Soldaten, die mit ihrem heroischen Einsatz die berühmte Schlacht von Monte Casino zu Gunsten der Alliierten entschieden.

Stalin befahl darüber hinaus, die Militärtauglichen unter weiteren 700 000 deportierten Polen zu mobilisieren. Überwiegend von russischen Offizieren wurden die kurz zuvor nach Osten Gejagten nun wieder nach Westen geführt.

Als sich der Sieg über die Deutschen abzeichnete, stand auch Polens Schicksal fest. Die weichenstellende Entscheidung über die Nachkriegsgrenzen fiel bereits auf der Konferenz von Teheran Ende 1943.

Dort akzeptierten die Regierungschefs von England und den USA als künftige polnisch-sowjetische Grenze die nach dem früheren britischen Außenminister benannte Curzon-Linie. Bis auf den Bezirk Bialystok und einige Gebiete am Fluss San stimmte diese mit der Grenze des Hitler-Stalin-Pakts überein. Stalins Westalliierte willigten in Teheran im Prinzip auch in dessen Plan ein, die Polen für die riesigen Gebietsverluste mit Ostpreußen und Schlesien zu entschädigen.

Die Proteste der polnischen Exilregierung halfen nichts. Ohnehin hatte Stalin die diplomatischen Beziehungen zu ihr bereits im April

1943 abgebrochen, weil diese das Massensterben von Katyn klären wollte, wo Stalin (wie später bewiesen werden sollte) im Zuge seines Ausrottungsfeldzuges gegen die polnische Intelligenz Tausende polnischer Offiziere hatte erschießen lassen.

Der Kreml konzentrierte sich nun ganz auf den Aufbau eines moskauhörigen Regimes; er importierte mit der vorrückenden Roten Armee allmählich das stalinistische System nach Polen.

In der provisorischen polnischen Hauptstadt Lublin wurde bereits im Oktober 1944 ein „Staatliches Repatriierungsamt" gegründet. Seine Aufgabe war die Rückführung von Landsleuten aus anderen Ländern. Von den weit über 30 Millionen Polen, die in den Vorkriegsgrenzen gelebt hatten, waren ein Jahr nach Kriegsende in den neuen Grenzen nur etwa 20 Millionen gebürtiger Polen geblieben.

Mehrere Millionen polnischer Staatsbürger, vor allem Juden, hatten die Nazis umgebracht. Drei Millionen, darunter rund zwei Millionen ehemalige Zwangsarbeiter, lebten über alle Welt verstreut oder hatten unter sowjetischem oder alliiertem Kommando Waffendienst geleistet. Sie sollten nun ebenso „repatriiert" werden wie etwa die Hälfte jener 5,2 Millionen ethnischen Polen, die 1939 in den östlichen Teilen des Landes gelebt hatten.

Die Letzteren sträubten sich dagegen, ihre Heimat zu verlassen. Die meisten weigerten sich, ihre Unterschrift unter die Ausreise-

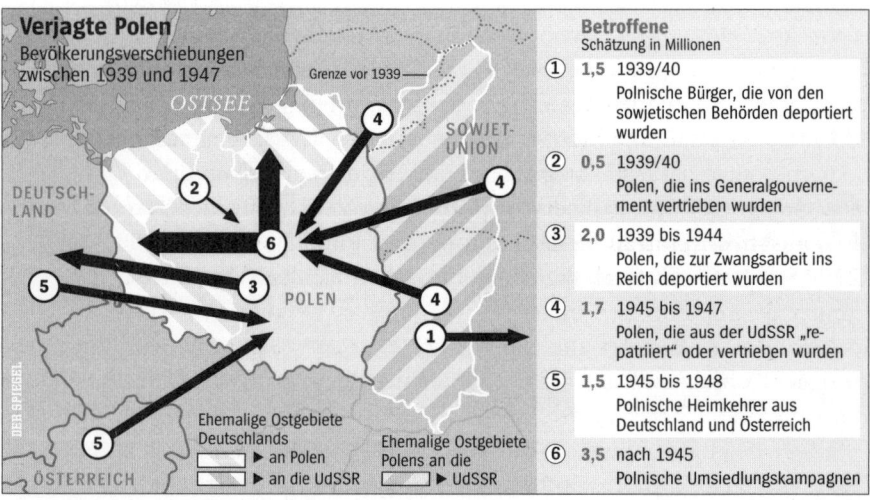

Verjagte Polen
Bevölkerungsverschiebungen zwischen 1939 und 1947

OSTSEE

Grenze vor 1939 —

DEUTSCH-LAND

SOWJET-UNION

POLEN

DER SPIEGEL

Ehemalige Ostgebiete Deutschlands
☐ ▶ an Polen
☐ ▶ an die UdSSR

Ehemalige Ostgebiete Polens an die
☐ ▶ UdSSR

ÖSTERREICH

Betroffene
Schätzung in Millionen

① 1,5 1939/40
Polnische Bürger, die von den sowjetischen Behörden deportiert wurden

② 0,5 1939/40
Polen, die ins Generalgouvernement vertrieben wurden

③ 2,0 1939 bis 1944
Polen, die zur Zwangsarbeit ins Reich deportiert wurden

④ 1,7 1945 bis 1947
Polen, die aus der UdSSR „repatriiert" oder vertrieben wurden

⑤ 1,5 1945 bis 1948
Polnische Heimkehrer aus Deutschland und Österreich

⑥ 3,5 nach 1945
Polnische Umsiedlungskampagnen

erklärungen zu setzen, die das Abkommen zur „freiwilligen Evakuierung" der polnischen Bevölkerung aus dem Osten vorsah.
Dieses Abkommen hatte Stalin im September 1944 den Polen aufge-
zwungen. Als die sowjetische Frist zur Abgabe von Umsiedlungs-
anträgen am 1. Dezember 1944 endete, hatten erst 117 000 von etwa
2,5 Millionen Ostpolen ihre Umsiedlung beantragt.

Sie hatten zwar wegen ihrer Erfahrungen in den Kriegsjahren
panische Angst vor den neuen Machthabern, und nicht wenige
rechneten mit einer Wiederholung der Stalinschen Deportationen.
„Wenn Gott gütig ist, reisen wir nach Westen, wenn nicht, dann
geht es nach Sibirien", schrieb Ende 1944 eine Polin im heutigen
Weißrussland in ihr Tagebuch. Aber viele hofften noch, die
Grenzziehung sei nicht endgültig, und fürchteten, nach einer
Umsiedlung ein zweites Mal vertrieben zu werden – von den in
ihre Heimat zurückdrängenden Deutschen. Eine halbe Million
Polen waren zudem auf der Flucht vor dem immer noch tobenden
Bürgerkrieg mit den Ukrainern, der schon bald nach dem Ein-
marsch der Deutschen in Ostpolen ausgebrochen und von diesen
wirkungsvoll geschürt worden war.

Erst nach der endgültigen Grenzfestlegung auf der Konferenz von
Jalta ließ die Masse der Ostpolen ihre Hoffnungen fahren und
machte sich schweren Herzens nach Westen auf – in die von den
Deutschen verlassenen Gebiete. In einer Unterhausrede im Dezember 1944 hatte Briten-Premier Winston Churchill die „völlige Vertreibung" von mehreren Millionen Deutschen aus den künftigen
polnischen Westgebieten propagiert. Wie so etwas durchzuführen
war, hatten zu Beginn des Krieges die Deutschen (und auf ihre Weise
die Sowjets) in ihrem Herrschaftsbereich in Polen vorgemacht.

Bereits Anfang 1945 strömten im Sog der erfolgreichen Großoffen-
sive der Roten Armee die ersten polnischen Siedler in einer „wilden"
Kolonisation spontan in die entvölkerten Oder-Neiße-Gebiete. Am
23. Mai 1945 übergab die Sowjetunion Polen die Verwaltung der
neuen Westgebiete mit einem feierlichen Staatsakt.

Der Massentransfer der polnischen Bevölkerung in Verbindung
mit der Neubesiedlung des Oder-Neiße-Gebietes war eine Aufgabe
von unvorstellbarer Größe. „Sogar die Völkerwanderungen an der
Wende von der Antike zum Mittelalter können hinsichtlich der
Intensität und des Ausmaßes dieser Bewegung nicht mit dem Pro-

blem verglichen werden, vor dem der polnische Staat steht", umriss im Mai 1945 das Memorandum eines „Studienbüros für An- und Umsiedlung" die Aufgaben.

Etwa 7,5 Millionen Deutsche, die aus den Oder-Neiße-Gebieten und Südostpreußen verjagt wurden, sollten schnellstmöglich ersetzt werden; Stalin wollte vollendete Tatsachen schaffen, bevor seine Westalliierten Gelegenheit hatten, die territorialen Zugeständnisse zu revidieren.

Die Neusiedler unterteilten sich in drei heterogene Gruppen: Die „Repatrianten" beziehungsweise „Umsiedler" aus der Sowjetunion; die Remigranten aus West-, Mittel- und Südosteuropa; schließlich die Umsiedler aus Zentralpolen.

Der größte Teil der Neusiedler musste aus der letzten Gruppe mobilisiert werden – etwa 3,5 von 7 Millionen. Die Vorhut bildeten 100 000 Armeeangehörige samt ihren Familien, die als bewaffnete Agrarkolonisten als „lebende Mauer" an der neuen polnischen Westgrenze wirken sollten.

Die Zahl der aus Stalins Annexionsgebiet vertriebenen Polen reichte für die Neubesiedlung nicht hin, und obendrein galten die Ostpolen als unsichere Kantonisten: nach den Demoralisierungen, die ihnen zugefügt worden waren, sei kein rechter Pioniergeist von ihnen zu erwarten.

Die „Sabuschanije", wie die Umsiedler von „jenseits des Bug" genannt wurden, durften zwar mehr von ihrem Hab und Gut mit nach Westen nehmen als etwa die aus Ostpreußen vertriebenen Deutschen. Aber da sie ihr Schicksal dem „großen Bruder" verdankten, galten sie offiziell als freiwillige Umsiedler und mussten bis zum Untergang des Sowjetimperiums öffentlich über ihr Schicksal schweigen: Sie waren nicht nur ihrer Heimat, sondern auch ihrer Geschichte beraubt worden.

Die Remigranten aus dem Westen dagegen hatten aus Sicht der neuen polnischen Obrigkeit den Vorzug, dass sie durch die Zwangsarbeit im Reich an effektive deutsche Wirtschaftsmethoden gewöhnt waren. Ein halbes Jahr nach Kriegsende war aber erst eine kleine Minderheit von ihnen zurückgekehrt. General Anders sprach für viele seiner leidgeprüften Landsleute: „Wir werden schon zurückkommen, jedoch in ein unabhängiges Polen und nicht in eine 17. Sowjetrepublik."

Dringend suchten die Polen darum sogar unter den Nachkommen früherer Emigrationsgenerationen nach Rückkehrern, um die Kriegs- und Vertreibungsverluste wettzumachen und die verjagte deutsche Bevölkerung zu ersetzen. So übergab im August 1947 die polnische Militärmission in Berlin dem Alliierten Kontrollrat eine Note, in der sie die Briten aufforderte, etwa 100 000 Polen aus dem Rheinland und Westfalen, deren Vorfahren meist als Kumpel an die Ruhr gezogen waren, nach Polen zurückzuschicken. Aber nur etwa 4500 Ruhr-Polen kehrten zurück.

Große Hoffnungen setzten die neuen Machthaber auch in die insgesamt etwa 470 000 Landsleute, die oft lange vor dem Krieg überwiegend als Grubenarbeiter nach Frankreich und Belgien emigriert waren. Aber obwohl viele dieser Emigranten kommunistisch wählten, kehrten auch von den 70 000 Polen in Belgien bis 1950 gerade 4500 nach Polen zurück – unter ihnen der spätere KP-Chef Edward Gierek.

„Im Westen gibt es Boden!", oder „Auf jeden Polen, der arbeiten will, warten in unseren neu gewonnenen Gebieten Arbeit, angemessener Lohn und ein Dach über dem Kopf": So warben riesige Plakate in traditionell strukturschwachen und überbevölkerten Teilen Zentralpolens. Deren Sanierung sollte mit der Polonisierung des Westens verbunden werden.

Doch allein die vorhandenen Transportkapazitäten genügten nicht annähernd, um plangemäß etwa zwischen Juni und August 1945 mehrere Millionen Menschen umzusiedeln. Für die gesamte Neubesiedlung waren am Ende nicht Monate, sondern Jahre erforderlich.

Die Polen jener Zeit waren ein Volk auf Rädern. Am Ziel der Reise ins Ungewisse erwarteten sie oft Willkür und Chaos.

Über die Verhältnisse im Kreis Marienburg (Malbork) etwa notierte ein polnischer Beobachter: „Repatriierung und Siedlung beleidigen sämtliche elementaren Grundsätze und Forderungen der Menschlichkeit. Die Siedler des Kreises sind zu 80 Prozent Repatrianten, die hier in schrecklich jämmerlichem Zustand ankommen … Diese Leute, die bis zu elf Wochen in unbedeckten Waggons fahren, kommen hier voller Bitterkeit an. Niemand nimmt sich ihrer an."

Nicht zuletzt das Verhalten der Roten Armee führte dazu, dass es viele der Neusiedler aus Zentralpolen vorzogen, in die alte Heimat zurückzukehren. So brannten russische Einheiten in Schlesien unzerstörte Städte wie Tost und Groß-Strehlitz vollständig nieder – sei es aus schierer Zerstörungslust oder als barbarische Abart des Freudenfeuers. Sie requirierten gleichermaßen Polen, Deutsche und autochthone Masuren für Zwangsarbeiten und vergewaltigten Frauen aller Bevölkerungsteile. „Polen werden wie Sklaven behandelt, nicht besser als die Deutschen", hieß es in einem offiziellen Bericht.

Der amtlichen Sprachregelung zufolge besiedelten die Polen in den ehemals deutschen Gebieten nicht etwa fremden Boden. Vielmehr holten sie sich urpolnisches Stammland zurück: Schon tausend Jahre zuvor hätten ihre Ahnen, die piastischen Fürsten, in diesem Gebiet geherrscht.

Irgendwie mussten alle ihr Überleben organisieren. Und wie in Umbruchzeiten üblich, wurden die millionenfache Entwurzelung, der tägliche Existenzkampf und der allgegenwärtige Schwarzmarkt von Krisengewinnlern und kriminellen Elementen ausgenutzt.

Eines der meistverbreiteten polnischen Worte der Jahre 1945/46 lautete „szaber", zu deutsch etwa „organisieren". Es umfasste alles, vom einfachen Tauschhandel über Geschäfte mit der Schwarzmarkt-Währung Wodka bis hin zu Plünderung und Raub. Im September 1945 schätzte eine polnische Zeitung in Breslau, jeder dritte Pole in der Stadt sei ein Plünderer – so der polnische Journalist Wlodzimierz Kalicki in einer farbigen, 1995 veröffentlichten Erinnerung: „Oft rissen die Mieter alles, was irgend ging, aus den Wohnungen und verkauften es auf dem Szaber-Platz, danach holten sie sich die nächste Wohnungszuweisung ab." Im Volksmund hießen die Beutemacher und Plünderer die „erste Brigade", und es war ihre Tätigkeit, die im Verein mit den „Freudenfeuern" der sowjetischen Besatzer die Kriegsschäden noch einmal vermehrte.

Die nichtkriminelle Mehrheit der polnischen Neusiedler in Breslau stammte großenteils vom Land: „Die Neuankömmlinge stießen auf eine unbekannte Zivilisation. Alles war neu – die Straßenbahnen, die Telefone, das heiße Wasser aus den Hähnen ... Die Siedler hoben Brunnen in den Gärten von Villen aus, die funktionierende Badezimmer besaßen. In Parks und den Hinterhöfen von Mietshäusern tauchten Kühe, Schweine und Ziegen auf.

Sicher gab es vor allem unter den allerersten polnischen Neusiedlern auch Glückspilze, die gerade von Deutschen verlassene, voll möblierte und gepflegte Häuser mit Gärten übernehmen konnten.

Aber fast die Hälfte der städtischen Wohnhäuser in den Westgebieten und fast drei Viertel der Industriekapazität waren beschädigt, 70 Prozent des Bodens lagen bei Kriegsende brach.

Nach einer ersten, durch Chaos und Willkür geprägten Phase vollzog sich die Polonisierung der ehemals deutschen Gebiete vom Winter 1945/46 an unter der Kontrolle des Staatlichen Repatriierungsamtes. Bei der Volkszählung vom Februar 1946 betrug die Zahl der Neusiedler 1 850 000, bis zum 31. Dezember 1947 wanderten weitere 2 346 000 ein. Im Januar 1949 befand die polnische Regierung, die Neubesiedlung sei weit genug fortgeschritten, um die administrative Sonderbehandlung der Westgebiete zu beenden. Das Ministerium für die Wiedergewonnenen Gebiete, das vier Jahre zuvor unter Parteichef Wladyslaw Gomulka gebildet worden war, wurde aufgelöst.

Die von zwei Diktaturen geschundenen, durch Krieg, Massenmord und Vertreibungen um Millionen dezimierten Polen hatten eine gewaltige Aufbauarbeit vor sich. Und ein langjähriges politisches Tabu wirkt bis heute nach: Noch immer – so ist in einer kürzlich erschienenen historischen Fachpublikation zu lesen – ist die Kenntnis über das Schicksal der nach Osten verschleppten Polen selbst bei den eigenen Landsleuten „minimal".

Eine Stadt sucht ihre Seele

Aus Breslau flüchteten 1945 die Deutschen,
polnische Vertriebene zogen in deren Wohnungen
ein. Nun wird Wroclaw zur wichtigsten euro-
päischen Drehscheibe des Landes.

Von Klaus Christian Malzahn

Blaue Tintenwolken ballen sich über Breslau. Bald regnet es Buchstaben. Andrzej Dudek-Dürer starrt über die Zinnen des gotischen
Rathauses in einen gespenstischen Himmel, als könne er im Firma-
ment etwas lesen.

Breslau. Wroclaw. Wroclau. Breslaw – die tausendjährige Stadt an
der Oder wurde oft von der Geschichte angeweht. Es fielen Bomben,
Wappen wurden retuschiert, Straßen umbenannt, Denkmäler ge-
stürzt, Kirchen geschleift, Friedhöfe eingeebnet. Ausgerechnet die
Bürgermetropole, reich durch Handel, wurde 1945 noch zur „Festung".
Zur Strafe wurde das Stadtvolk ausgewechselt.

Der 17. Meridian sorgt deshalb dafür, dass diese oft bewegte Stadt
fest vertäut an Ort und Stelle bleibt. Das Weltmaß läuft wie ein
Halteseil durch Breslau, durchquert den mathematischen Trakt der
Universität. Dudek-Dürer, ein Typ mit langen Haaren, Hippie-Bart,
Bundeswehrparka und hundertmal geflickten Lederschuhen, kann
auf der unsichtbaren Linie balancieren.

Eine Kleinigkeit für jemanden, der sich für die Reinkarnation von
Albrecht Dürer hält. Anderswo in Polen wäre der schmale Mann
vielleicht schon in einer geschlossenen Abteilung gelandet.

Aber in Breslau sind die Bewohner ja selbst verrückt geworden.
Noch im Krieg flohen die Deutschen nach Westen, in ihre Häuser
zogen Polen ein: traurige Eroberer einer weitgehend zerbombten
Stadt. Die neuen Breslauer waren selbst Vertriebene aus Lemberg
(Lwów) und Ostpolen, das Stalin für seine Sowjetunion beanspruchte.

Breslau ist eine schöne, sehr nervöse Metropole. Ruhelose Geister
sind unterwegs. Dudek-Dürer kehrte immer wieder an die Oder

zurück, obwohl der international bekannte Künstler in New York, Seoul oder Sydney hätte bleiben können. Dabei ist Breslau auf den allerersten Blick eine gewöhnliche osteuropäische Stadt. Plattenbauten liegen an zugigen Straßen, in Aufmarschalleen aus sozialistischen Zeiten stauen sich abends die Mittelklassewagen unter riesigen Reklametafeln. In dieser postkommunistischen Tristesse träumt man schlecht.

Doch im Zentrum findet sich, eingefasst vom Oderfluss und seinen Armen, ein Quäntchen des Glücks, auf das die Menschen nach der Wende hofften. Der Markt, vor zehn Jahren noch Fixpunkt der Säufer, gehört mit den Cafés, seinen herausgeputzten Häusern und Geschäften heute wieder den Bürgern.

„Breslau hat eine große Seele", sagt Andrzej Dudek-Dürer. Aber welche? Was steckt hinter diesen Jugendstilfassaden am Markt, der gotischen Kirche, dem Bauhaus am Rynek? Breslau, etwa so groß wie Bremen, versammelt allein in seiner Mitte mehr gut erhaltene Prototypen deutscher Architektur als Berlin. Eine polnische Stadt soll das sein?

„Wir sind doch nach dem Krieg nicht nur mit der Zahnbürste gekommen, sondern mit einer riesigen Bibliothek", protestiert Adolf Juzwenko, Direktor des Ossolineums von Breslau. Er beaufsichtigt eine der bedeutendsten polnischen Sammlungen. Die Bilder, Grafiken, Drucke und Bücher wurden nach dem Krieg von Lemberg nach Breslau geschafft. Damit war der Landgewinn kulturell markiert.

Von Beginn an war die Stadt ein potenzieller Streitfall. Das Bistum Wrotizla wurde vom polnischen Fürsten Boleslaw gegründet – aber von Gnaden des deutschen Kaisers Otto III.

„Ich könnte jeden Tag einen Artikel über die Deutschen in Breslau schreiben", sagt Beata Maciejewska, Lokaljournalistin der Tageszeitung „Gazeta Wyborcza", „die Leser wollen endlich wissen, wo sie eigentlich wohnen."

Vor kurzem hat die gelernte Historikerin ein Foto von vier halbwüchsigen Volkssturm-Soldaten in der „Festung" Breslau veröffentlicht. „Die meisten Leser wollen wissen, ob die Jungen heute noch am Leben sind." Vor zwölf Jahren noch wären Hitlers Kindersoldaten als Faschisten tituliert worden. Heute regt sich in Breslau Mitleid selbst beim Anblick deutscher Waffenträger.

Die Einwohner suchen eine Bedienungsanleitung zu einer Stadt, die ihnen lange fremd geblieben ist. Jeder Stein wird umgedreht, jede Straße neu ausgemessen. Die Dinge bekommen ihren Sinn. Denn Breslaus Bauten sind heute nicht nur die Heim- und Kaufstätten seiner polnischen Bewohner, sondern auch Spiegel deutscher Geschichte. Carl Gotthard Langhans hat in Berlin das Brandenburger Tor gebaut. Sein Sohn Carl Friedrich schuf in Breslau die Synagoge „Weißer Storch". Während der Pogrome am 9. November 1938 wurde sie geplündert und beschädigt, nach dem Krieg ließ der Staat das Gotteshaus verfallen. Eine größer werdende jüdische Gemeinde feiert dort heute wieder ihr Purim-Fest, den jüdischen Karneval.

Der Rabbi aus New Jersey liest in dem halb renovierten, hohen Bau aus dem Buch Esther die Geschichte von der Rettung der Israeliten vor dem persischen Bösewicht Haman. Den hebräischen Singsang versteht kaum jemand im Saal, aber die als Seeräuber und Indianer verkleideten Kinder haben ihren Spaß. Überall wird im neuen Breslau Identität geübt, ob sie nun jüdisch, deutsch oder polnisch ist.

Dabei sind es vor allem Breslaus Künstler, die auf Spurensuche gehen. Die gebrochene Atmosphäre der Stadt hat viele Maler, Schriftsteller und Musiker angezogen. Manchmal geht es auch darum, Familiengeheimnisse aufzuklären.

„Ich habe mich immer gefragt, warum mein Opa so schlecht polnisch spricht", sagt Jola Bielanska. Beim Aufräumen fand die in Breslau geborene junge Malerin eines Tages ein Foto, das ihren Großvater stolz in einer Wehrmachtsuniform zeigt. Seit 1945 hatte er seine Herkunft verheimlicht. Nach Hitlers Vernichtungskrieg war es gefährlich, als deutscher Soldat erkannt zu werden. Über diesen Opa wird in Jolas Familie noch immer nicht gesprochen, „dabei würde ich gern vieles wissen".

Die Verdrängung alles Deutschen war lange Staatsdoktrin in Polen. In Breslau kam zu diesem Tabu auch noch die Angst. Viele Polen, die sich in den Wohnungen der Deutschen niederließen, sind in der neuen Heimat bis heute nicht angekommen – das haben sie übrigens mit manchen Schlesiern gemein, die heute im Ruhrpott wohnen.

Viele alte Breslauer haben bis heute einen Bollerwagen im Keller, weil sie fürchten, die Deutschen kämen zurück. Ihr Leben haben sie in einem Provisorium verbracht, sich an Heimatgeschichten aus Lemberg gewärmt, ostpolnische Lieder gesungen. Für Jola aber ist „Deutschland" keine Chiffre der Bedrohung mehr. Im Gegenteil. Deutschland gehört zu Europa. Genau dort will Jolas Generation hin. „In Deutschland haben es die Maler leichter", sagt sie – moderne Kunst wird im konservativen Polen meist belächelt oder ignoriert.

In Berlin hätte die Malerin wohl längst eine Galerie gefunden, die ihre Werke verkauft. In Breslau stapeln sich ihre farbenfrohen Bilder im Flur einer winzigen Parterrewohnung in der Altstadt.

Neben Jolas Gemälden stehen die Werke ihres Mannes. Sie lauten: „Heimweh", „Achtung Breslau!" oder „Kunstbombe". Auch Tomasz Bajer hat sich auf die Suche nach der verlorenen Vergangenheit gemacht. Die Spielerei mit deutschen Reizworten geht manchen Honoratioren indes zu weit. Mit seinen doppelbödigen Arbeiten sorgte Bajer zwar schon auf internationalen Ausstellungen wie der Biennale Balticum in Finnland für Furore. In Breslau durfte er aber bisher nicht ausstellen. Er ist zu frech.

Breslauer Kunstprofessoren, darunter alte Kulturkader, kritisierten seine Arbeit sogar als revanchistisch. „Die verstehen nicht, was ich will", sagt Bajer frustriert.

Noch liegt zu viel ideologischer Schutt über der Doppelstadt. „Wir müssen immer ein bisschen mehr aufklären", sagt Michal Kaczmarek, Historiker am Museum für Architektur. Dann fügt er mit erhobenem Zeigefinger hinzu: „Aber nicht zu viel auf einmal, das überfordert die Leute."

Das alte Schillerdenkmal schmückt die Stadt wieder, nach dem Krieg war es im Zuge der Polonisierung eingemottet worden. Soll auch Friedrich II., der Preußenkönig, wieder ans Licht? „Das geht zu weit", sagt Kaczmarek, „der hat Polen geteilt." Dann sagt er nachdenklich: „Wir wissen natürlich, dass der Preußenkönig dieser Stadt zugetan war."

Nun lassen die Stadtväter, zu denen auch Kaczmarek gehört, das historische Breslau in konzentrischen Kreisen wieder auferstehen. Vom Marktplatz aus wird ein Straßenring nach dem anderen restauriert.

Doch Breslaus wichtigster Politiker, Bogdan Zdrojewski, 44, will mehr als nur eine pittoreske Umgebung. Zehn Jahre war er Präsident der Stadt, heute vertritt er Breslau im Nationalparlament, dem Sejm. Er weiß, dass Breslau wieder nach Westen blicken muss, will es eine Zukunft haben.

Zdrojewski hat die Wiederherstellung seiner Stadt nach deutschem Vorbild geplant. Orte wie München, Düsseldorf und Hamburg hat er besucht und ihren Straßenbau studiert.

Früher lag Breslau in Polens totem Winkel. Noch immer sind die Verbindungen nach Warschau schlecht, klagt Zdrojewski, „die Eisenbahn ist zu langsam, zu viele Flüge fallen aus". Nach Dresden und Berlin braucht er mit dem Auto dagegen kaum mehr als drei Stunden.

Wächst da im europäischen Einigungsprozess zusammen, was zusammengehört? Mit einer Bewerbung für die Weltausstellung im Jahre 2010 hat Zdrojewski Breslau sogar international ins Gespräch gebracht. Seine schärfsten Gegner für die Expo-Bewerbung saßen nicht in Konkurrenzstädten wie Schanghai, Moskau oder Mexiko-Stadt, sondern in Warschau.

Denn dort beobachtete man Breslaus Westdrall mit Skepsis. Nicht genug, dass sich immer mehr deutsche Unternehmen an der Oder ansiedeln. Eine erfolgreiche Bewerbung würde die ohnehin rapide wirtschaftliche Entwicklung Westpolens noch beschleunigen. Eine Expo brächte Autobahnen, schnelle Zugverbindungen und internationales Renommee.

„In Breslau wird man bald wieder zwei Sprachen sprechen", prophezeit Peter Ohr, der deutsche Generalkonsul. Die Expo-Bewerbung unterstützt er nach Kräften, vor kurzem hat sich auch der Kanzler dazu bekannt. Ohr, ein kunstsinniger Diplomat der alten Schule, wurde in Breslau geboren. Zdrojewski nennt ihn begeistert „meinen Kompagnon".

Ohr parliert in Englisch, Französisch und Polnisch, wirbt bei Kapitalgebern für seine polnische Heimat. Und er hat eine Vision für die Stadt, aus der er als Kind fliehen musste: „Eine europäische Metropole" sieht er an der Oder heraufziehen, „Polens einzige übrigens".

Auch die Politik hat wohl begriffen, dass dieser lange ungeliebte Ort wieder für Symbole taugt. Über Jahrzehnte mieden deutsche Politiker diese Stadt, weil sie eine Metapher war für das Thema Vertreibung. Joschka Fischer immerhin, vor kurzem auf Arbeitsvisite ein paar Stunden vor Ort, bedauerte, „dass ich hier nicht noch ein bisschen bleiben kann".

Inzwischen hat auch der Bundeskanzler die Stadt besucht. Gemeinsam mit dem polnischen Ministerpräsidenten Leszek Miller eröffnete Schröder im Juni 2002 das Willy-Brandt-Zentrum für Deutschland- und Europastudien an der Universität. Im Herbst wird die Versöhnungsübung dann, quasi auf höherer Ebene, von den Präsidenten Rau und Kwasniewski wiederholt.

Um für den Auftrieb gewappnet zu sein, büffeln die Schüler der siebten Klasse des 13. Lyzeums deutsche Vokabeln. Ihre Schule ist das, was man eine preußische Lehranstalt nennt: ein roter Klinkerbau mit gusseisernem Treppengeländer, langen, hohen Fluren, Klassenräumen wie Wartesäle.

An der Tafel steht das Wort „Sauerkraut", eine deutsche Delikatesse, behauptet der Gastlehrer aus Bautzen. Die polnischen Schüler wissen natürlich, dass man in Deutschland inzwischen lieber Pizza verzehrt. Sie wollen ja auch zur Love Parade nach Berlin, nicht zur Wache Unter den Linden.

In Versalien hat der Sachse alle Landeshauptstädte der Bundesrepublik auf die Tafel geschrieben. Und was ist mit Breslau? Wo liegt Schlesien?

„In Europa natürlich", sagt Jola Bielanska. Doch die Antwort ist ihr zu simpel. Jola malt immer ihre Stadt, auch wenn vordergründig nur ein abstraktes Etwas in Gelb erkennbar ist. Ihr letztes Bild heißt „Labyrinth".

Aus einem Totenland

Polen 1945 – Eine historische Reportage
von Robert Jungk

*Der 1933 emigrierte Berliner Robert Jungk löste mit
seinem Bericht über die Nachkriegszustände in Schlesien
weltweit Entsetzen aus. Sein unter anderem auf Materia-
lien der Alliierten gestützter Text erschien im November
1945 in der Zürcher „Weltwoche". Es war der erste Report
der Weltpresse über Vertreibungsverbrechen an Deutschen.
Sogar im englischen Unterhaus wurde er verlesen.*

Es gibt heute in Europa nicht nur einen eisernen Vorhang. Es gibt
zwei. Dieser zweite eiserne Vorhang, von dem man nicht spricht
und sehr wenig weiß, scheidet die russische Okkupationszone in
Deutschland gegen Osten von jenen ehemals deutschen Gebieten,
die auf der Potsdamer Konferenz den Polen übergeben wurden und
der alliierten Deutschlandverwaltung nicht unterstehen. Jedermann,
der diese Grenze, die sich an die Oder- und Neiße-Linie lehnt, über-
quert hat, wird bestätigen, dass dort die Kontrolle noch viel schärfer
ist als an der Grenze, welche die alliierte und die russische Okkupationszone voneinander trennt. Das hat seinen guten Grund. Man
wünscht hier keine Besuche von außen. Denn hinter der Oder-
Neiße-Linie beginnt das Land ohne Sicherheit, das Land ohne Gesetz,
das Land der Vogelfreien, das Totenland. Während in der von den
Russen okkupierten Zone heute doch eine gewisse Ordnung herrscht
und Unrecht mehr zufällig als planmäßig geschieht, regiert in den
weiten Gebieten zwischen der früheren deutsch-polnischen Grenze
und der Oder die Willkür und die Gewalt. Als dieses Gebiet den
Polen nach den Potsdamer Vereinbarungen zugesprochen worden
war, glaubte die ansässige deutsche Bevölkerung zuerst, sie werde
sich mit den Polen nicht schlechter oder sogar besser vertragen als
mit den Russen. Heute ist es aber so, dass alle Bewohner sich an die
kleinen durchziehenden oder da und dort zur Nachschubsicherung

stationierten russischen Abteilungen wenden müssen, um Schutz vor den Übergriffen der Polen zu finden. Wer die polnische Zone verlassen hat und in russisch okkupiertes Gebiet gelangt, atmet geradezu auf. Hinter ihm liegen leer geplünderte Städte, Pestdörfer, Konzentrationslager, öde unbestellte Felder, leichenbesäte Straßen, an denen Wegelagerer lauern und Flüchtigen die letzte Habe rauben.

All das und alles, was in den kommenden Zeilen beschrieben werden wird, ist leider wahr. Man mache es sich nicht leicht und tue es als „Gräuelpropaganda" ab. Zu oft schon hat man in den letzten Jahren dem unvorstellbar Entsetzlichen nicht glauben wollen, zu oft haben diejenigen, denen Enthüllungen unangenehm sein mussten, sie als „Lügen" oder „Propaganda" abgetan. Es ist wahr, dass in dem Ort G. auf öffentlichem Platze Mädchen, Frauen, Greisinnen von Angehörigen der polnischen Miliz vergewaltigt wurden. Es ist wahr, dass auf dem Bahnhof von S. sämtliche Flüchtlingszüge regelmäßig derart ausgeraubt werden, dass die Insassen nackt weiter gen Westen reisen müssen. Es ist wahr, dass in weiten Gegenden Schlesiens kein einziges Kind unter einem Jahr mehr am Leben ist, weil sie alle verhungern mussten oder erschlagen wurden. Es ist wahr, dass in Oberschlesien die von Syphilis angesteckten Frauen als „Behandlung" einfach einen Kopfschuss erhalten. Und es ist wahr, dass eine Selbstmordwelle durch das Land geht. In einzelnen Orten hat sich ein Zwölftel, in anderen bereits ein Zehntel oder sogar ein Fünftel der Bevölkerung ums Leben gebracht. Es ist wahr, dass in den so genannten Arbeitslagern S. und C. Insassen nächtelang bis zum Hals in eiskaltem Wasser stehen müssen und dass man sie bis zur Bewusstlosigkeit schlägt.

Und warum geschieht das alles? Nun, es ist furchtbar genug: Diese Welle barbarischer Misshandlungen wurde ausgelöst durch das Bemühen der „großen Drei", das Schicksal der Deutschen im Osten zu mildern. Jawohl, zu mildern! Die Berichte, die damals über das durch die zwangsweise Evakuation verursachte Elend an die Weltöffentlichkeit gedrungen waren, hatten die Großmächte veranlasst, der polnischen und tschechoslowakischen Regierung die Einstellung der übereilten Zwangsdeportationen zu empfehlen. Die Tschechen haben diesen Appell befolgt, und die Umsiedlung der Deutschen aus der Tschechoslowakei nach Deutschland und Österreich geht jetzt in geordneter, wenn irgendmöglich menschlicher Weise vor sich.

Anders die Polen. Auch sie stoppten zunächst die Evakuierungen. Aber zugleich taten sie alles, um die deutsche Bevölkerung, die sie los sein wollten, zum „freiwilligen" Verlassen des neuen polnischen Territoriums zu veranlassen. Das verhältnismäßig noch mildeste Mittel, das die neu angesetzten polnischen Woiwoden und Bürgermeister anwenden, ist die Aushungerung. In dem Städtchen S. werden für die 15 000 deutschen Einwohner nur 7000 Brotrationskarten ausgegeben. Die 8000, die keine Rationierung zugeteilt erhalten, können noch eine Zeit lang durch den Verkauf ihrer Habseligkeiten auf dem schwarzen Markt etwas Brot bekommen, dann bleibt ihnen nur der Hungertod oder – die „freiwillige" Wanderung nach dem Westen.

Schlimmer noch steht es in Breslau. Dort gibt es überhaupt kein allgemeines Rationierungssystem. Seit der deutschen Kapitulation hat es in Breslau weder Fett noch Fleisch gegeben. Die Bewohner machen Proviantexpeditionen ins Hinterland der Stadt. Sind sie glücklich genug, ein paar Rüben und Kartoffeln zu bekommen, so wird ihnen das meist bei der Rückkehr schon in den Vororten von den polnischen Milizsoldaten wieder abgenommen. Dass die Sterblichkeit unter diesen Umständen enorm ist, kann nicht wundernehmen. Polnische Beamte, die übrigens infolge der Unordnung in der Breslauer Stadtverwaltung selbst seit Monaten keine Zahlungen erhalten haben, geben ganz offen zu, dass sie hoffen, durch die Hungerdezimierung der deutschen Bevölkerung werde bis Weihnachten das gleiche Ziel erreicht sein, das ursprünglich durch Deportation hatte erreicht werden sollen.

Mindestens ebenso schlimm wie den Hunger empfinden die noch in dieser Zone lebenden Deutschen den Mangel an Sicherheit und Recht. Es gibt keine Instanzen, an die ein Bauer, der von Plünderern überfallen wurde, sich wenden könnte, es gibt keine Polizei, die ihn schützt, keine Richter, die ihm Recht verschaffen könnten. Jedermann muss stündlich und täglich Gewaltattacken auf Gut und Leben erwarten, ohne dass ihm eine Möglichkeit legaler Gegenwehr gegeben wäre. Dass bei solchen Raubzügen auch gerade solche Deutsche leiden mussten, die erwiesenerweise im Kampf gegen die Nazis ihre engsten Verwandten verloren, dass Juden, die in stillen Landkreisen hatten untertauchen können, nun da sie wähnten, gerettet zu werden, von den Polen umgebracht werden, das sind besonders dunkle Schatten auf einem ohnehin schon düsteren Bilde. Zu allem kommt noch Krankheit und Seuche. Je weiter man von Berlin gegen Osten fährt, desto häufiger sieht man an den Ortseingängen die großen Plakate mit dem in lateinischer und kyrillischer Schrift aufgemalten Warnungswort: TYPHUS! Die ausgemergelten Körper der Hungernden geben noch Nährboden für den Bazillus ab, und die Seuche entwickelt sich mit der Schnelligkeit eines Waldbrandes im ganzen Gebiete östlich der Oder-Neiße-Linie. Aber es ist ein „Waldbrand", dem sich auch keine Feuerwehrleute entgegenstellen. Erschütternd lesen sich Berichte aus den Seuchengebieten: „In St. sind 80 Personen von einer Bevölkerung von 400 an Typhus erkrankt. Keine Medikamente im Dorf. Kein Doktor auf dem Rechtsufer der Oder. Der Sekretär der Caritas in Str. berichtet, dass auch seine Medikamente zur Neige gehen. Da wir durch die Seuche isoliert sind, will uns niemand Nahrungsmittel bringen. Wir können den Kranken nicht helfen. Alles, was wir tun können, ist, sie zu isolieren. Ziemlich alle Dörfer an der Eisenbahnlinie Breslau–Frankenstein sind vom Typhus infiziert."

Die „Lösung" in vielen Fällen ist nun, dass man infizierte Ortschaften wie einst im Mittelalter die Peststädte vollständig isoliert. Natürlich ist eine absolute Kontrolle nicht möglich, und so wird der Typhus immer weitergeschleppt. „Da muss doch etwas getan werden." Das ist die erste Reaktion eines jeden Menschen, der die Situation im polnisch besetzten Teile Deutschlands sich zu einer immer furchtbareren Katastrophe entwickeln sieht. Leider kann aber nichts getan werden, wenn dieses Gebiet nicht wenigstens ebenso wie die anderen okkupierten Gebiete Deutschlands einer Kontrolle der vier Großmächte unterstellt wird. Solange alles deutsche Gebiet jenseits der Oder, wie das in Potsdam geschah, allein unter polnischer Kontrolle bleibt, wird sich vermutlich nicht viel ändern. Denn da dieses Territorium erst von der kommenden Friedenskonferenz endgültig als polnisch anerkannt werden kann, tun die Polen alles, um in möglichster Eile und Rücksichtslosigkeit ihre „Zone" im Hinblick auf die endgültige Grenzziehung zu entgermanisieren.

Diejenigen, die vor Hunger, Seuche, Misshandlung und Plünderung aus den von den Polen besetzten Regionen fliehen, haben vor dem Verlassen der polnischen Zone einen Schein zu unterzeichnen, in dem sie erklären, sie seien selbstverständlich aus freiem Willen gegangen. Es soll doch niemand später am grünen Tisch sagen können, dass nicht alles korrekt zugegangen sei!

Wenn etwas für das „Totenland" jenseits der Oder getan werden kann, dann wird es zuerst und am ehesten von russischer Seite geschehen müssen. Es mehren sich die Zeichen, dass die Russen mit der von den Polen verfolgten Okkupationspolitik keineswegs einverstanden sind und daran denken, den von Polen besetzten Teil Ostdeutschlands wieder in eigene Verwaltung zu nehmen. Denn die Russen können es sich nicht leisten, dass ihr Nachschub aus dem Osten und ihre Verkehrsverbindungen mit der Heimat durch die chaotischen Zustände in der polnischen Zone gefährdet werden. Sie sind zudem der Ansicht, dass der größere Teil der Kritik an der heute in aller Welt so stark angefeindeten Politik in den deutschen Ostgebieten weniger an ihre Adresse als an die der Polen zu richten sei. Ob es allerdings ganz ohne Schwierigkeiten gehen wird, „machine arrière" zu machen, ist eine andere Frage. „Weiße" und „rote" Polen, die sonst heftig gegeneinander intrigieren, sind sich doch in dem Punkte einig, dass die neu besetzten deutschen Gebiete polnisch bleiben sollen. Die schon seit Wochen bestehende polnisch-russische Spannung, die in Ostpreußen sogar bereits zu bewaffneten Zusammenstößen geführt hat, würde durch einen offenen Konflikt über der Frage der Verwaltung in den deutschen Ostgebieten kritisch verschärft werden.

Zweifellos wird man sich aber auch noch anderwärts mit den Zuständen im „Totenland" beschäftigen, sobald mehrere Rapporte wie dieser, der, soviel wir wissen, zum ersten Mal die Zustände im polnisch besetzten Deutschland an die Öffentlichkeit bringt, die Aufmerksamkeit der Weltmeinung erregt haben. Denn es geht hier um noch viel mehr als „nur" um das Leben einiger Millionen Deutscher, es geht um die moralische Reinheit und Stärke der antifaschistischen Bewegung in der Welt.

Wenn alle diejenigen, die Hitler und Mussolini unter großen Opfern bekämpften, um eine bessere Welt aufzubauen, es zulassen, dass ihr Kampf jetzt von Rowdys und Chauvinisten ausgenützt und beschmutzt wird, dann sehen wir keine große Hoffnung für die Zukunft. Man hat mit Recht den Deutschen vorgeworfen, dass sie in ihrem Glauben an die Mission ihres Vaterlandes so lange die Augen vor den Gräueltaten des Nazismus verschlossen hätten. Sollen die Vorkämpfer der Demokratie später einmal den gleichen Vorwurf auf sich sitzen lassen müssen? Auch wir alle werden „mitschuldig" sein, wenn wir nicht täglich und stündlich die Schandtaten, die heute im Namen der Demokratie und der Freiheit begangen werden, enthüllen. Nichts anderes wollten diese ersten Zeilen aus dem Land der Vogelfreien, aus dem Totenland jenseits der Oder.

Hass auf Befehl

Mit Diskriminierung und Propaganda gegen die deutsche Minderheit versuchten Polens Kommunisten, ihr Volk auf die Massenvertreibung einzustimmen. Vergebens. Die meisten Polen verfolgten den erzwungenen Exodus skeptisch.

Von Fritjof Meyer

Polen war das einzige Feindland Hitlers, das nach dem Sieg über den Zerstörer Europas Land verlor – an den Hitler-Besieger Stalin. Zwar hatten die Staatschefs der Großmächte 1943 auf ihrer Teheraner Konferenz Polen für seine Gebietsverluste entschädigen wollen – sie ließen es auf der Landkarte einfach nach links rutschen – und gaben ihm dafür den Osten Deutschlands.

Aber das schuf ein neues Problem. Polen hätte eine riesige deutsche Minderheit in den neuen Staat aufnehmen müssen, bei 30 Millionen Einwohnern hätten die Beutedeutschen ein Drittel des Staatsvolks gestellt.

Für Polens Kommunisten war dieses Dilemma nur mit einem weiteren Gewaltakt zu lösen, sie übernahmen alte Projekte polnischer Rechtsextremisten. „Wir müssen sie hinauswerfen", verkündete Parteichef Wladislaw Gomulka – und ging sogleich ans Werk. Massendeportationen von beispiellosem Ausmaß wurden vorbereitet. Doch die Durchführung erwies sich als schwierig. Da die Polen zwar deutschen Tätern ihre Verbrechen nicht verzeihen mochten, aber von unchristlicher Kollektivbeschuldigung kaum zu überzeugen waren, musste die Atmosphäre erst einmal vorbereitet werden.

So ging die Partei daran, den Hass zu organisieren. „Sehr dringend" wurden nun im ganzen Land Kundgebungen gestartet und Resolutionen veranlasst: „Wir fordern die Aussiedlung der Deutschen." Zwar warnte die Warschauer Zeitung „Rzeczpospolita" vor „blinder Revanche", die nur zu „blindem Hass und dem Verlangen nach Vergeltung" führe. Doch eben darauf setzte Gomulka.

Die Soldaten der in der UdSSR aufgestellten polnischen Kociuszko-Division hatten bereits einen Schwur geleistet, sie wollten „den Feind, den Deutschen, der Polen zerstört hat, bis zum letzten Blutstropfen, bis zum letzten Atemzug hassen". Ihnen wurde auch verboten, den durch eine weiße Armbinde kenntlich gemachten Deutschen die Hand zu geben oder – was eine „Schande für Polen" sei – mit ihnen an einem Tisch zu sitzen.

So kommt der Diskriminierungsapparat in Schwung. Deutsche Schlager dürfen sowieso nicht mehr gesungen werden, Musik von Richard Wagner ist untersagt, ebenso der Gebrauch der deutschen Sprache in der Öffentlichkeit. Halten Schüler sich nicht daran, werden die Eltern vorgeladen, weil ihre „polnische Abstammung" zweifelhaft erscheine, so ein Runderlass aus Gomulkas Ministerium. Verboten werden auch deutsche Aufschriften selbst in Privathäusern und auf Friedhöfen, auf Aschenbechern, Einwickelpapier und Bierdeckeln.

Noch 1949, zwei Wochen nach Gründung der DDR, wird in Warschau ein Theaterstück aufgeführt, aus dessen Titel „Die Deutschen sind auch Menschen" die drei letzten Worte gestrichen werden müssen. Filme unterstützen die Hasspropaganda, über die Deutschordensritter des 14. Jahrhunderts – mit Stahlhelmen von 1939 – oder über Auschwitz („Die letzte Etappe"), das in ein Nationaldenkmal umgewandelt wird, bei dem von den ermordeten Juden keine Rede ist.

Gleich nach dem Krieg schon war in Warschau ein Buch „Verbrecher-Volk" erschienen, das für jeden Deutschen einen Sicherheitsvormund fordert; das Land solle im Sinne Morgenthaus entindustrialisiert werden. Ein Posener Politologe empfahl, 15 Millionen Nazis, Beamte und Offiziere aufzuhängen.

Der Jurist Stanislaw Nahlik bekommt nun den Parteiauftrag, einen Friedensvertrag vorzubereiten. Er schlägt vor, in Deutschland die Abtreibung zu propagieren und Alkoholismus zu fördern. Professor Julian Hochfeld – später Mitarbeiter des Außenministers und Entspannungspolitikers Adam Rapacki – erklärt in diesem patriotischen Rausch die Psyche und die Geschichte der Deutschen zum „Nährstoff für die Aufzucht von NS-Bakterien".

Sogar ein so ehrenwerter Schriftsteller und späterer Herold polnisch-deutscher Aussöhnung wie Andrzej Szczypiorski („Die schöne

Frau Seidenmann") wurde damals von der amtlichen Hassorgie erfasst. Er wetterte gegen einen Warschauer Publizisten, der warnend dazu riet, in die „konstante Nachbarschaft des polnischen und des deutschen Volkes alle Vorzüge der Deutschen und alle Fehler der Polen" einzubringen. Die Deutschen seien mit dem Instinkt des Kampfes erblich belastet, könnten nicht leben ohne Krieg, ihr Handwerk sei das Morden, ausnahmslos – so Szczypiorski 1947: „Jeder ehrliche Sozialdemokrat hält heute irgendwo zu Hause gut versteckt das Bild des geliebten Führers mit dem Hakenkreuz."

Erst einmal in Schwung, trafen die Massendeportationen auch deutsche Antifaschisten und Juden. Sogar jene Million Polen wurde verfolgt, die in den deutschen Gebieten gelebt hatte („Autochthone").

„Wir haben immer auf die polnische Seite der Grenze geschaut und in den Polen unsere Brüder gesehen", klagte der masurische Bauer Przygoda. „Wir haben uns nach 1945 getäuscht. Sie halten uns gar nicht für einen von ihnen und wollen uns nicht haben."

Fluch böser Tat und Paradoxie eines Verbrechens, das in manchem sogar den Tatbestand eines Genozids erfüllt: Außer ein paar polnischen Chauvinisten wollte im Grunde niemand die Deutschen aus Rache oder zur Bereicherung vertreiben.

Wo über Jahrhunderte Polen und Deutsche zusammengelebt hatten, gab es kaum Hader – in Danzig/Gdingen, in Posen, in Kattowitz. Völkerhass samt Legenden vom faulen Polen und blutdürstigen Germanen schürten nur die jeweiligen Herrschenden oder einige frustrierte Kleinbürger. Deutsche Dichter der Romantik aber schwärmten vom unterdrückten Nachbarn, gemeinsam und ziemlich konfliktlos hatten beide Nationalitäten die Industriereviere an der Ruhr und in Oberschlesien aufgebaut.

Trotz des Verlustes im Osten, wo sie in der Minderheit gewesen waren, brauchten die Polen auch keinen neuen Lebensraum und erst recht keine deutschen Erbfeinde, trotz der brutalen Okkupation im Krieg. Wenn mehrere hunderttausend sich bereicherten oder Gewalttaten verübten, war das ein krimineller Prozentsatz wie in jedem anderen Volk – keinesfalls die überwiegende Mehrheit.

Die hielt sich verstört zurück, übrigens ebenso wie nebenan in der Tschechoslowakei. Dort hatte Hubert Ripka, Berater des Staatschefs Edvard Beneš und Vollstrecker des Exodus der Deutschen, am 20. Juli 1945 preisgegeben: „Die Bevölkerung führte in den ersten zwei Monaten nach der Befreiung den Plan der Regierung nicht durch, und die ganze Operation der Vertreibung der Deutschen ist daher verlangsamt worden. " Beide Nachbarvölker hatten durch Leiden hinreichend erfahren, dass sie nur Objekt der großen Politik waren und sich den Realitäten, auf die sie keinen Einfluss hatten, beugen mussten. Weise entzogen sich beide den Zumutungen ihrer Regierenden, dem verordneten Hass aufeinander.

So hielt Warschau denn die Barrieren hoch. Jahrzehntelang verweigerten die Kommunisten deutschen Vertriebenen die Einreise.

Ein Jahr nach Kriegsende beschloss Polens KP, die sich Wahlen nicht leisten konnte, ihr politisches Ansehen im Lande per Volksbefragung zu testen. Dabei ging es auch um einen Punkt, dem gewiss jeder zustimmen musste: Bist du für die Anerkennung der Oder-Neiße-Grenze?

Das Resultat – 91,6 Prozent Zustimmung insgesamt – wurde erst nach zehn Tagen bekannt gegeben und war gefälscht. Tatsächlich, so ergaben die nach der Wende entdeckten Archivunterlagen, sprach der Entscheid für eine Art Totalverweigerung. Als Zeichen des Widerstands beantworteten 73,1 Prozent der Polen sogar die Oder-Neiße-Frage mit „Nein".

Der Berliner SPD-Politiker Harry Ristock riet 1959 einem Gesprächspartner von der Warschauer KP, die Vertriebenen befristet einreisen zu lassen, um ihr Trauma zu bewältigen. Der erklärte ihm damals szenisch, warum das unmöglich sei: Schon einmal habe man, zur Probe, einem Flüchtling die Rückkehr gestattet. Der Nachfolger auf seinem Hof erwartete ihn, er saß auf dem Dach seines Hauses mit dem Gewehr.

Im Gebüsch versteckte Staatsschützer hörten die beiden lange miteinander reden, dann ließ der Pole den Deutschen ins Haus. Drei Tage lang warteten die Beobachter, nichts rührte sich. Dann brachen sie die Haustür auf. Sie fanden die beiden umarmt, voll des Wodkas, versöhnt. Du kommst jedes Jahr und bringst mir ein elektrisches Gerät mit, sagte der eine – im Tausch gegen eine Gans, so der andere.

Dem Willen der Partei lief solche Eintracht zuwider. Ein weiteres Jahrzehnt ging verloren, bis im Dezember 1970 Gomulkas Polen mit Willy Brandts Deutschland die Grenze festschrieb.

Inzwischen haben viele Vertriebene die alte Heimat und deren jetzige Bewohner besucht, und die von den Kommunisten einst gefürchteten Freundschaften sind prompt entstanden. „Mein Enkel will den Hof nicht weiter führen, sondern Elektronik studieren", sagte da einer schon mal zum deutschen Voreigentümer. „Kann dein Sohn ihn nicht übernehmen?" Der mag auch nicht, ist aber gern gesehener Feriengast.

Ein Befehl lässt sich verweigern, auch der zum Hass.

„Ein Paradox der Geschichte"

*Der Warschauer Historiker und Ex-Außenminister
Wladyslaw Bartoszewski* über seine Erfahrungen
als Häftling unter Nazis und Stalinisten, das
Kriegs- und Vertreibungsschicksal seines Landes
und den langen Weg zur deutsch-polnischen Aussöhnung*

**Das Gespräch führten Stephan Burgdorff
und Rainer Traub**

SPIEGEL: *Herr Professor Bartoszewski, Sie haben 1939,
kurz vor dem deutschen Überfall auf Polen, in Warschau
Abitur gemacht. Welches Verhältnis hatten Sie damals
zu Deutschland?*
Bartoszewski: Einerseits konnte ich Deutsch gut lesen und verstehen, mein Abiturthema in diesem Fach war Lessings „Minna von Barnhelm". Vor der deutschen Kultur hatte ich hohe Achtung.
SPIEGEL: *Die historische Belastung des polnisch-deutschen
Verhältnisses spielte keine Rolle?*
Bartoszewski: Das war die andere Seite, aber diese Belastung kam nicht aus Deutschland, sondern aus Preußen – wir Polen hatten nie

---

*Wladyslaw Bartoszewski wurde 1940, ein Jahr nach seinem Warschauer Abitur, nach Auschwitz verschleppt. Während der deutschen Besatzung kämpfte er im polnischen Widerstand. Nach dem Krieg büßte Bartoszewski, 80, mit langjährigen Haftstrafen für seinen Antistalinismus. Er war als Publizist tätig, lehrte als Professor für Zeitgeschichte – seit den achtziger Jahren auch an deutschen Universitäten – und amtierte zwischen 1995 und 2001 zweimal als polnischer Außenminister. Seit den sechziger Jahren setzt sich der gläubige Katholik und Friedenspreisträger des deutschen Buchhandels (1986) für die deutsch-polnische Aussöhnung ein.

Probleme mit dem Rheinland gehabt oder mit Baden oder Bayern. Unser General Ludwik Mieroslawski stand 1849 während der deutschen Revolution auf der Seite der badischen Freiheitskämpfer. Die Bayern waren 1812 mit Napoleon bis Moskau gezogen, sie waren unsere Verbündeten. Jeder historisch gebildete Pole wusste, dass Polens Bedrohung immer von zwei Seiten gekommen war – vom russischen Zarismus und von Preußen.

SPIEGEL: *Vor Hitler und den Nazis fürchteten sich die Polen nicht?*

Bartoszewski: Natürlich haben wir uns vor Hitlers aggressiver Politik gefürchtet, obwohl der ja so schlau gewesen war, zur Ablenkung 1934 einen Nichtangriffspakt mit Polen zu schließen.

SPIEGEL: *Auch zwischen Polen und dem bolschewistischen Russland gab es einen Nichtangriffspakt. Vor welchem der beiden Nachbarn hatten die Polen 1939 mehr Angst?*

Bartoszewski: Vor Hitler, denn niemand hatte damit gerechnet, dass Stalin am 23. August 1939 eine gemeinsame Sprache mit Hitler finden würde. Das war unbegreiflich. Wir wussten doch genau, was Hitler in Deutschland mit der Linken anstellte, vor allem mit den Kommunisten. Alle Informationen über Terror und Willkür, über die Nürnberger Gesetze und die „Reichskristallnacht" waren uns Polen zugänglich. Wir hatten zwischen 1933 und 1939, als die deutsche Presse längst gleichgeschaltet war, in unseren sozialdemokratischen und liberalen Zeitungen Berichte über die Konzentrationslager gelesen, wir kannten auch das Braunbuch über den Hitler-Terror.

SPIEGEL: *Wie haben Sie den Kriegsausbruch in Warschau erlebt?*

Bartoszewski: Meine Mutter hat mich frühmorgens geweckt, weil Donnerschläge zu hören waren. Warschau wurde bombardiert, die ersten Leute sind im Schlaf gestorben. Als ich am 1. September 1939 wach wurde, herrschte Krieg. Einerseits hatten wir irgendwie damit gerechnet. Andererseits hatte uns ein Patenonkel von mir beruhigt. Der arme Onkel dachte noch in den Kategorien der gemütlichen k. u. k. Monarchie und wollte uns glauben machen, Hitler könne schon deshalb kein Scharfmacher sein, weil er Österreicher sei und kein Preuße.

SPIEGEL: *Schöpften die Polen nach dem Schock des*
Überfalls neue Hoffnung, als England und Frankreich
ihre Beistandszusage einhielten und Deutschland am
3. September den Krieg erklärten?

Bartoszewski: In Polen brach ein allgemeiner Enthusiasmus aus, weil alle glaubten, nun sei ein baldiger Sieg über Hitler sicher. Ich kann mich noch genau an die Freudenkundgebungen vor der englischen und der französischen Botschaft in Warschau erinnern.

SPIEGEL: *Und die Sowjetunion? Musste man 1939*
nicht erwarten, dass Stalin sich gegen Hitler stellt,
mindestens aber neutral bleibt?

Bartoszewski: Der russische Botschafter war noch Mitte August in Polen gewesen und hatte Polen seiner Sympathie versichert. Das wirkte selbstverständlich, denn schließlich saßen Stalins deutsche Anhänger, die Kommunisten, im KZ. Der Hitler-Stalin-Pakt vom 23. August war mit dem gesunden Menschenverstand unvereinbar, es schien jeder politischen Logik Hohn zu sprechen.

SPIEGEL: *Die Polen waren also gar nicht auf das*
Terrorregime der Nazis vorbereitet?

Bartoszewski: Wie brutal und erbarmungslos die Deutschen bei uns hausen würden, konnte sich zu Beginn des Krieges niemand vorstellen, obwohl wir über die Lage in Deutschland relativ gut informiert waren. Nach wenigen Tagen wurden die ersten Verhaftungen, Erschießungen, Geiselnahmen und Deportationen nach Dachau bekannt. Es sprach sich sofort herum, dass wir es nicht mehr mit dem alten, preußischen Deutschland zu tun hatten, sondern mit einer ganz neuen Qualität, mit einem anderen Land. Das hat den Widerstand erst richtig entfacht – wer tödlich bedroht ist, wartet nicht in Ruhe ab, bis er exekutiert wird.

SPIEGEL: *Wie haben Sie persönlich die Nazi-Herrschaft*
in Warschau erlebt?

Bartoszewski: Ich wurde von einer so genannten AB-Maßnahme erfasst. Die Abkürzung bedeutete „Außerordentliche Befriedungsaktion". Das war ein ähnlicher Tarnname wie „Endlösung". Im Klartext bedeutete es die Verhaftung von 20 000 Polen, die als Angehörige der Intelligenzija als potenziell bedrohlich galten. Mehrere tausend wurden sofort erschossen, andere in Konzentrationslager verschickt. Das geschah zwischen Frühjahr und Herbst

1940. Ganze Stadtteile wurden polizeilich abgeriegelt und die Leute ohne Vernehmungen und Anklage in Konzentrationslager gebracht.

SPIEGEL: *Was passierte mit Ihnen?*

Bartoszewski: Ich kam im September 1940 als polnischer Polit-Häftling mit der Nummer 4427 nach Auschwitz, ohne dass ein Deutscher auch nur fünf Minuten mit mir gesprochen hätte. Beim Appell – „Mütze ab!", schrie der Wachhabende – musste ich mich so melden: „Schutzhäftling Pole 4427 zu Befehl." Dann hieß es „Mütze auf". Das war die erste Dressur in meinem Leben.

SPIEGEL: *Wie haben Sie Auschwitz überlebt?*

Bartoszewski: Ich war einer der wenigen Ausnahmefälle, und meine Entlassung war Teil eines psychologischen Tricks. Die Nazis bereiteten im Frühjahr 1941 den Überfall auf die Sowjetunion vor. Im Osten wollten sie sich als Verteidiger des christlichen Abendlandes gegen die gottlosen „bolschewistischen Untermenschen" aufspielen. Zu diesem Zweck haben sie einige Christen entlassen, über die es noch keine politischen Akten gab. Außerdem hat sich das Internationale Rote Kreuz damals sehr für mich eingesetzt, weil ich nach Kriegsausbruch auf Drängen meines Vaters zunächst in einer unverdächtigen zivilen Position gearbeitet hatte – als Laufbursche und Buchhalter beim polnischen Roten Kreuz.

SPIEGEL: *Sie sind nicht wegen schwerer Krankheit entlassen worden, wie es in deutschen Biografien über Sie heißt?*

Bartoszewski: Diese Quellen irren. Ich war zwar sehr krank, aber das war gerade nicht der Grund der Entlassung. Man musste bei der Entlassung eine Erklärung unterschreiben, dass man gut behandelt worden sei, keine Beschwerden habe und sich wohl fühle. Um meinen kläglichen Zustand zu übertünchen, haben mich die polnischen Ärzte mit allerlei Puder gesundgeschminkt. Ich bin dann als Soldat der polnischen Heimatarmee vereidigt worden, die den Kampf gegen die deutsche Besatzung organisierte, und habe parallel an der geheimen Universität studiert. Mit 20 Jahren war ich der jüngste unter den Gründern des „Hilfsrats für Juden", dessen treibende Kraft die von mir hoch verehrte katholische Schriftstellerin Zofia Kossak war.

SPIEGEL: *Konnten Sie beim Warschauer Ghetto-Aufstand im Frühjahr 1943 helfen?*

Bartoszewski: Militärische Hilfe von außen war unmöglich, weil die Front damals noch 1600 Kilometer östlich lag. Die Ghettobewohner hatten nur die Wahl, kämpfend oder kampflos zu sterben. Wir konnten allein den wenigen Juden helfen, die die Flucht geschafft hatten – immerhin einigen tausend. Die letzten Überlebenden sind heute in Israel oder den USA, die kenne ich fast alle persönlich.

SPIEGEL: *Während die Juden erst eingepfercht, dann umgebracht wurden, waren über eine Million Polen gleich zu Kriegsbeginn Vertreibungsopfer.*

Bartoszewski: Im Polnischen haben wir nicht von Vertreibung geredet – dieses Wort ist in Deutschland erst nach dem Krieg benutzt worden –, sondern von Zwangsumsiedlung oder Zwangsaussiedlung. Aber in der Sache ist es natürlich dasselbe. Im Herbst 1939 und Anfang 1940 wurden tatsächlich Hunderttausende von Menschen vertrieben – unter klarem Bruch der Genfer Konvention und jedes Völkerrechts. So wurde auch den Polen der Gedanke näher gebracht, dass der gewaltsame Bevölkerungstransfer eine Möglichkeit zur Lösung nationaler Probleme ist. Die Wohnungen, Geschäfte und Höfe der Polen wurden von Deutschen aus Bessarabien, aus der Bukowina, aus dem Baltikum in Besitz genommen, während die Eigentümer zunächst auf den Marktplatz getrieben und von der polnischen Sozialfürsorge betreut wurden.

SPIEGEL: *Was passierte mit den vertriebenen Polen?*

Bartoszewski: Einige tausend kamen in Konzentrationslager. Hunderttausende wurden als Zwangsarbeiter ins Deutsche Reich verschleppt, weitere Hunderttausende – meist Frauen, Kinder, ältere Männer – wurden einfach in Polen ihrem Schicksal überlassen.

SPIEGEL: *Heute würde man diese Gewaltpolitik „ethnische Säuberung" nennen. Unterschied sich die russische Vertreibungspolitik in Ostpolen von der deutschen in Westpolen?*

Bartoszewski: Der Unterschied war vor allem der, dass der sowjetische Herrschaftsbereich viel größer war als der des deutschen „Generalgouvernements" Polen. Etwa anderthalb Millionen polnischer Staatsbürger, darunter auch Juden, Ukrainer und Weißrussen, wurden nach Sibirien oder Zentralasien deportiert. Heute leben Kasachstan-Deutsche und Kasachstan-Polen zusammen. Die alten katholischen Priester, die es noch in Kasachstan gibt, sprechen Polnisch und Deutsch.

SPIEGEL: *Im Vorkriegspolen selbst gab es Anhänger der „ethnischen Säuberung" wohl nur auf der äußersten Rechten?*

Bartoszewski: Nur in der faschistischen Partei, die in der polnischen Vorkriegsrepublik ebenso verboten war wie die linksextremen Kommunisten.

SPIEGEL: *Und im stalinistischen Nachkriegs kommunismus, der sich die alten rechtsextremen Parolen gegen den Vielvölkerstaat zu Eigen gemacht hat, sind dann beide Extreme verschmolzen?*

Bartoszewski: So ist es. Die Faschisten haben sich mit den Kommunisten verbündet, um sich zu retten. Sie haben es genauso gemacht wie die alten Nazis in Erfurt, Dresden oder Leipzig, die sich nach Kriegsende bei der Stasi gemeldet haben.

SPIEGEL: *Wie verbreitet war in Polen bei Kriegsende die Hoffnung, das seit 1939 von Stalin annektierte Ostpolen doch noch zurückzubekommen?*

Bartoszewski: Diese Hoffnung haben nur ältere Menschen gehegt, die aus ihrer ostpolnischen Heimat vertrieben und historisch wenig gebildet waren. Nach Jalta war für jeden politisch denkenden Menschen klar, dass Stalin seine Beute – mehr als die Hälfte des polnischen Vorkriegsterritoriums – nicht mehr herausgeben würde und dass seine westlichen Verbündeten aus der Anti-Hitler-Koalition ihn gewähren ließen. Dabei war Polen während des ganzen Krieges ein Verbündeter gegen Hitler gewesen, der mit Zehntausenden freiwilliger Soldaten an verschiedensten Fronten des Krieges kämpfte. Es war ein weltgeschichtliches Novum, dass ein Verbündeter der Sieger bei Kriegsende derartig büßen musste.

SPIEGEL: *Aber führende Exilpolitiker in London haben doch noch 1945 auf Ostpolen gehofft und gewarnt, Polen werde sich durch die Annexion von Schlesien und Ostpreußen der ungeliebten Schutzmacht Sowjetunion ausliefern und einen anhaltenden Grenzstreit mit dem Nachbarn Deutschland heraufbeschwören?*

Bartoszewski: Das war tatsächlich der unvermeidliche Preis. Aber die Londoner Exilregierung hat sich bis Juli 1945 falsche Vorstellungen gemacht. Ihr Argument war, dass wir die Chance auf die Wiedergewinnung unserer Ostgebiete – darunter so alter polnischer Kulturzentren wie Wilna und Lwów – endgültig verspielen, wenn wir die Oder-Neiße-Grenze akzeptieren. Die haben in Vorkriegskategorien gedacht. Wir haben hier gelebt, und wir waren die Realisten.

SPIEGEL: *Die polnische Besiedlung der ehemals deutschen Gebiete verlief zunächst arg chaotisch. Viele Neusiedler waren von den Verhältnissen so abgestoßen, dass sie überstürzt dorthin zurückkehrten, wo sie hergekommen waren.*

Bartoszewski: Besonders die einfachen, armen Leute. Das galt nicht für die Intellektuellen. Beispielsweise haben die Professoren aus Lemberg (Lwów) innerhalb weniger Monate ihre Universität in Breslau wiederbelebt, und die Professoren aus Wilna haben dasselbe in Thorn gemacht. Die wenig gebildete Landbevölkerung hatte es unvergleichlich schwerer. Deshalb hat sich die katholische Kirche so stark bei der Einwurzelung des Polentums im Oder-Neiße-Gebiet engagiert. Es wurden sofort Hunderte von Priestern in die ehemals deutschen Gebiete geschickt. Die Neusiedler, fast alle Katholiken, sagten sich dann: Immerhin ist der Pfarrer schon da, also hat alles irgendwie seine Ordnung.

SPIEGEL: *Die Kirche war das entscheidende Bindeglied?*

Bartoszewski: Was sonst? An den Kommunismus hat niemand geglaubt – am wenigsten die aus der Sowjetunion zurückkehrenden Deportierten und diejenigen, die Stalins Regime in Ostpolen erlebt hatten. Bis heute ist in Deutschland kaum verstanden worden, warum die Streiks und Demonstrationen in den siebziger und achtziger Jahren und die Gründung der unabhängigen Gewerkschaft Solidarność – also der Anfang vom Ende des Kommunismus in Polen – gerade von Danzig ausgingen. Die Antwort ist ganz einfach: Nach der Vertreibung der Deutschen waren in Danzig lauter Menschen aus Ostpolen angesiedelt worden, die das kommunistische System gründlich hassen gelernt hatten.

SPIEGEL: *Sie haben 1995 in Ihrer Rede vor dem Deutschen Bundestag zum 50. Jahrestag des Kriegsendes das Schicksal der aus Polen vertriebenen Deutschen bedauert. Ist diese Position im heutigen Polen mehrheitsfähig?*

Bartoszewski: Heute ja. Vor 20 Jahren war es noch nicht so weit.

SPIEGEL: *Wie viel trägt zum neuen Verständnis des deutschen Vertriebenenleids der Umstand bei, dass seit dem Ende des Kommunismus in Polen endlich auch das Leid derjenigen Polen nicht mehr tabu ist, die von den Sowjets aus ihrer ostpolnischen Heimat vertrieben wurden?*

Bartoszewski: Sehr viel. Die Menschen aus dem ehemaligen Ostpolen können sich heute bei uns organisieren. Nicht in einer Partei der Heimatvertriebenen wie im Nachkriegsdeutschland, so etwas gibt es bei uns nicht einmal ganz rechts. Aber etwa in Clubs der Liebhaber der Stadt Lwów in der heutigen Ukraine oder Wilna im heutigen Litauen. Die Clubmitglieder halten Kontakt mit diesen Städten, helfen den Schulen dort und pflegen ihre Erinnerungen. Wer mit seinem eigenen Schicksal Gehör findet, hat eher ein offenes Ohr für das Schicksal von anderen als jemand, der selbst zum Schweigen oder zu ideologischen Lügen verurteilt ist.

SPIEGEL: *Nach Kriegsende sah es anders aus.*

Bartoszewski: Damals hatten wir Polen wirklich andere Sorgen als das Schicksal der vertriebenen Deutschen. Die Überlebenden der Millionen polnischen Zwangsarbeiter mussten sich eingliedern. Zahllose Menschen waren ermordet, erfroren, verhungert, verschollen, zahllose Familien zerbrochen und Kinder verwaist. Und dazu hatten die Polen die Hoffnung auf ein freies, demokratisches Vaterland verloren. Wir hätten ein Volk von Heiligen sein müssen, um in dieser Situation noch viel an das Leid der Deutschen zu denken. Nehmen Sie mich als Beispiel. Ich habe in meinem Leben nie einem Deutschen etwas angetan. Aber auch ich habe mir damals keine derartigen Gedanken gemacht. Ich war ab 1946 für mehrere Jahre in kommunistischer Haft – eingesperrt von denselben Leuten, die die Deutschen vertrieben hatten. Außerdem dürfen Sie nicht vergessen, dass wir keine souveräne Regierung hatten, sondern ein Regime von Stalins Gnaden.

SPIEGEL: *Wie viel ist bei Ihren Landsleuten*
zu Beginn des 21. Jahrhunderts vom Misstrauen
geblieben, das Preußen und Hitler-Deutschland
so lange genährt haben?

Bartoszewski: Vielleicht 20 Prozent der Bevölkerung, die weniger gut gebildet und sozial schwach sind, sind in Polen wie in den meisten Ländern anfällig für nationalistische Töne und Sündenbock-Ideologien. Aber das hat nichts mit deutsch-polnischer Erbfeindschaft zu tun, die es nie gegeben hat. Die junge Generation in Polen und Deutschland denkt ganz pragmatisch. Und gerade die Grenzanrainer auf beiden Seiten wissen ganz genau, welche Vorteile ihnen die wechselseitigen, grenzüberschreitenden Geschäfte bringen. Im vergangenen Jahr gab es über 150 Millionen deutsch-polnische Grenzübertritte. Das ist es, was zählt – nicht das gelegentliche Gerede an Stammtischen auf beiden Seiten.

SPIEGEL: *Wirkt die jahrzehntelange Indoktri-*
nation gegen die angebliche Gefahr des deutschen
„Revanchismus" in Polen nicht mehr nach?

Bartoszewski: Viel weniger, als ich 1989 befürchtet habe. Offen gesagt, habe ich mir damals große Sorgen gemacht, wie sich die polnische Bevölkerung auf die neue Situation einstellen würde. Mir als Historiker war klar, dass auch in deutschen Wehrmachtsuniformen Todfeinde Hitlers stecken konnten – wie der später hingerichtete Hans Scholl, der als deutscher Soldat in Warschau war. Aber solches Wissen konnte man bei einfachen Leuten nicht voraussetzen. Meine Skepsis hat sich zum Glück nicht bewahrheitet, heute üben polnische, deutsche, britische und dänische Soldaten bei Manövern in den ehemals deutschen Ostgebieten problemlos zusammen: ein glückliches Paradox der Geschichte.

SPIEGEL: *Wie beurteilen Sie die Tatsache,*
dass Günter Grass mit seinem Bestseller
„Im Krebsgang" in Deutschland eine neue
Debatte über Flucht und Vertreibung aus-
gelöst hat?

Bartoszewski: Das ist normal, Deutschland hat offensichtlich Nachholbedarf. Aber als Historiker und ehemaliger Außenminister habe ich ein bisschen Sorge, dass es im Zuge dieser Debatte zu falschen Gleichsetzungen und zu Manipulationen kommt. Der Schrecken des Krieges, die Tränen der Mütter, die Leiden der Vertriebenen sind für alle Seiten gleich. Aber Ursachen und Folgen des Krieges sind nicht gleich. Wer hat in die Hände geklatscht und gerufen: „Wollt ihr den totalen Krieg?" Das waren nicht Polen, Tschechen, Slowaken. Es waren Deutsche. Wer hat das schöne Breslau in Trümmer gelegt? Nicht Polen, sondern der sinnlose Durchhaltebefehl des Gauleiters Karl Hanke war in großem Maße verantwortlich für das unermessliche Leid der Deutschen. Historisch und moralisch bedaure ich das Schicksal der deutschen Vertriebenen. Aber juristisch gibt es natürlich keine Alternative zur Oder-Neiße-Grenze.

SPIEGEL: *Herr Professor Bartoszewski, wir danken Ihnen für dieses Gespräch.*

„Es war ein Tanz in Ketten"

Nach beinahe 900 Jahren geht die Siedlungsgeschichte der Deutschen in Rumänien dem Ende entgegen. Einige zehntausend Verbliebene erleben jetzt, weit verstreut über den Karpatenbogen, den Untergang ihrer Kultur.

Von Walter Mayr

Sie waren mehr als tausend Kilometer unterwegs. Zu Fuß oder zu Pferd, aus dem Hunsrück, aus dem Westerwald, aus Schwaben und Sachsen: Deutsche auf der Flucht vor der Armut; Bauern und Bergleute, Eisenwerker, Holzschläger. Sie waren aufgebrochen, um in fremder Erde nach Gold zu graben, nach Steinsalz und Rüben.

Als die Ersten von ihnen das Land erreichten, das heute Rumänien heißt, galt die Erde noch als Scheibe, das Christentum als Exportschlager und Europas Osten als lohnendes Siedlungsgebiet. Ab etwa 1145 ließen sich Deutschsprachige am Karpatenrand nieder. Sie trotzten Mongolenstürmen, Haiduken und Kuruzzen. Es kam die Pest. Und die Herrschaft der Osmanen.

Bevor Hitler 1941 Rumänien mit in den Krieg zog, lebten noch 800 000 Deutsche im Land. Als der kommunistische Diktator Nicolae Ceauşescu 1989 hingerichtet wurde, zählte man an die 300 000 Verbliebenen.

Inzwischen sind es vielleicht noch 50 000, die dem Lockruf des Westens widerstanden haben: Sachsen, Schwaben, Zipser, Steirer, Landler, Buchenland- und Berglanddeutsche.

Sie leben verstreut entlang des gesamten rumänischen Karpatenbogens, zurückgelassen von Verwandten, Freunden, Nachbarschaft. Das Erbe von 860 Jahren deutscher Siedlungsgeschichte in Rumänien löst sich auf. Wie Salz in der Suppe.

Deutsches Staatstheater Temesvar. Das klingt. Und dazu: Friedrich Bernd Ritter Bömches von Boor, Schauspieler. Ein Name wie aus Schillers „Räuber".

Seit 1788 gibt es deutschsprachiges Theater in Temesvar, der westlichsten Großstadt des heutigen Rumänien. Und jetzt, im 215. Jahr der Geschichte theatralischer deutscher Ostkolonisation in dieser Stadt, steht Bernd von Bömches, wie er sich der Einfachheit halber nennt, im alten, kassettengedeckten Ballsaal am Opernplatz und sagt: „Ich möchte nicht, dass dieses Theater kaputtgeht. Wir müssen die Tradition wahren."

Bömches' Garderobe ist klein und finster wie eine Knastzelle. Acht Schminkspiegel pro Raum, an manchen Tagen bis zu 20 Schauspieler nebeneinander, nicht jede Schminklampe funktioniert. Immerhin quittieren die Damen aus der ungarischen Requisite nebenan ein allfälliges „kezéd csó kolom" – küss die Hand – mit leichtem Erröten, und auch das Publikum ist dankbar für das, was es erlebt.

Bömches spricht von 20 Besuchern pro Aufführung, mal auch von 70 – die Zahlen sind ihm egal oder peinlich. Er, der den Siegelring seiner Familie am Finger trägt und zu Hause, in roten Samt geschlagen, ein Schreiben verwahrt, in der Ihro Majestät, „Wir Franz Josef der Erste von Gottes Gnaden Kaiser von Österreich", sich beehren,

die Bömches in den Adelsstand zu erheben – er, Bernd von Bömches, plädiert für aufrechten Gang in schwerer Zeit: „Wir haben noch immer die gleiche Mission, auch wenn nur wenige Leute im Saal sind."

Temesvar ist eine Theaterstadt, Temesvar ist aber auch Heldenstadt – jener Ort in Rumänien, wo 1989 rund um den Priester Laszlo Tökes das Beben begann, das in der Hinrichtung Ceauşescus gipfelte. Temesvar und das Banat waren und sind Rumäniens Fenster zum Westen, durchsichtig, offen, das Gegenteil der Walachei, von der aus das Land regiert wird.

An die tausend Deutsche leben noch in der Stadt, Banater Schwaben mehrheitlich, Nachfahren der von Kaiserin Maria Theresia ins Land gerufenen Siedler. Der Schauspieler Bömches ist keiner von ihnen, doch passt er gut ans Staatstheater – er kommt aus Siebenbürgen, dem Kernland rumäniendeutschen Siedlungsgebiets.

1944, kurz bevor Rumänien nonchalant vom Alliierten Nazi-Deutschlands zum Alliierten der Siegermächte konvertierte, ist Bömches geboren – in Kronstadt (Brasov), neben der Schwarzen Kirche: „Wenn wir wissen wollten, wie spät es war", sagt er, „haben wir auf die Kirchenuhr geschaut." Der lange Schatten, den das südöstlichste Juwel deutscher Sakralarchitektur in Europa wirft, hält ihn bis heute gefangen.

Vergangener Ruhm lastet auf ihm, auch der der eigenen Familie. Sein Vater Friedrich von Bömches gilt als rumänischer Maler von Rang. Er hat nach seiner Übersiedlung in die Bundesrepublik nacheinander Heidegger, Beitz und Genscher in Öl verewigt. Urgroßvater Bömches war Bürgermeister von Kronstadt. Ein Ururahn malte Teile der Schwarzen Kirche aus.

Bernd von Bömches erzählt das, so oft, so stolz, so nachdrücklich, dass beinahe der Eindruck entsteht, er wolle sich entschuldigen für seine eigene Existenz als Schauspieler vor aussterbender Kulisse im Staatstheater Temesvar.

Frühe Schwarzweißfotos zeigen ihn glücklich mit Kindern der königlichen rumänischen Familie auf Schloss Bran. Zu brechen versucht haben ihn später die Kommunisten, ihn, den rebellischen Adelsspross – im fürchterlichen Gefängnis von Aiud, wo er ab 1964 nach einem Fluchtversuch vier Jahre einsaß. Als er wieder freikommt, wird er Schauspieler.

Zuletzt spielte Bömches am Staatstheater Temesvar den König in Büchners „Leonce und Lena" – einen König, der sich einen Knoten ins Schnupftuch macht, damit er sein Volk nicht vergisst. Bömches selbst braucht solche Gedächtnisstützen nicht. Er hat sein Volk vor Augen, das verschwundene. Stellvertretend für fast 900 Jahre Geschichte eingewanderter Moselfranken in dieser Gegend stehe er hier als Letzter seiner Familie, sagt er bitter: „Niemand hat uns vertreiben können, erst Ceauşescu. So hat er es also doch geschafft, Geschichte zu schreiben."

Der Bergmann Johann Back aus Lupeni im Schiltal kennt Ceauşescu aus der Nähe. Er stand 1977 daneben, 16 Jahre jung, als ein zorniger Kumpel dem Staats- und Parteiführer, dem „Genie der Karpaten", dem „Sohn des Lichts" und „Titan unter Titanen", beim großen Streik mit der Hand auf die Mütze hieb.

Das war für damalige Verhältnisse eine lebensgefährliche Frechheit, und für Johann Back ein Erlebnis. Ceauşescu, von Geheimdienstkräften abgeschirmt, blieb ruhig und versprach den aufgebrachten Bergarbeitern, die um ihre Frührente wegen Staublunge stritten, von nun an werde alles besser. Er werde veranlassen, dass vor der Einfuhr in den Schacht kostenloses warmes Essen ausgegeben werde.

Aus dem Jungspund Johann ist inzwischen ein 41 Jahre alter, sauber gescheitelter sächsisch-siebenbürgischer Bergmann geworden. Und das Schiltal, das Tal der Tränen, wie es die Einwohner nennen, ist ein subventioniertes Elendsrevier ohne erkennbare Zukunft geblieben.

Lupeni – oder Schylwolfsbach, wie die Deutschen sagen – ist einer von sieben Orten in diesem Tal am südlichen Rand Siebenbürgens, wo Proletarierstolz und Aufmüpfigkeit seit Menschengedenken eine klassische Ehe eingehen. Heute aber herrscht der Kampf ums nackte Überleben vor. 7000 Menschen waren hier in der Steinkohle beschäftigt. 2700 sind geblieben. Der Rest hat sich für 1500 Dollar in die Frührente schicken lassen.

Unter den schneebedeckten Gipfeln des Retezat-Gebirges bietet sich ein Röntgenbild der trostlosen Ära Ceauşescus: Zigeunerkinder, die in Müllbergen wühlen; ein verfallener Kulturpalast, neben dem sich verzweifelte Kumpel zu verbrennen versuchten; und hundertjährige Bergarbeiterhäuschen, wo Hühnersuppe auf dem Herd schmurgelt und Heerscharen von Kindern mit großen Augen den Fremden anstarren.

Johann Back, der Siebenbürger Sachse, ist da beinahe privilegiert. Zwischen Schleiflackmöbeln, Porzellannippes und zwei Fernsehern bewohnt er mit Frau und Kindern vier trockene Zimmer am nördlichen Ortsrand. „La Front", als Hauer in der ersten Reihe, verdient er umgerechnet 350 Dollar pro Monat plus Prämien zu Ostern, Pfingsten und zum Fest der Heiligen Barbara, der Schutzpatronin aller Bergleute – das ist ungefähr das Vierfache des rumänischen Durchschnittsverdienstes.

Umgekehrt: Das zusätzliche Kohlengeschenk von der Grube, acht Tonnen jährlich, nützt Johann wenig, denn in seinem Block kriegt er seit Jahren kein heißes Wasser dafür. Geduscht wird kalt, geheizt elektrisch. Umgerechnet 240 Euro wurden ihm abgezogen im Januar für die Heizung, die es nicht gab. Und: Johanns Lungen sind voll Staub, der Arzt drängt auf eine Kur. Back, 41 Jahre alt, seit 21 Jahren unter Tage, hat noch vier Jahre bis zum Vorruhestand.

Vorbei an der verblassenden Inschrift „Es lebe die Kommunistische Partei Rumäniens" fährt er weiter ein, Tag für Tag, vorbei an schwankenden Gestalten im Stollen, die „Noroc bun" rufen, „Glück auf", vorbei an rostenden Schienensträngen, bröselnden Versorgungsrohren, schwärenden Müllhalden. In der Pause umschwirren Ratten die Bergarbeiter. Sie werden von Back mit Speckbrot versorgt. Die Lichtkegel der Grubenlampen irrlichtern wie Glühwürmchenschwärme.

Natürlich ist Johann Back, Spitzname „Neamtul" – der Deutsche –, Schichtführer, wenn es hinabgeht in Schacht 12, Sektor 2, Front 7. Natürlich steht er ganz vorn, wenn es darauf ankommt, die Kohle aus dem Flöz zu brechen. „Steiger, Stoss, Revier, Meister" – die Bergarbeitersprache im Bauch der Berge hier ist Deutsch, bis heute. Nur die Namen der gewaltigen Schaufeln zum Kohleschippen haben die Schiltalkumpel anderswo entlehnt – mit „Stalinherzen" bewaffnet, rücken sie ein in den Streb.

Längst geht es auch im Tal der Tränen dem Ende zu mit den Deutschen. Zehn Geschwister waren sie bei Johann Back zu Hause, neun davon wohnen noch in Lupeni, alle leben von der Kohle. 110 Mitglieder meldet das Forum der Deutschen, 30 Seelen zählt noch die evangelische Kirchengemeinde, wo bis heute jeder Leu Spende in den Büchern dokumentiert wird, gewissenhaft wie in Kassenberichten preußischer Prokuristen.

So sieht geordneter Untergang aus, Abschied mit System. Sein Sohn lerne Hochdeutsch jetzt, sagt Johann Back, für den Fall der Fälle, für den weinroten Pass. Er selbst, der Vater, spricht nur Rumänisch und sächsische Mundart, weil die Kommunisten im Schiltal keinen Deutschunterricht dulden wollten. Er wird in Rumänien bleiben. Er sagt: „Wenn die Zeche geschlossen wird, will ich der Letzte sein. Der, der das Vorhängeschloss anbringt."

Es wäre alles so einfach in Michelsberg (Cisnadioara), unter der mehr als 800jährigen Burg. Hier, im Herzen des Siebenbürger Altlands, in Transsilvanien, im „Land jenseits der Wälder", im letzten rumänischen Dorf, das noch vor zehn Jahren mehrheitlich deutschsprachig war – hier könnten sie sich treffen, die Nachlassverwalter der deutschen Sache. Doch sie treffen sich nicht.

Oben, am Hang, sitzt die Crème de la Crème des Sachsentums in den ehemaligen Häusern ausgewanderter Mitbürger, etwa der Bischof Christoph Klein, ranghöchster Lutheraner im Land, oder Professor Paul Philippi, emeritierter Sprecher der Rumäniendeutschen.

Unten, im Dorfkern, sitzen die einfachen Leute – Renate Schuster etwa, verheiratet, zwölf Kinder, der eigene Mann zum Broterwerb nach Deutschland delegiert; oder Renates Onkel, Hasen-Hans.

„Ein Vater von zwölf Kindern, der wegmuss, zum Geldverdienen – wohin wir gegangen sind mit dem rumänischen Staat", sagt bitter Hasen-Hans. Umgerechnet ein Euro täglich bleibt ihm selbst derzeit von der Viehzucht. Und doch opfert Hasen-Hans sich nebenher noch fürs Gemeinwohl: Er läuft, im Zeitalter von Fernsehen, Internet, Handy und Beeper, als vermutlich letztes zweibeiniges Nachrichtensystem in ganz Europa von Haus zu Haus.

Fällt eine Mitteilung an von dörflichem Belang, zieht der sehnige Mann von 61 Jahren eins-zwei, eins-zwei, eins-zwei die Trommel schlagend durchs Dorf, stoppt an jeder Ecke der staubigen Pisten und ruft: „Bürger, ich bitte um Aufmerksamkeit – heute, Montag, ist das Vieh nicht um sieben Uhr von den Weiden zurück, sondern erst um acht."

Die Umstehenden quittieren die Auftritte von Hasen-Hans mit einer Mischung aus Neugierde und jenem Respekt, den man einer spektakulären Zirkusnummer entgegenbrächte. Hasen-Hans verlautbart inzwischen auf Rumänisch, anders als noch vor zehn Jahren. Die letzten alten Sächsinnen, die im Dorf verblieben sind und kein Rumänisch sprechen, fragen im Notfall: „Houns, wos host du g'sogt?" Hans hat das Handwerk vom Vater gelernt, in einer Zeit, als Michelsberg noch ein rein deutsches Dorf war. Jetzt gibt es unter vielleicht 1000 Einwohnern noch 115 Sachsen und keine einzige Nachbarschaft mehr, keinen Sozialverband für die Wechselfälle des Lebens. Die letzten sächsischen Kinder laufen kilometerweit zu Fuß zum Deutschunterricht ins benachbarte Heltau. Wenn einer der Ausgewanderten in Deutschland stirbt, läutet Michi Hennig, der Postmann, die Glocken.

Oben am Hügel, in seinem Wochenendhaus, sitzt der evangelische Bischof Christoph Klein, 65 Jahre alt. Geboren in Hermannstadt (Sibiu), ehemaliger Stadtpfarrer von Hermannstadt, seit zwölf Jahren Bischof in Hermannstadt, ist er die Brücke vom Gestern zum Morgen: Klein weiß noch, wie es war, als die Russen hier mit zerfetzten Uniformen ankamen, am 7. September 1944, und mitten in den Ostkarpaten brüllten: „Gde Berlin?" – Wo ist Berlin?

Klein ist das Oberhaupt einer Gemeinde von nun noch 16 000 Mitgliedern (gegenüber 200 000 nach dem letzten Krieg), und er beruft sich unverändert auf 259 Gemeinden der Evangelischen Kirche Augsburger Bekenntnisses in Rumänien. Auch wenn wie unlängst in Felsendorf der letzte Gläubige schon verstorben ist. „Wir wollen nicht absinken zu einer Sekte", sagt der Bischof zwischen blühenden Apfelbäumen in Michelsberg: „Romulus hat sich ja am Ende, beim Untergang Roms, mit Kleintierzucht beschäftigt; so wollen wir nicht enden."

Lieber wollen sie in kultivierter Selbstauflösung enden; vom Elend der Familie Schuster, zwölf Kinder, evangelisch, deutsch, die 800 Meter Luftlinie entfernt in die Tischkante beißt, weiß der Bischof nichts.

Auch die Hermannstädter Altenheim-Leiterin Ortrun Rein etwa, jung, charakterstark, sächsisch, auswanderungsunwillig, ist weit davon entfernt, den Abschied von der strengen sächsisch-siebenbürgischen Lebensform als Verlust zu sehen: „Ich bin nicht böse, dass ich das nicht mehr erleben musste. Es war letztendlich ein Tanz in Ketten. Es hat sehr viel Halt geboten und sehr viel Freiheit genommen."

Es ist vorbei. Selbst am Michelsberger Dorfplatz sitzen jetzt abends die Sachsen beim Kiosk und trinken in aller Öffentlichkeit. Das gab es nie. Über dem mittelalterlichen Dorfkern wuchern die Villen Neureicher. Nur unterhalb des Friedhofs, wo an den mit Steinplatten für immer geschlossenen sächsischen Grabstätten Schafhirten vorbeiziehen und Kühe grasen, trommelt weiter Hasen-Hans, als sei nichts gewesen.

Er sagt: „Ich mache das umsonst, damit nicht auch dieser Brauch der Sachsen noch geht."

Oberwischau (Viseu de Sus) liegt an der ukrainischen Grenze, am östlichen Rand des Maramuresch-Gebirges. 1110 Deutsche leben hier noch nach der neuesten Volkszählung. Im „Cafe Edelweiss" betteln erwachsene deutsche Männer mit dem Satz „Brotlos bin ich" um Essen. Mit Essen meinen sie: trinken. Das ist hier nicht neu.

„Die SS-Leit vun Wischau waren bleede Puben", hat der letzte heute noch lebende Jude von Oberwischau, der Schneider Moses Pollak, dem Ethnologen Claus Stephani in dessen Buch „War einer Hersch, Fuhrmann" anvertraut: „Dumm, nix im Kopf, was sie haben kinnen, war saufen, schießen, schlagen."

Oberwischau, auf halber Strecke gelegen zwischen Bukarest und Lemberg, ehemals eingenäht im Unterfutter des österreichisch-ungarischen Geschichtsmantels, war bis zum Ausbruch des Zweiten Weltkriegs halb jüdisch, halb deutsch. Es gab ein Schtetl wie nebenan in Sighet, wo der Friedensnobelpreisträger Elie Wiesel groß wurde.

Die Rede ist hier, im Landstrich zwischen Sathmar und Czernowitz, nicht von säkularisierten Juden mit Eisernem Kreuz wie im alten Berlin. Es geht um Männer im Kaftan, mit Schläfenlocken und kleinem Gewerbe am Osthang des Maramuresch-Massivs.

Sie sind tot. Ins Gas gegangen.

Und in der 225 Jahre alten „Zipserei", da, wo bis heute die Deutschen wohnen, Nachfahren von eingewanderten Holzfällern aus der slowakischen Zips, wird das Thema noch heute beharrlich gemieden.

Kaum einer spricht darüber, wie es kommen konnte, dass plötzlich mehr als 5000 Juden verschwanden aus Oberwischau. Höchstens: „Is gekommen der Zug mit de Waggoner und sein geworden weggefiehrt de Jieden." Wohin? Auschwitz?

Was für eine Frage.

Der Schiesser-Steffi müsste es wissen. Jahrgang 1912 ist er, Mitbegründer des Forums der Deutschen. Am Rande des ehemaligen Ghettos sagt der alte Rumäne Ciolpan Gavrila: „Rund um das Ghetto war Stacheldraht. Und der Schiesser-Steffi war als Feuerwehrmann beim Zusammentreiben der Juden bewaffnet dabei." So viel ist historisch verbürgt: Zusammengetrieben worden sind sie, die Juden von Oberwischau. Am orthodoxen Ostern. Sie haben geweint. Sie haben ihre Notdurft verrichten müssen am Bahnhofsplatz, unter den Augen von Hitlers ungarischen Erfüllungsgehilfen. Sie haben um „Wossr" gebettelt, der quälenden Hitze wegen.

Aber: War Schiesser dabei? „Nein", sagt er, „natürlich nicht." Wie er so dasitzt jetzt, Oberwischau, Rosenstraße 17, im weißen Hemd mit dunklem Pullover, ein Denkmal deutscher Sittenstrenge, eingerahmt von Hirschgeweih und ausgestopftem Bussard, Telefon auf Spitzendeckchen, deutscher Reisepass Nummer 6026278142, ist er ein Unschuldslamm.

Er war nicht dabei bei der Deportation der Juden und nicht bei der Massenerschießung von 13 rumänischen Deserteuren am Dosul Taului im Oktober 1944 – obwohl bis heute die Alten aus dem Wassertal behaupten, sie hätten ihn gesehen. Dort, wo ganz in der Nähe der Pope Vasile Lutaj noch heute nach Mitternacht den Teufel austreibt.

Der Schiesser-Steffi ein Mörder? „Das muss man erst beweisen; warum interessiert Sie das überhaupt?", schreit der alte Mann.

„Am Anfang haben wir gedacht, wir werden siegen. Aber unser Traum ist uns nicht gelungen", sagt er im Rückblick auf die Nazi-Zeit. Sicher, er sieht sie noch, die Juden von Oberwischau, wie sie „einwaggoniert" werden, aber: „Ich hab ja nicht gewusst, wo sie sie fiehren hin."

Moses Pollak, der letzte lebende Jude von Oberwischau, erzählt bis heute, er habe dem Schiesser-Steffi nach dem Krieg das Leben gerettet, als zwei Rumänen ihn umbringen wollten. Und er habe ihm zur Begründung, warum ein Jude einen mutmaßlichen alten Nazi schützt, gesagt: „Wird dich richten unser Gott."

An einem mit Schafgarbe und Hahnenfuß bewachsenen Steilhang über Oberwischau liegt der jüdische Friedhof. Über das alte Oberwischau der Deutschen und Juden, in dem die hier Begrabenen einst lebten, hat Moses Pollak schon das Schlusswort gesprochen: „War a schajne Welt, das kinnen sagen die, was sie haben gesehn."

Bugwelle des Krieges

Flucht und Vertreibung haben das Gefüge des alten Mitteleuropa brutal umgewälzt. Nach Ausrottung der jüdischen Bevölkerung durch die Nazis verschwand auch das Deutschtum aus dem Osten. Millionen Europäer wurden entwurzelt, verschoben, gewaltsam neu gruppiert.

Von Karl Schlögel

Die Gegenwart lehrt neu sehen. Mit dem Krieg in Jugoslawien in den neunziger Jahren waren mit einem Mal Bilder zurückgekehrt, die man in Europa längst vergessen hatte. In Brand geschossene Dörfer und Städte, gesprengte Brücken, Flüchtlingsströme, bestehend vor allem aus Frauen, Kindern und alten Männern. Ein großes Déjà vu.

Wiedergekehrt war mit einem Mal auch das Vokabular, das in Europa seit den unmittelbaren Nachkriegsjahren nicht mehr in Gebrauch gewesen war. Es gab wieder Lager in unendlich vielen Variationen – Sammel-, Filtrations-, Durchgangs- und Auffanglager. Europa wimmelte plötzlich wieder von einer Spezies, von der man geglaubt hatte, sie sei ausgestorben oder komme nur noch in weit entlegenen und exotischen Weltgegenden vor: Flüchtlinge, Vertriebene, Displaced Persons.

Das 20. Jahrhundert, das eben dabei war, sich zu verabschieden, hatte sich noch einmal zu erkennen gegeben als das „Jahrhundert der Flüchtlinge", der gewaltsamen Bevölkerungsverschiebungen und der ethnischen Säuberungen.

Blick zurück

Ein halbes Jahrhundert zuvor war in weniger als einem Jahrzehnt eine ganze historische Region – das östliche Mitteleuropa – untergegangen. Über 60 Millionen Menschen waren in diesem Zeitraum entweder systematisch umgebracht oder aus ihrer Heimat vertrieben worden. Nach neueren Berechnungen des Historikers Paul Robert Magocsi wurden zwischen 1939 und 1943 rund 15,1 Millionen und zwischen 1944 und 1948 rund 31 Millionen Menschen zeitweise oder für immer zwangsweise umgesiedelt oder vertrieben.

Hinzu kamen, immer bezogen auf Ostmitteleuropa – also ohne die ungeheuren Verluste der Sowjetunion –, weitere 16,3 Millionen Menschen, die im Laufe des Krieges politisch oder rassisch motivierter Gewalt zum Opfer fielen. Zwischen 5 und 6 Millionen Juden waren umgebracht worden, die Zentren der mitteleuropäischen Judenheit gab es nicht mehr. An die 200 000 Sinti und Roma kamen in den deutschen Lagern um. 9 bis 10 Millionen Menschen, vor allem Polen, Ukrainer, Weißrussen und Russen, verloren beim deutschen Angriff und unter der Okkupation, in den Lagern für Kriegsgefangene oder Zwangsarbeiter ihr Leben

Im sowjetischen Herrschaftsbereich wurden zwischen 1939 und 1941 an die 1,5 Millionen Polen und Ukrainer aus dem besetzten Ostpolen (Wolhynien und Galizien) und an die 60 000 Litauer ins Innere der Sowjetunion abtransportiert; viele von ihnen sind dort umgekommen oder kehrten nicht in ihre Heimat zurück.

Von zeitweiliger und vorübergehender Flucht und Vertreibung betroffen waren in diesem Zeitraum nicht weniger als 13,5 Millionen Menschen, davon an die 8 Millionen Polen, Ukrainer, Juden, Weißrussen, Litauer, die vor den Deutschen nach Osten geflohen waren.

Umgekehrt wurden in der Zeit deutscher Herrschaft über 5,5 Millionen Zwangsarbeiter aus dem östlichen Mitteleuropa ins Reich geschafft, meist Polen, Ukrainer, Tschechen, Russen, aber auch aus anderen Völkern.

Auf der Basis bilateraler Verträge und auf Dauer umgesiedelt wurden unter der Losung „Heim ins Reich" rund 800 000 Volksdeutsche aus allen Teilen des östlichen Europa: aus den baltischen Staaten, aus Wolhynien, dem Narew-Gebiet, Litauen, Galizien, der Bukowina, Bessarabien, Dobrudscha, der Gottschee. Sie wurden in der Regel im „Warthegau" und in Westpreußen angesiedelt, von wo die Einheimischen, Polen und Juden, vertrieben worden waren.

Aber auch andere Volksgruppen sind auf der Grundlage von Abkommen zwischen 1940 und 1943 „ausgetauscht" worden: Rumänen der Süd-Dobrudscha gegen Bulgaren der Nord-Dobrudscha, Rumänen aus dem nördlichen Transsylvanien gegen Ungarn aus dem südlichen Transsylvanien, Kroaten aus der Südsteiermark, Griechen aus dem von Bulgarien annektierten südöstlichen Mazedonien und westlichen Thrakien, Serben aus Kroatien und Kroaten aus Serbien und dem Banat.

Insgesamt sind in den ersten fünf Jahren des Zweiten Weltkriegs an die 16 Millionen Menschen „verschoben" worden, eine Zahl, die von den Umsiedlungen und Vertreibungen zwischen 1944 und 1948 noch weit übertroffen wurde. Zahlreiche Bevölkerungsbewegungen sind unmittelbar mit dem Krieg verbunden, der die Flüchtlinge wie eine Bugwelle vor sich hertrieb. Das betraf vor allem die Deutschen, die zu Millionen vor der Roten Armee nach Westen flohen. Hunderttausende, die von der Front überrollt worden waren, wurden danach zur Zwangsarbeit in die Sowjetunion deportiert.

Nach Osten kehrten jene 6 Millionen Sowjetbürger zurück, die die Kriegsgefangenschaft oder Zwangsarbeit in Deutschland überlebt hatten, oder jene, die, vor der Roten Armee geflohen, nach dem Krieg zwangsweise repatriiert wurden.

Die größten Bevölkerungsverschiebungen waren indes die Umsiedlungen und Vertreibungen der Deutschen aus dem östlichen Mitteleuropa nach dem Krieg. So wurden 3 Millionen Deutsche allein aus dem Sudetenland, mehr als 3,3 Millionen aus den „wiedergewonnenen Gebieten" Polens – Schlesien, Pommern, Ostpreußen, Ostbrandenburg – zuerst „wild", dann entsprechend Artikel XIII des Potsdamer Abkommens „auf ordnungsgemäße und humane Weise" ausgesiedelt und vertrieben.

Bevölkerungstransfers im großen Stil gab es zu Kriegsende auch zwischen der Sowjetunion und Polen. Einwohner jener Ostprovinzen Vorkriegspolens, der Kresy, die nach 1939 von der Sowjetunion besetzt worden waren, konnten sich nach Polen repatriieren lassen, während Ukrainer, Weißrussen, Litauer, die sich auf polnischem Territorium befanden, in die UdSSR zurückkehren konnten. Rund 530 000 Menschen gingen bis 1946 in die Sowjetunion, während zwischen 1944 und 1947 1,5 Millionen aus den von der Sowjetunion besetzten polnischen Ostgebieten nach Polen gingen.

Neben diesen großen Bevölkerungstransfers kam es zu weiteren: 120 000 Bulgaren wurden nach 1944 aus Mazedonien und Thrakien

Das große Völkerkarussell
Umsiedlungen in Mittel- und Osteuropa
1944 bis 1952

LITAUEN 50000 / 170000 / 80000

50000 / 177000 / Weiß-russland

60000 / 1,5 Mio. / 290000 / 2 Mio. / 17000 / 30000

16000 / 12000 / 40000 / 2 Mio.

430000 / 688000 / 274000 / SOWJETUNION

1,9 Mio. / 3,2 Mio. / 3,5 Mio. / 240000

DEUTSCH-LAND / 3 Mio. / 65000 / POLEN / 350000 / 33000

483000 / 1 Mio. / Ukraine

150000 / 10000

1,9 Mio. / 35000 / 20000

165000

ÖSTERREICH / UNGARN / 80000 / 30000

ITALIEN / 213000 / 60000 / 253000

40000 / 40000 / 73000

17000 / 298000 / 40000 / RUMÄNIEN

130000 / 400000 / JUGOSLAWIEN

BULGARIEN

Maze-donien

ALBA-NIEN / 60000 / 30000 / 120000

700000

25000

GRIECHENLAND

150 km
Grenzen von 1947

Quelle: Magocsi
„Historical Atlas of
East Central Europe"

nach Bulgarien repatriiert. Tschechen und Slowaken, die in der an die Sowjetunion gefallenen transkarpatischen Ukraine gelebt hatten, konnten ebenso wie die in Wolhynien lebenden tschechischen Kolonistengemeinden in die Tschechoslowakei auswandern. Ruthenen durften aus der Tschechoslowakei in die Sowjetukraine wechseln.

Zwischen 1945 und 1947 mussten – ähnlich wie die Deutschböhmen – an die 160 000 Ungarn ihre Heimat in der Südslowakei verlassen, während rund 60 000 Slowaken aus Ungarn in die Tschechoslowakei gingen. Zu Abkommen über Bevölkerungsaustausch kam es nach 1945 auch zwischen Ungarn und Jugoslawien sowie zwischen Jugoslawien und Italien – an die 130 000 Italiener verließen die dalmatinische Küste und Istrien.

Neben den vertraglich vereinbarten und „ordnungsgemäß" abgewickelten „Transfers" gab es Wanderungsbewegungen, die auch nach 1945 weitergingen. Das betraf an die 970 000 Juden im östlichen Mitteleuropa, die überlebt hatten und nun entweder auf ihre Repatriierung warteten oder darauf, Europa zu verlassen. Traumatisiert vom Horror deutscher Herrschaft, aber auch von neuen Feindseligkeiten verließen zwischen 1945 und 1948 an die 220 000 Juden Polen, Rumänien, Ungarn und die Tschechoslowakei.

Die von Deutschen „gesäuberten" Gebiete mussten neu „peupliert" werden: So siedelten mehr als 3 Millionen Polen aus Zentralpolen in die alten deutschen Ostprovinzen, die meisten der 1,7 Millionen Polen, die die an die Sowjetunion gefallenen Ostgebiete verlassen mussten, gingen ebenfalls in den alten deutschen Osten, der jetzt Polens Westen geworden war.

Innerhalb Polens kam es zur Zwangsumsiedlung von rund 150 000 Ukrainern in den polnischen Nordwesten. In den neuen Westgebieten der Sowjetunion wurden die Polen und Juden, die ihre Heimat hatten verlassen müssen, meist von Zuwanderern aus dem Inneren der Sowjetunion ersetzt. In die Grenzgebiete der Tschechoslowakei, aus denen die Deutschen vertrieben worden waren, siedelten etwa 1, 9 Millionen Tschechen, Slowaken, Karpato-Ukrainer, Sinti und Roma ein.

Auch in Jugoslawien kam es zu enormen Binnenmigrationen, während in Griechenland der Bürgerkrieg eine neue Flüchtlingsbewegung schuf, die auch nach Mitteleuropa ausstrahlte: Tausende von Flüchtlingen wurden unter anderem in Polen und der Tschechoslowakei angesiedelt.

Wenn man alle Bewegungen zwischen 1944 und 1948 zusammennimmt, dann ergibt sich im östlichen Mitteleuropa ein ungeheuer bewegtes und dramatisches Bild: An die 6 Millionen waren durch Flucht entwurzelt, rund 500 000 waren in die UdSSR deportiert worden, rund 5 Millionen Menschen waren ordnungsgemäß in die UdSSR repatriiert worden, knapp 10 Millionen waren durch vertragsmäßige Umsiedlungen entwurzelt und vertrieben worden. Spontan und unorganisiert haben rund 1,7 Millionen Menschen ihre Heimat verlassen. Und etwa 8,3 Millionen Menschen sind infolge von Binnenwanderung und Umsiedlung innerhalb ihrer Länder „verpflanzt" worden.

Die Hauptergebnisse der beispiellosen Umwälzung waren, dass das Judentum in diesem Raum praktisch vernichtet, das Deutschtum aus diesem Raum verschwunden war – und dass die aus den Verwerfungen hervorgegangenen Staaten alle mehr oder weniger ethnisch homogene Nationalstaaten geworden waren. Woran Generationen gearbeitet hatten, hatte aufgehört zu existieren.

Es gab Millionenstädte wie Warschau, in denen zu Kriegsende gerade noch ein paar tausend Menschen lebten und die neu besiedelt werden mussten. Es gab Großstädte wie Wilna, Lemberg, Königsberg, Breslau, in denen die Einwohnerschaft komplett ausgetauscht wurde, und es gab Länder wie Weißrussland und Provinzen wie Ostpreußen die menschenleer gefegt waren und neu „peupliert" werden mussten.

Die Bevölkerung ganzer Städte des alten jüdischen Siedlungsgürtels ist in die Vernichtungslager deportiert worden, während anderswo Städte und Dörfer komplett verpflanzt worden sind: das polnische Wilna nach Stettin, Lemberg nach Breslau. Die Bewohner des alten Gablonz fanden sich wieder in Neu-Gablonz. Mit ihnen zogen Institute und Institutionen: die Wilnaer Universität, das Lemberger Ossolineum, die Albertina aus Königsberg. Nur die Toten blieben zurück auf den Friedhöfen, die niemanden mehr hatten, der sich um sie kümmern konnte. Sprachen verschwanden, nur noch die Steine sprachen deutsch, polnisch, ruthenisch, ungarisch, hebräisch – je nachdem.

Die ganze Region wurde neu vermessen. Grenzen wurden am Reißbrett gezogen, wo es zuvor nie Grenzen, sondern höchstens einen Fluss oder einen Bergkamm gegeben hatte.

Die Entmischung Mitteleuropas

Nirgends war Europa vielfältiger und dichter als an dieser Schnittstelle der alten Vielvölkerreiche, die nun von den Nachfolgestaaten, die selbst immer noch Vielvölkerstaaten waren, eingenommen wurden. Über Jahrhunderte hin hatten sich hier durch Siedlungsbewegungen Gemengelage und Mischzonen gebildet, die bis ins 20. Jahrhundert hinein den Boden für eine an Bezügen und Spannungen reiche Kultur bereitet hatten.

Die Städte dieses Raums hatten so viele Namen, wie es Sprachen und Volksgruppen gab. Sie hießen Lwow, Lwiw, Lemberg oder Wilno, Wilna, Wilne, Vilnius; Kaunas, Kowno oder Kauen. Man blickte häufig auf die Hauptstädte außerhalb – nach Wien, Paris, Sankt Petersburg, aber die großen Städte der Region hatten selbst etwas von großen Metropolen: Dutzende von Zeitungen in einem halben Dutzend von Sprachen.

Wenn es irgendwann eine multikulturelle Welt gegeben hat, die nicht Kitsch und Folklore war, dann dort, wo griechisch-orthodoxe und armenische Christen, Katholiken und Protestanten, Altgläubige und Juden miteinander auskommen mussten. Vielsprachigkeit war kein Bildungsprivileg, sondern eine Lebensbedingung – für Marktfrauen und Universitätsprofessoren gleichermaßen. Jene „multiple Identität", von der man in postmodernen Zeiten so viel Aufhebens macht, hat es schon einmal gegeben, und zwar als ziemlich weit verbreiteten Typ.

Diese Kultur hat den Werken der mitteleuropäischen Literatur das Personal, die Typen, die Konfliktstoffe geliefert. Jede größere Stadt war Mittelpunkt für viele Welten. Das Leben folgte vielen Rhythmen, den Feiertagen der diversen Konfessionen, Volksgruppen und Stände. Man mochte sich vielleicht nicht, aber man wusste, dass es noch etwas anderes gab als die eigene kleine Welt. Das produzierte einen Relativismus, der ziemlich lange hielt. All dies ist der Grund, weshalb dieser Raum in besonderem Maße zum Experimentierfeld der Moderne wurde – und zum Schauplatz ihres Scheiterns.

Europa ist dort, wo es am dichtesten war, gesprengt worden. Man kann diesen Prozess als die „Entmischung" Europas bezeichnen, an dessen Ende ethnische Säuberung, Völkermord und ethnisch fast vollständig homogene Staaten stehen. Es handelt sich um den gewalttätigsten Entwurzelungsvorgang der modernen Geschichte. Es waren nicht anonyme Prozesse, sondern Aktionen auf Leben und Tod, mit Tätern, die für das, was sie taten, verantwortlich sind, auch wenn die meisten von ihnen nie zur Verantwortung gezogen wurden, und mit Opfern, denen etwas widerfahren ist, was durch keine noch so große Entschädigung wieder gutgemacht werden kann. Wer dieses Ineinander der vielen Geschichten erzählen könnte, hätte nichts anderes erzählt als die europäische Geschichte auf dem Höhepunkt ihrer Verwirrung und Destruktivität.

Gewaltsame Ortsveränderung

Umsiedlungs- und Vertreibungsgeschichte ist in einem ganz elementaren Sinne die Geschichte gewaltsamer Ortsveränderung. Es geht immer um Wegschaffen, Abtransport, Deportation. Zum Inventar des „Jahrhunderts der Flüchtlinge" gehören nicht nur Lager und Zeltstädte, sondern Transportmittel: überfüllte Züge, übersetzte Schiffe, der archaische Treck mit Pferden und Planwagen und immer wieder der Viehwaggon als das einfachste und effizienteste Beförderungsmittel für große Menschenmassen.

Schiffe: Auf Schiffe flüchteten sich die Überlebenden der „Katastrophe von Smyrna" 1922, die am Beginn des Bevölkerungsaustauschs von 1,2 Millionen Kleinasiengriechen und 350 000 thrakischen Muslimen stand. Auf Schiffen wurden die Deutschbalten im Oktober 1939 nach Danzig und Stettin zur Ansiedlung im Warthegau und in Danzig-Westpreußen geschafft. Auf Schiffen fuhren 1940 Bessarabien- und Dobrudschadeutsche die Donau hinauf „heim ins Reich". In einer der Planungen zur „Lösung der Judenfrage in Europa" spielten Schiffe auf dem Dnjepr eine wichtige Rolle. Und auf Schiffen entkamen viele der in Ostpreußen Eingeschlossenen nach Westen.

Züge: Umsiedlungsspezialisten gleich welcher Nation und Couleur mussten etwas von Logistik, Fahrplänen und Transportkapazitäten verstehen. In komplizierten Berechnungen mussten Umlaufpläne europaweit aufeinander abgestimmt werden, wenn man möglichst zeit- und geldsparend Volksdeutsche aus Galizien in den Warthegau und Juden und Polen von dort „in den Osten" transportieren wollte. Auf Zügen wurden Hunderttausende aus den vom Bombenkrieg getroffenen Städten evakuiert, an die Front geschafft oder in Sicherheit gebracht. In Hunderten von Zugpaaren, die zwischen Ostpommern und Schlesien und den Aufnahmelagern in der britischen und sowjetischen Zone hin- und her pendelten, wurden Hunderttausende von „Umsiedlern" in den Westen und Hunderttausende von ehemaligen Zwangsarbeitern und Displaced Persons in die östliche Heimat geschafft.

Die Entleerung von Städten und Landstrichen ließ sich in der Frequenz von Aussiedlerzügen – etwa zwischen dem Sudetenland und der amerikanischen und sowjetischen Besatzungszone – messen. In Eisenbahnzügen traten 1939, 1941 und 1944 Hunderttausende von Polen, Juden, Litauern, Letten und Esten den Weg in die Verbannung nach Kasachstan oder Sibirien an, und in Zügen kehrten jene, die überlebt hatten, oft nach vielen Jahren in der Fremde wieder in ihre Heimat zurück.

Das Europa der Umgesiedelten und Vertriebenen ist zu Fuß, zu Pferde, mit Kinderwagen oder mit den alten Eltern auf Leiterwägelchen durchmessen worden. Kein Denkmal an den Bahntrassen oder Chausseen erinnert an die Tausenden, die unterwegs verdurstet, erfroren, erstickt sind.

In „Europe on the Move", wie der bedeutende russisch-jüdische Demograf Eugen M. Kulischer jenes Europa genannt hat, gibt es Fluchtpunkte, die einen Ausweg bieten, und Fallen, aus denen es kein Entrinnen gab. Mitteleuropa, eingekreist und überwältigt von rivalisierenden Totalitarismen und hochgerüsteten Gewaltapparaten, war besonders reich an Fronten und Grenzen, die keinen Ausweg boten.

Hier gab es Gruppen, die gleich mehrmals den Ort gewechselt haben: die rund 400 000 Karelier etwa, die nach dem Ende des finnisch-sowjetischen Winterkrieges von 1939 ihre Heimat verlassen mussten und in Nordfinnland angesiedelt wurden, die nach dem Angriff Hitler-Deutschlands auf die Sowjetunion wieder in ihre Heimat zurückkehrten, um nach der Rückeroberung Kareliens durch die Rote Armee erneut zu fliehen. Oder all jene Volksdeutschen, die als „lebensunfähige Splitter deutschen Volkstums" in ganz Europa eingesammelt und „heim ins Reich" geschafft wurden, was für Tausende von Bessarabiendeutschen, Balten- und Litauendeut-

206

schen, die für die Germanisierung des Warthegaus ausersehen waren, nur die Zwischenetappe zu neuer Flucht war.

An manchen Punkten begegneten sich die Flüchtlingsströme der Deutschen, die nach Westen gingen, und die Züge und Kolonnen der Displaced Persons und Repatrianten, die aus deutschen Lagern und Zwangsarbeit befreit, endlich nach Hause zurückkehren konnten. Häuser, die gerade geräumt worden waren, sind wenig später von anderen in Besitz genommen worden, ohne dass alte und neue Besitzer sich je zu Gesicht bekommen hätten.

„Einsiedlung" folgte auf „Aussiedlung". 1939 kamen Wolhyniendeutsche auf Höfe im Warthegau, die von polnischen Bauern „freigemacht" worden waren, und Baltendeutsche, für die in Posen oder Lodz Wohnungen „geräumt" worden waren; sie hatten jüdischen und polnischen Anwälten oder Ärzten gehört. 1945 zogen Polen, die aus den ostpolnischen Kresy vertrieben worden waren, in Dörfer in Schlesien oder der Neumark, aus denen kurz zuvor Deutsche geflohen oder vertrieben worden waren.

Aus einem bestimmten Blickwinkel betrachtet sieht Mitteleuropa aus wie ein großes Rangiergleis. Das ist nicht bloß als Metapher zu verstehen. Tatsächlich waren, wie der Berliner Zeithistoriker Götz Aly gezeigt hat, die Umlaufpläne der Reichsbahn, die die Einsiedlung und Aussiedlung, die Heim-ins-Reich-Bewegung und die Deportationen der Juden nach Osten logistisch zu bewältigen hatte, aufeinander abgestimmt.

Auf Karten werden diese Bewegungen der Völkerverschiebung, der Evakuierungen, Transfers, meist in Form von Pfeilen dargestellt. Erfasst sind nur die wichtigsten Bewegungen, weil sonst die Übersicht verloren ginge. Und doch geben die für den Zeitraum 1939 bis 1948 registrierten Bewegungen einen Anhaltspunkt für das, was sich abgespielt hat. Irgendwann kommt diese Bewegung zu einem Stillstand, und auf die Zeit der Entwurzelung folgt das Wieder-Sesshaftwerden, die Integration und die erneute Vermischung.

Man hat den in den Ankunfts- und Aufnahmeländern stattfindenden Prozess nicht selten mit einer Revolution verglichen – einer demografischen, soziologischen, konfessionellen, kulturellen. Ging der Prozess der Entwurzelung häufig mit der Auflösung der angestammten gesellschaftlichen Umwelt einher, so ist die Ankunft oft gleichbedeutend mit dem Aufbau einer neuen Gesellschaft. Fremde stoßen auf Einheimische. Flüchtlinge, die alles verloren hatten, mussten ganz von vorn anfangen und waren daher oft agiler, energischer, dynamischer – auch moderner. Eingespielte Verhältnisse wurden durcheinander gebracht, Hierarchien in Frage gestellt. Alle mussten sich neu arrangieren. Mitteleuropa nach den durch Krieg und Vertreibung herbeigeführten Verwerfungen ist ein gigantisches Feld gesellschaftlichen und staatlichen Neubaus, vieler radikaler Neuanfänge nach einer unvorstellbar tiefen Zäsur.

Polen hatte ein Drittel seines Territoriums und rund 6 Millionen Menschen verloren und war gewaltsam 200 Kilometer nach Westen gerückt worden. Für 3,6 Millionen Polen aus Zentralpolen und aus den polnischen Ostgebieten musste eine neue Heimat gefunden werden. Die Tschechoslowakei hatte durch die Vertreibung der 3,2 Millionen Sudetendeutschen ein Viertel seiner Bevölkerung verloren und hatte menschenleere Grenzgebiete neu zu besiedeln, die zu den wirtschaftlich am besten entwickelten gehörten. Deutschland hatte ein Viertel seines Territoriums verloren und musste in diesem Rumpfterritorium 12 Millionen Menschen aufnehmen, so dass in manchen Bundesländern beziehungsweise Zonen jeder Vierte ein Flüchtling war. Keine soziale Revolution hatte solche Verwerfungen, Brüche und Zerstörungen nach sich gezogen wie die durch Flucht und Vertreibung ausgelöste und erzwungene.

Gewiss hätte der Kommunismus im östlichen Mitteleuropa kein so leichtes Spiel gehabt, wenn es noch ein starkes, nicht dezimiertes Bürgertum gegeben hätte, und gewiss hätte es keinen so dynamischen Neuanfang im westlichen Deutschland gegeben ohne jene gewaltige Zufuhr an Kompetenz und Energie im Gefolge von Umsiedlung und Vertreibung.

Die Rekomposition der aus den Fugen geratenen Gesellschaften, die die Kraft zum Wiederaufbau eines vollständig zerstörten Kontinents gefunden hatten und nicht, was viele ja befürchtet hatten, in Resignation, Apathie oder gar im Bürgerkrieg untergegangen waren, darf als das wirkliche Wunder angesehen werden, eindrucksvoller als das „Wirtschaftswunder", das in diesem Kontext überhaupt nur seinen historischen Ort hat.

Die Staaten, die aus den Trümmern Vorkriegsmitteleuropas hervorgingen, waren allesamt pure Nationalstaaten, ohne Wenn und Aber. Zum ersten Mal in ihrer Geschichte waren sie, wie es die

Ethnonationalisten immer geträumt hatten, wirklich ethnisch homogen. Sie hatten ihre Minderheiten verloren – durch Völkermord oder durch Vertreibung. In Deutschland war die Vision Adolf Hitlers – alle „Splitter deutschen Volkstums auf deutschem Boden" zu konzentrieren – auf grausige Weise in Erfüllung gegangen.

Eine Geschichte war damit – vorläufig – zum Abschluss gebracht worden. Sie hatte noch vor dem Ersten Weltkrieg begonnen mit dem Abkommen von Adrianopel von 1913, das erstmals den Austausch von Grenzbevölkerungen im bulgarisch-türkischen Grenzgebiet geregelt hatte. Es gibt hier vor allem das Abkommen von Lausanne aus dem Jahr 1923, in dem der kollektive Austausch der griechischen gegen die türkische Bevölkerungsgruppe geregelt wurde.

Seit Lausanne 1923 galt es den Zeitgenossen als erwiesen, dass unauflösbare und lange schwärende Volkstumskonflikte aufgelöst werden könnten durch eine präzise, wenn auch allseits als schmerzlich empfundene Operation, deren segensreiche Folgen aber schon zu Lebzeiten der Betroffenen abzusehen seien. Das Beispiel von Lausanne machte Schule, es war ein fester Bezugspunkt für so verschiedene Politiker wie Fridtjof Nansen, den Völkerbundkommissar für Flüchtlingsfragen, die „großen Drei" Winston Churchill, Franklin D. Roosevelt, Josef Stalin, die in Jalta Bevölkerungstransfers als unabweislich angesehen hatten, für Edvard Beneš, der ein Anhänger des Bevölkerungstransfers war – und Adolf Hitler, den Erfinder der „ethnografischen Flurbereinigung", die im Völkermord endete.

Das Hauptargument lautete immer: Der Frieden der Welt sei zu kostbar, als dass er von kleinen Grenz- und Minderheitskonflikten abhängig gemacht werden dürfe. Nur die rasche, vollständige und präzise „chirurgische Operation", nichts Halbes, sei die angemessene Reaktion der Gemeinschaft der friedliebenden Völker. Bevölkerungstransfer und „ethnische Säuberung" waren im Horizont der Zwischenkriegsgeneration weit davon entfernt, etwas Gutes zu sein, wohl aber war es etwas Machbares, so etwas wie ein notwendiges Übel, das, was man das „kleinere Übel" zu nennen pflegt, weil andere Methoden der Konfliktbeseitigung gescheitert waren oder nicht mehr zur Verfügung standen.

„Ethnografische Flurbereinigung"

Was Bevölkerungspolitik, Umsiedlung und Vertreibung wirklich und im großen Maßstab bedeuteten, erfuhr Europa durch Nazi-Deutschland. Hitler hielt sich nicht lange bei der Revision von Versailles auf. Schlag auf Schlag wurden, immer in demagogischem Bezug auf das Selbstbestimmungsrecht der Nationen, die Deutschen „heim ins Reich" geholt: 1938 mit dem Anschluss Österreichs, des Sudetenlandes, nach 1939 mit der Besetzung der Rest-Tschechoslowakei und des Memellandes.

Der Überfall auf Polen zeigte indes, dass es um weit mehr als um die Beseitigung des verhassten Versailler Systems ging. In seiner Reichstagsrede vom 6. Oktober 1939 nannte er als „wichtigste Aufgabe": „Eine neue Ordnung der ethnografischen Verhältnisse, das heißt, eine Umsiedlung der Nationalitäten, so dass sich am Abschluss der Entwicklung bessere Trennungslinien ergeben, als es heute der Fall ist. In diesem Sinne aber handelt es sich nicht nur um ein Problem, das auf den deutschen Raum beschränkt ist, sondern um eine Aufgabe, die viel weiter hinausgreift. Denn der ganze Osten und Südosten Europas ist zum Teil mit nicht haltbaren Splittern des deutschen Volkstums gefüllt. Gerade in ihnen liegt ein Grund fortgesetzter zwischenstaatlicher Störungen. Im Zeitalter des Nationalitätenprinzips und des Rassegedankens ist es utopisch zu glauben, dass man diese Angehörigen eines hochwertigen Volkes ohne Weiteres assimilieren könne. Es gehört zu den Aufgaben einer weit schauenden Ordnung des europäischen Lebens, hier Umsiedlungen vorzunehmen, um auf diese Weise wenigstens einen Teil der europäischen Konfliktstoffe zu beseitigen."

Zu diesem Zeitpunkt waren die ersten Schritte bereits getan. Reichsführer SS Heinrich Himmler war bevollmächtigt, den Konflikt mit dem faschistischen Italien zu beseitigen und die Umsiedlung der Südtiroler in die Wege zu leiten – nach Burgund, in die Beskiden oder auf die einst von den Goten bewohnte Halbinsel Krim. Nur kurz nach der Hitler-Rede wurden mit den Regierungen Estlands und Lettlands bereits Verhandlungen über den Transfer der Baltendeutschen geführt, und Ende September waren die Verträge mit der Sowjetunion unterzeichnet, denenzufolge die in der sowjetischen Interessensphäre lebenden Deutschen „heim ins Reich" geführt, während die – wenigen – diesseits der Demarkationslinie lebenden Ukrainer, Weißrussen, Russen in die Sowjetunion überführt werden sollten.

Aus allen Ecken und Enden des östlichen Europa wurden Volksdeutsche eingesammelt und zur Germanisierung der neu eroberten Ostprovinzen, vor allem des Warthegaus, „eingesiedelt", zu wenige, wie sich herausstellte, so dass sich Umsiedlungs- und Umvolkungsspezialisten daranmachen mussten, „wertvolles Blut" innerhalb der von ihnen beherrschten slawischen Völker zu suchen. Die Kehrseite dieser biologischrassistischen Sammlungsbewegung, die mit Schädelmessungen, Bluttests und erheblichem statistischem Aufwand betrieben wurde, war die großmaßstäbliche Abschiebung, Umsiedlung und Tötung „minderwertiger" Volksgruppen und Völker.

In den als „Generalplan Ost" zusammengefassten Visionen geht es um die Verschiebung und den kalkulierten Tod von Abermillionen, durch den Platz geschaffen werden sollte für das „Volk ohne Raum", an dessen Ende etwas ganz anderes stehen sollte: ein Raum, aus dem erst die Völker, dann auch die Deutschen verschwunden sein würden. Göring im November 1941: „In diesem Jahr werden 20 bis 30 Millionen Menschen in Russland verhungern. Vielleicht ist das gut so, da bestimmte Völker dezimiert werden müssen."

Die Erschütterungen, die durch diese Eingriffe Nazi-Deutschlands ausgelöst worden waren, hatten ihre eigene Dynamik und erfassten zuletzt auch die Deutschen selbst. Die herannahende Rote Armee hatte Hunderttausende in die Flucht getrieben, alle in der Vorstellung, sie würden zurückkehren, wenn der Sturm sich gelegt haben würde. Die Säuberung des Territoriums von Deutschen durch Kriegshandlungen und Flucht sollte dann eines der Hauptargumente für die Durchführung der Aussiedlung werden, handle es sich hier doch nur noch um „Reste" der Bevölkerung der östlichen Provinzen.

Auf die Flucht vor der Roten Armee folgte die Zeit der wilden Vertreibung. Was die Deutschen den Völkern des östlichen Europa angetan hatten, widerfuhr ihnen jetzt selbst – freilich selten den Verantwortlichen als vielmehr wehrlosen und unschuldigen Zivilisten. Die Entfernung der Deutschen wurde zur wichtigsten Aufgabe der neuen Regierungen in Polen und der Tschechoslowakei erklärt.

In Polen war die Freimachung der deutschen Ostprovinzen, die in der Sprache der Zeit als „wiedergewonnene Gebiete" firmierten, die

Bedingung für die Ansiedlung jener Polen, die ihre Heimat im Osten verloren hatten. Sie kamen nun in den Westen, wo ihnen alles fremd war: die Beschriftung der Geschäfte, das Mobiliar der Häuser und Wohnungen, in die sie eingewiesen wurden und die anzueignen die Arbeit von mehr als einer Generation erfordern würde.

Für die meisten Führer der Tschechoslowakei war es schon während des Krieges ausgemacht, dass es eine Rückkehr zum Vorkriegszustand nicht mehr geben könne. Mehr als 3,2 Millionen Deutsche auf dem Territorium der Tschechoslowakei mit ihren insgesamt 12 Millionen Einwohnern? Freilich gab es erst Überlegungen, nur einen Teil der Deutschen auszusiedeln, die Volksgruppe auf ein integrierbares Maß zu reduzieren oder die antinazistischen und der Republik gegenüber loyal gebliebenen Deutschen von den antideutschen Maßnahmen auszunehmen.

Die Tschechoslowakei hat sehr bald anders entschieden, nach den Worten Edvard Beneš' im Frühjahr 1945: „Für mich ist klar, dass die Deutschen gehen müssen. Wohin sie gehen, kann ich im Augenblick nicht sagen, aber solange diese Leute, von denen manche an der Unterdrückung des tschechischen Volks teilgenommen haben, in meinem Land bleiben, besteht die Gefahr eines Bürgerkrieges." Es schien eine Frage von Sein und Nichtsein. So wurde in kürzester Zeit das Grenzland der Tschechoslowakei von den Deutschen geräumt, zuerst in „wilder Vertreibung" mit entsetzlichen Übergriffen, später, nach der Potsdamer Konferenz mit Zustimmung der „großen Drei", auf eine „ordnungsgemäße und humane Weise", in Hunderten von Zügen, die in die sowjetische und amerikanische Besatzungszone fuhren.

Anders als in Polen, das seine eigenen Vertriebenen anzusiedeln hatte, war für die Tschechoslowakei die Repeuplierung der Randgebiete ein Problem, an dessen Lösung das Land noch Jahrzehnte litt. Es würde Jahrzehnte brauchen, bis diese leer gefegten Provinzen und Städte wieder aufgebaut, in Stand gesetzt und in eigener Regie weitergeführt werden würden.

Säuberungswahn

Die Zerstörung Mitteleuropas war gewiss kein „Betriebsunfall der Geschichte" und nicht nur oder in erster Linie das Werk eines Verrückten. Andere Sprengsätze und Schubkräfte müssen wirksam sein, wenn in einem modernen 30-jährigen Krieg ein ganzer Kontinent verwüstet und ein in Jahrhunderten gewachsener Zustand abgeräumt wird. Im Grunde war schon der Zusammenbruch der alten Reiche das Ergebnis der Nationalisierung der Massen und der mit der Industrialisierung verbundenen sozialen Revolution. Selbstbestimmung der Nationen war das Schlagwort der Stunde. Es bedurfte nur des rechten Augenblicks, um die als Völkergefängnis verstandenen Imperien – die Donaumonarchie, das Russische und das Osmanische Reich vor allem – zu sprengen.

Einen Vorgeschmack davon, was die Kombination von Moderne, Nationalismus und Krieg zu Wege bringen würde, bekam Europa mit dem Genozid an den Armeniern zu Beginn des Ersten Weltkriegs. Aber aus den alten Imperien waren keine Nationalstaaten im westlichen Sinne hervorgegangen, sondern Vielvölkerstaaten, in denen Territorium, Sprache und Volk nur selten und nur partiell zur Deckung kamen. Minderheitenfragen beherrschten die ganze Zwischenkriegszeit, und es schien klar, dass derjenige das ganze zerbrechliche System der Pariser Friedensverträge würde aus den Angeln heben können, der die Fackel der Volkstumskämpfe in die explosiven Völkermischungen Mitteleuropas werfen würde.

Es war Hitler (und viele kleinere Gestalten seiner Couleur), der sich am besten auf die Entfesselung des Nationalismus und dessen Radikalisierung im Rassismus verstand. Die Drachensaat der Revisionismen, Separatismen, nationalistischen Abrechnungen ging überall auf. Der Volkstumskampf verband sich umso leichter mit dem sozialen Antagonismus und dem Klassenkampf, als Volksgruppen und soziale Klassen ebenso wie Kultur, Konfession und ethnische Zugehörigkeit meist eng zusammenhingen. So verbanden sich oft nationale Ambition und soziales Ressentiment, Volkstumskampf und Klassenkampf zu einer gefährlichen, ja tödlichen Mischung, vor allem im Antisemitismus.

Der Erste Weltkrieg war ein wichtiges Laboratorium für das, was kommen sollte. Hier wurden die Methoden und Praktiken des totalen Krieges erstmals in großem Stil erprobt. Die moderne Organisation und Bürokratie zeigte, was sie leisten konnte, indem sie bestimmte, als unzuverlässig eingestufte Bevölkerungsgruppen – etwa Juden, Deutsche, Polen – aus Grenz- und Frontzonen evakuierte und ins Landesinnere deportierte. Hier wurden Praktiken vervollkommnet, die man zuvor schon an der Peripherie des Imperialismus, in den Kolonien, erprobt hatte – vom Konzentrationslager über Grenzziehung mit dem Rasiermesser bis zur lässigen Routine der Massenexekution; der Rassismus wanderte, wie Hannah Arendt gezeigt hatte, von der Peripherie ins Mutterland zurück.

Der Kolonialismus hatte gelehrt, dass alles machbar war, wenn man nur über eine gute und effiziente Organisation verfügte. Es war das Unglück Mitteleuropas, dass es zwischen die Fronten der zwei großen, bald kollaborierenden, bald miteinander rivalisierenden Totalitarismen Nazi-Deutschland und stalinistische Sowjetunion geraten war. Wie sich Metallspäne um die beiden Pole des Magneten ordnen, so polarisierten sich die inneren Kräfte der mitteleuropäischen Gesellschaften und zerrieben so die Kräfte der Mitte.

Und gewiss mussten Neuerungen hinzukommen, die erst das 20. Jahrhundert bot: eine Technik und Infrastruktur, die Operationen in größtem Maßstab ermöglichten, den Abtransport ganzer Volksgruppen und Völker mit allem, was dazugehört – einer effizienten Bürokratie und Verwaltung, einer funktionierenden Logistik, einem hoch spezialisierten Apparat, der in der Lage war, derart komplizierte Aktionen, wie es die Verpflanzung großer Menschengruppen aus einer halbwegs funktionierenden Zivilisation darstellt, zu bewerkstelligen.

So etwas geht nur unter Bereitstellung hochgradiger Expertisen, von der Völkerkunde bis zur Verwaltungswissenschaft, von den Verkehrsexperten bis zu den Sprachinselforschern – sie alle trugen ihren Teil zur Entmischung Europas bei. Gewiss spielten auch Theorien und Theoretiker eine Rolle, etwa Militärstatistiker, die schon im 19. Jahrhundert die Säuberung der Grenzstreifen von unzuverlässigen Untertanen gefordert hatten, oder Theoretiker des Volksstaates, die die Entfernung von „fremdvölkischen" oder „artfremden" Elementen verlangt hatten, lange bevor dies im 20. Jahrhundert Staatsdoktrin werden konnte.

Gewiss hat es einen George Montandon, einen französisch-schweizerischen Ethnologen gegeben, der seit seinem Traktat aus dem Jahre 1915 mit dem Titel „Frontières nationales: Determination objective de la condition primordiale nécessaire a l'obtention d'une paix durable" als Erfinder der „transplantation massive", des gewaltsamen Bevölkerungstransfers, sprich: der Vertreibung, gelten kann.

Aber all dies ist eher Stichwort zur geistigen Situation der Zeit, Seismograf, Indikator, nicht Agens. Theorien handeln nicht. Ideen sind nichts ohne Menschen. Es sind Menschen, die anderen Menschen Gewalt antun. Sie sind es, die andere zur Ortsveränderung und zur Flucht zwingen. Das 20. Jahrhundert hat die Völkerverschiebung im besten Fall als „heroisches Heilmittel" (Herbert Hoover), als „kleineres Übel", im schlimmsten Fall als Großprojekt des Social Engineering, als soziale Plastik bei der Schaffung des idealen Volkes oder der idealen Rasse propagiert.

Die Nachgeborenen des „Jahrhunderts der Flüchtlinge", die das Privileg haben, über jene Zeiten hinaus zu sein, können sich einbilden, gegen solchen Wahn und solche Rezepte gefeit zu sein. Ob oder wieweit sie es in Wahrheit sind, hat sich in Jugoslawien und anderswo gezeigt.

Hoffnung auf Gestern

*Die ersten Ostpreußen haben sich in ihrer alten
Heimat niedergelassen. Sie sehnen sich nach Königsberg,
finden aber Kaliningrad.*

Von Ullrich Fichtner

Fast 50 Jahre brauchte Klaus Trautmann für den Heimweg. Im Kriegsjahr 1944 nahm die Großmutter den Jungen, der droben in Heinrichswalde bei Tilsit an der Memel geboren worden war, und machte sich mit ihm auf, aus Ostpreußen davonzulaufen vor der Roten Armee. Er war ein kleines Kind damals, aber ihm blieb immer ein Gefühl von Verlust. Im späteren Leben, sagt er, hätte es ihn „von hier nach da und nach da" verschlagen, nach Ostwestfalen, nach Niedersachsen, Bauer war er, Binnenschiffer und wieder Bauer, am Rhein, an der Saar. Tiefe Wurzeln schlug er nie. Ein Westdeutscher wollte nicht werden aus ihm. Er blieb auf Wanderschaft, innerlich.

In Slawjanskoje steht heute sein Haus, das ist eine schäbige Dorfsiedlung, eineinhalb Stunden Fahrt von Kaliningrad entfernt, zwischen Entwässerungsgräben rechts der Landstraße, zehn Minuten vom Kurischen Haff entfernt. Trautmann bringt Tee, schwarz wie Kaffee, und Tassen mit Goldrand, und er sagt, nach Heimatgefühlen befragt: „Ja, ich fühl mich hier in gewisser Weise anders."

So redet er. Die Stimme erinnert von fern an Gert Fröbe, auch der ganze Mann. Gleich 1992 kam er, im April und noch einmal im August, als „das Gebiet" nach 46 bleiernen Jahren der Isolation keine Sperrzone mehr war. Er kam wie so viele andere, um sein Gefühl zu prüfen.

Heinrichswalde hieß Slawsk. Tilsit hieß Sowjetsk. Aus der Memel war die Neman geworden und aus der ganzen Heimat ein verrückter Bilderbogen, der mit den Postkartenalben aus Ostpreußen nichts mehr und doch auch alles gemein hatte.

Als seine Frau, auch sie in Ostpreußen geboren, südlich von Königsberg, wo die Städte Heiligenbeil und Preußisch Eylau hießen, als Ursula Trautmann eine bestimmte Baumgruppe wieder sah oder ein bestimmtes Haus mit blauer Tür oder auch nur eine überwucherte Gleisweiche der Samland-Bahn, sagte sie: „Hinter der nächsten Kurve beginnt mein Land."

Es ist ein hartes Leben. Immer wieder verhakt sich der Ackerpflug in „ärgerlichen Steinen", kleinen Findlingen, die Pacht ist hoch, der Ertrag gering. Die letzte Ernte war verregnet, sie fuhren zwei Tonnen Futtergetreide pro Hektar ein, ein Ergebnis „unter aller Würde".

Auch die Milchleistung der Kühe ist schlecht, das kommt vom Futter, im Heu sind viele minderwertige Gräser. Trautmann wird wohl bald auch die verbliebenen 30 Stück Vieh noch verkaufen. „An und für sich", sagt er, „hätten wir die Tiere nicht mitbringen sollen." Aber man hat das mit den Tieren einfach falsch eingeschätzt.

1996 war das. Klaus und Ursula Trautmann, er heute 59, sie 73 Jahre alt, machten sich mit 70 Stück Rindvieh im doppelstöckigen Tiertransporter nach Osten in die neue Heimat auf. Das hätte, vom Saarland nach Kaliningrad, in 24 Stunden gehen können. Aber der deutsche Zoll hatte viele Fragen, hielt den kleinen Treck sechs Stunden an der Grenze auf, und so mussten sie an der Oder bei Frankfurt zum Melken abladen und waren Tage unterwegs.

Oft in ihrem Leben kam es anders als geplant. Die Verhandlungen über eine Landpacht ganz zu Beginn, 1993, waren ein Alptraum, ein ungleiches Gezerre mit übrig gebliebenen Vertretern der Nomenklatura, mit Dolmetschern, die fahrlässig frei übersetzten. Zum Rätselspiel wurde das Geplänkel mit den neuen Herren der Perestroika, die von Verträgen nach westlicher Machart nur eine ungenaue Ahnung hatten, aber jedenfalls die, dass es dabei Gewinner und Verlierer geben müsse.

Hinter einem Ja konnte ein Njet verborgen sein, aber ein Nein konnte auch Ja bedeuten, die Prozeduren dauerten lang und kosteten viele Nerven, ehe Klaus und Ursula Trautmann endlich bei Labiau/Polessk, einen Steinwurf vom Haff, Pachtland zugesprochen bekamen. Ihr Traum wurde Wirklichkeit, aber was heißt Traum. Es war ja eine Sehnsucht nach etwas Bekanntem.

So schlugen sie ein trotz vieler Bedenken, unter vielen Bedingungen der Gegenseite, sagten Ja zu ungerechten Tauschgeschäften und lernten das Kleingedruckte selbst in Kyrillisch zu lesen. Irgendwann, irgendwie kamen sie wirklich neuerlich in Ostpreußen an, in der alten Heimat, das heißt: in Russland, das heißt: in der Kaliningradskaja Oblast.

300 Hektar bearbeiten sie heute, die Pacht für das Land mit Gebäuden kostet 800 Euro im Monat, das ist viel, wenn eine Tonne Weizen nur 3000 und ein paar Rubel bringt, 110, 120 Euro. Aber sie waren die ersten Deutschen überhaupt, die wieder siedeln durften in Ostpreußen, das heißt, in Russland, Region Nummer 39.

Es war nicht leicht. Als sie entschlossen waren, es auf dem alten Boden noch einmal neu zu versuchen, geriet der Sohn, auch er Landwirt, 26 Jahre alt, in schweres Gewitter und wurde vom Blitz erschlagen. Damals auch stellten die Ärzte bei Ursula Trautmann Zucker fest, Diabetes, ihre Augen ließen nach, das Projekt Rückkehr und Neuanfang rückte zwischenzeitlich wieder weit in die Ferne. Aber sie vergaßen es nie.

Jetzt, da Klaus Trautmann die Teetassen hinstellt auf den niedrigen Couchtisch neben die Pralinenschachtel „Aachener Auslese", sind die Sorgen wieder größer. Seine Frau ist nach Weihnachten gleich in Deutschland geblieben, ihr Blutdruck macht Bocksprünge, neuerdings bis hinauf über 250. Es ist das Herz. Aber sie haben schon andere Sachen durchgestanden. Damals, heute, hier und anderswo.

Als ganz am Ende rings um Königsberg die Granaten explodierten und das ganze Gebiet bis zur Memel hinauf und hinüber nach Gumbinnen ein Schlacht- oder schon Gräberfeld war, floh Ursula Trautmann mit ihrer Mutter durch die letzten, noch von Deutschen gehaltenen Korridore zur Küste aufs Schiff. Mutter und Tochter wurden getrennt, die eine landete in Dänemark, die andere in Holstein, gerettet beide, fern voneinander, zwei Jahre lang in völliger Ungewissheit über das Schicksal der anderen. Zur Heimat wurde ihnen das westliche Deutschland nicht. Heimat war eine Sehnsucht, die sich anderswo erfüllte.

Kaliningradskaja Oblast. In die Erdfarben des späten Winters sind verrottete Ställe gewürfelt, flache Häuser mit zerschlagenen Scheiben, Autowracks. In Giebeln verblassen Jahresinschriften, „1857", „1869", Frauen mit grellen Kopftüchern stehen an rosa getünchten Buswartehäuschen mit mintgrünem Gittergeflecht, vor verlassenen Kaufläden in Hallenbadblau verkaufen Mütterchen Kartoffeln, Eier,

Knoblauch aus verbeulten Blecheimern. „Die Struktur von früher", sagt Klaus Trautmann, und dieses „früher" bleibt stecken im Ungefähren, „die ist an und für sich kaputt."

Sein eigener Pachthof steht im Morast wie ein Klischeebild auf den Konkurs der Sowjetunion, ein Stall aus Stein, darin die Kühe, links die Ruinen zweier weiterer Stallungen, die Dächer abgedeckt, die Mauern durchbrochen. Bruchziegel häufen sich neben dem Eisenschrott der einstigen Tränken.

In Sowjetzeiten wurden hier 1000 Stück Milchvieh gehalten und Hunderte Familien lebten vom volkseigenen Betrieb. Heute gibt Trautmann neun Leuten Arbeit. An der Stalltür steht eine Hand voll Skudniks herum, Landarbeiter in schweren Stiefeln und mit groben Mützen, sie zeigen beim Lachen schlechte Zähne neben goldenen, das Leben und der Wodka haben sich in ihre Gesichter gegraben.

Ringsum Postkartenbilder aus Ostpreußen. Schnurgerade Alleen aus 100-jährigen Linden, einzelne Eichen, Eschen, gewaltige Birnbäume. Darüber steht der Himmel grau und riesig, wie in der Ewigkeit nahtlos aufgespannt von Horizont zu Horizont. Die ersten Störche des Frühjahrs ziehen, Gänse auch. Man meint immer, die See zu riechen.

Die Arbeiter necken einen bernsteinfarbenen Hund, fragen den Chef nach Vorschuss, sie führen harmlose, herzliche Späße auf. Den Himmel, die Weiden, den Wind, sie kennen das alles von Kind auf. Das Land hinter den Ställen ist ihre Heimat. Hier haben sie schon immer das Beste aus ihrem Leben gemacht und manchmal ein bisschen zu viel des Guten. Es gebe ein „Leute-Problem" im Land, sagt Trautmann, es werde zu viel gesoffen – und überhaupt regiere der Unernst. So ist das Leben in tiefer Provinz. Aber die Metropolen rücken nah und näher.

Das Postkartenalbum Ostpreußen, täglich bekommt es neue Seiten, immer buntere, immer schneller, seit der Öffnung vor elf Jahren. Die frischen Bilder zeigen Kioske hinter dem Wald, an denen gelb und blau Camel steht, sie zeigen die Speisekarte eines Wirtshauses im großartigen Nichts der Kurischen Nehrung, die Coca-Cola und Holsten-Bier neben Rubelpreisen verzeichnen.

Kinder in Dörfern, zehn Häuser groß, tragen Sweatshirts aus England und träumen von Britney Spears, in die Autoflotte auf der Buckelpiste der Landstraßen mischen sich nagelneue BMW. Milizleute stecken sich Winston-Zigaretten in die erfrorenen Kindergesichter, während sie sich wärmen an ewigen Flammen für die gefallenen Helden der ruhmreichen Sowjetunion.

Die widersprüchlichen Motive, die Brüche nehmen zu, und je näher die Stadt rückt, desto schiefer werden die Bilder. Kaliningrad. Königsberg ist dort nur ein Wort.

Kenwood und Aiwa haben ihre Markenzeichen auf die Plattenbauten um den Zentralplatz gepflanzt. Stadtauswärts am Moskowski-Prospekt reihen sich in langer Kette die Häuser der Autokonzerne aus aller Welt. Design-Läden aus dem Westen haben ihre Nischen gefunden am Lenin-Prospekt zwischen altmodischen Bekleidungshäusern „für die Dame" und realsozialistischen Plattenwohnbauten, auf deren schrundigen Balkonen Satellitenschüsseln gen Himmel zeigen.

Die Stadtlandschaft gleicht jenen in der versunkenen DDR vor zehn, zwölf Jahren. In Kaliningrad ist die Wende noch jung und der Westen ferner, in kleinen Schritten nur verändert sich die sozialistische Planstadt. Rasend schnell aber musste die neue Heimat Kaliningradskaja Oblast fremde Wörter buchstabieren lernen: Heroin, Ecstasy, Marihuana, Aids. Der Hafenzoll findet heute auf mauretanischen oder philippinischen Frachtern ausgestopfte exotische Tiere, falsch deklariertes Schmuggelgut, Drogen, Schnaps, gefälschte Medikamente.

Die Insel Kaliningrad, 46 Jahre lang abgeschieden von aller Welt, heute eingeklemmt zwischen Polen und Litauen als westliche Exklave des Mutterlands Russland, fand sich mit einem Schlag an den Trampelpfaden der Weltwirtschaft als „Sonderwirtschaftszone" wieder. Und in diesen Jahren beginnt sie allmählich davon zu leben.

Schon ist die Oblast ein gesuchtes Niedriglohngebiet, der Durchschnittsverdienst liegt nach der amtlichen Statistik bei exakt 2449 Rubel und 50 Kopeken im Monat, das sind grob gerechnet kaum 90 Euro. Diesen geldwerten Standortvorteil lassen sich global agierende Firmen nicht entgehen.

Ericsson, Thomson, Philips und andere schicken ihre Fertigteile in den Osten, damit dort Fernseher für den Westen montiert werden, BMW lässt Partien seiner Dreier-Serie zusammenschrauben, fünf Typenreihen fertigt der koreanische Autobauer Kia bereits in Kaliningrad.

Möbelfabriken sind entstanden, auch in den Kleinstädten, Joint-Venture-Projekte mit Litauen, Polen, Schweden, Deutschland, Italien. Autobatterien kommen heute aus Kaliningrad, Papier, Fleischkonserven, Autokopfstützen, die offizielle Arbeitslosenquote weist fast Vollbeschäftigung aus, zwei Prozent, im Winter ein wenig mehr.

„Kornkammer" hieß Ostpreußen einst mit zweitem Namen. Heute muss Russlands Region 39 die meisten Lebensmittel importieren und kann nicht einmal mehr den Bedarf an Getreide, geschweige denn Fleisch selbst decken. Aber dafür ist die Oblast ein Wettbewerber auf dem Markt internationaler Investitionen geworden.

Einige wenige werden dabei steinreich, auch nach westlichen Begriffen. Leute, die es wissen, können an jeder Ecke die großen und kleinen Fische der Kaliningrader Mafia zeigen. Man kann sie feiern sehen am Abend in den rustikalen Schenken der Stadt, im prunkvollen Spielkasino im alten Gebäude der Börse am Fluss, wie sie Dollar und Euro verjubeln und sich freuen am fetten Leben im Falschen, in der bunten Russen-Disco von Kaliningrad.

Von Königsberg kaum eine Spur. Ein paar Häuser, Kirchenreste, die Stadttore, ein paar Backsteinbauten, ein paar gusseiserne Kanaldeckel, auf denen „Steinfurt" steht oder „Heidelberg" oder „Königsberg i. Pr.". Davon abgesehen, hat die heutige Stadt am Pregel mit ihrer versunkenen Vorgängerin nichts mehr gemein.

Wer Königsberg sagt, kann nur eine Erinnerung meinen, ein Gefühl, eine verschollene Heimat, begraben unter dicken Schichten Welt-

historie, pietätlos beerdigt einst nach dem Krieg, von den heutigen
Bewohnern im Grunde vergessen.

Die von früher hat Kalli aus Strausberg, 68 Jahre alt, Brandenburger, zu DDR-Zeiten Schrottverwalter und „wegen der Liebe"
nach Kaliningrad umgezogen, alle gefahren, 98 Jahre war der Älte-
ste und kam gleich im ersten Monat der Grenzöffnung.

Kalli hat weinende Frauen vor abgeräumten Grundstücken stehen
sehen und hilflose Männer oder Töchter daneben. Als Chauffeur, den
man mit Auto mieten kann für acht Dollar die Stunde, musste er oft
„nach Gefühl" fahren, weil die Leute „drei Bäume mit einem Stor-
chennest" suchten oder weil ganze Dörfer nicht mehr zu finden waren.
Ostpreußen wurde besiedelt mit Macht. Russen kamen, Kasachen,
Armenier, Ukrainer, sie wurden gelockt mit Land und Arbeit oder
einfach strafversetzt, zwangsverschickt, aber so oder so verwandelten sie dieses einstige Preußen in eine Region der Sowjetunion.
Aus Kaukehmen wurde Jasnoje; aus Pillau Baltijsk; Tapiau wurde
Gwardejsk, Fischhausen Primorsk. Es war das Ende der Geschichte
für viele und der Beginn einer neuen für andere. Nie scheint dieser
Prozess enden zu wollen.

Nie endet die weltweite Wanderung. In der Kaliningradskaja Oblast
nimmt sie stark zu in diesen Jahren. Seit der Öffnung findet sich die
Region in Europa als Ziel von Migranten wieder. Russlanddeutsche
kommen, Russen aus Kasachstan, Tadschiken, Turkmenen, Kirgi-
sen, manche bleiben für immer, manche warten nur auf ihre Chance
in Westeuropa, in Deutschland, in Amerika. Das Postkartenalbum
füllt sich mit immer neuen Blättern, so dick ist es schon, dass das
ostpreußische Kapitel schmal wirkt gegen den Rest des großen
Buches.

Aber es wird, auf Trautmanns Hof und anderswo, auch fortge-
schrieben. In Neman, das einmal Ragnit hieß, droben, fast an der
Memel, lebt Walentina Ostowna, geborene Waltraud Slovikov, trotz
des Nachnamens eine deutsche Ostpreußin, Jahrgang 1921, 80 Jahre
alt inzwischen. Eine sehr kleine Frau ist sie, die im siebten Stock
eines maroden Plattenbaus in geblümten Sesseln sitzt und vergnügt
dabei zusieht, wie ihre Enkel aufwachsen und wie die Zeit schnell
und schneller vergeht.

Sie kam nicht mehr rechtzeitig fort aus dem Land, damals, 1945,
als sich ihre Familie im Tumult aus Flucht und Krieg aus den Augen

verlor. Die Eltern mussten schließlich mit nur einer der zwei Töchter fliehen, Waltraud, Walentina, blieb zurück und sah ihre Eltern, die in Wittenberge unterkamen, nie wieder.

Sie selbst ging nach Litauen für eine Zeit, fand einen Mann, schlug sich, zurück in der Oblast, als Melkerin durch, die Russen taten ihr nichts, nicht am Ende des Krieges, nicht später. „Ich hatte es gut", sagt sie, ihr Deutsch, das sie fast 50 Jahre lang nicht sprach, ist noch fein, wie das Motto eines Lebens klingt der Satz.

Sie zeigt Fotos, eingesteckt in die Plastiktaschen eines Postkartenalbums. Man sieht darauf junge Frauen, Litauerinnen, Russinnen, ihre Töchter, mit einem Vater aus dem Baltikum und einer Mutter aus Deutschland. Man sieht deren Kinder spielen neben hundertjährigen Lindenbäumen.

Man sieht Walentina Ostowna, geborene Slovikov, die ihre Familie verlor, aber die Heimat nicht verlassen musste. Die geblieben war, unbehelligt, die ihre Kinder heiraten sah und die Kinder der Nachbarn, mit großem Hallo bei Trinkgelagen und Festen. Die Erinnerungen sammelte und die Gegenwart teilte mit anderen. Die aus Ostpreußen kam. Und in Russland lebte.

Staatsfeind „Umsiedler"

Der Ansturm von vier Millionen Flüchtlingen gefährdete den Aufbau der DDR. Mit ihrer Forderung nach Entschädigung und Angleichung provozierten die Neubürger die Partei und gerieten in Konflikt mit der Stammbevölkerung. Die SED erzwang schließlich die Verschmelzung mit Hilfe von Ansiedlungsstrategie, Industriepolitik und Bodenreform.

Von Michael Schwartz

Mit biblischen Katastrophenbildern wetterten deutsche Kommunisten gegen den Schock, der im Sommer 1945 die sowjetisch besetzte Zone ereilte. Millionen Vertriebene aus dem Osten hätten wie „Heuschreckenschwärme" ihren kleinen Teil von Restdeutschland heimgesucht, geradezu „überschwemmt", wie Kurt Fischer, der Innenminister des Landes Sachsen, klagte.

Entsprechend hektisch war die Reaktion. Um das Land „vor der Hungersnot" zu bewahren, verfügte Sachsen im August 1945 die „restlose Ausweisung" aller Vertriebenen – und half gleich auch noch kräftig nach – durch den Entzug der überlebensnotwendigen Lebensmittelkarte.

Ein Aufruhr war die Folge. Betroffene protestierten lautstark, „wie Ausgestoßene oder willenlose Tiere" behandelt zu werden, sowjetische Kommandanten gingen, aus humanitären Gründen, gegen den Gewaltakt vor. Eine Gruppe Schlesier forderte von den Sachsen sogar die Anwendung der Potsdamer Vertreibungsbeschlüsse ein, mit denen die Alliierten sichergestellt wissen wollten, dass die „Überführung deutscher Bevölkerungsteile" wenigstens in „ordnungsgemäßer und humaner Weise" geschähe. Kleinlaut vermeldete Sachsens mächtiger Innenminister, alles gehe „drunter und drüber".

Das war nicht nur in Sachsen so. Vom riesigen Menschenschub, der zwischen 1945 und 1950 in das verkleinerte Nachkriegsdeutschland hineinquoll, wurde die sowjetzonale Nachkriegsgesellschaft förmlich überrannt. Weit stärker noch als ihr West-Pendant erfuhr sie demografische Erschütterungen: In der DDR machten Anfang 1949 die damals 4,3 Millionen Zuwanderer – Ost-Deutsche und Flüchtlinge aus Osteuropa – über 24 Prozent der Bevölkerung aus. Vertriebene stellten zwar in der Folgezeit bis 1961 auch ein Drittel der fast drei Millionen „Republikflüchtlinge", die die DDR in Richtung Bundesrepublik verließen. Dennoch blieb die demografische Umwälzung für die DDR-Gesellschaft auch langfristig beträchtlich. So war im sprichwörtlich veränderungsfeindlichen Mecklenburg nach 1945 fast jeder zweite Einwohner ein Vertriebener – oder besser: eine Vertriebene.

Denn das Antlitz der Vertreibung war weiblich. Das grausame Geschehen wurde zur „Stunde der Frauen", vor allem sie hatten die schlimmen Fluchterfahrungen zu machen, sie mussten, begleitet von Alten und Kindern, die Notsituation irgendwie bewältigen.

Der Männeranteil stieg zwar später durch Rückkehrer aus der Kriegsgefangenschaft, nahm aber bald auch wieder ab, da bei den Republikflüchtigen wiederum klar die Männer dominierten. Nicht umsonst behandelten DDR-Schriftsteller wie Anna Seghers oder Heiner Müller das Vertriebenenproblem unter dem Stichwort „Die Umsiedlerin".

Noch auffälliger war der überdurchschnittliche Kinderanteil bei den Vertriebenen. Das schien für die Zukunft viel versprechend, war allerdings im ersten Nachkriegsjahrzehnt eine gravierende Belastung. Gerade in ländlichen Gebieten blieb die Hilfsbedürftigkeit der vielen Alleinerziehenden und zuweilen auch noch ältere Angehörige pflegenden Frauen langfristig ein soziales Problem: Das Viertel Vertriebene im SBZ-Volk stellte 1949 fast 43 Prozent der Sozialunterstützten.

Das wurde in der DDR ein Langzeitproblem. Wirksame Integrationsmaßnahmen blieben nämlich schon deshalb rar, weil die für einen echten Lastenausgleich erforderlichen Umverteilungen eine Zerreißprobe für die Gesellschaft bedeutet hätten.

Die massenhafte Präsenz der Fremden veränderte die Lebenswelt der Einheimischen. Die Neuen waren zusätzliche Konkurrenten um knapp gewordene Güter, außerdem schienen sie mit ihren unablässigen Forderungen die über den Krieg geretteten materiellen Besitzstände der Einheimischen zu bedrohen. Schon gab es in einigen Kommunen und im Lande Thüringen Umverteilungsvorschriften, die viele Alteingesessene begründet bange machten, ihr vermeintlich überschüssiger Hausrat könne zu Gunsten der mittellosen Vertriebenen enteignet werden.

Rasch begriffen die Sowjets, was eine solche Umverteilungspolitik in der Bevölkerung auslösen konnte. Die „Tägliche Rundschau", Organ der Sowjetischen Militäradministration, hängte 1947 die Sache ganz hoch: „Für ein verarmtes Großmütterchen" sei eben „der Kochtopf, den es durch ein solches Gesetz zu bekommen hofft oder zu verlieren fürchtet, sehr viel wichtiger als die Frage, ob irgendein Konzernleiter im ganzen oder teilweisen Besitz seiner Verfügungsgewalt über Teile der deutschen Industrie bleibt".

Eine Umverteilungspolitik zur Linderung der Ausstattungsnotlage der Vertriebenen hätte womöglich das der Partei unverzichtbare Instrument Enteignung in Misskredit gebracht, jedenfalls aber – so fürchteten Sowjets und SED-Führung – die Gefahr „einer tiefen Zerrüttung des gesellschaftlichen Lebens" heraufbeschworen. So behielt das Großmütterchen den Kochtopf, der große Ausgleichsakt unterblieb.

In der unmittelbaren Nachkriegszeit hatten Sowjets und SED noch versucht, die Notlage der Vertriebenen mit besonderer Sozialfürsorge aufzufangen. Der 1946 ergangene Befehl Nummer 304 der Sowjetischen Militäradministration gewährte arbeitsunfähigen und bedürftigen Vertriebenen eine einmalige Finanzunterstützung in Höhe von 300 Reichsmark für Erwachsene und je 100 Reichsmark für deren Kinder. Bis 1949 wurden in der SBZ über 400 Millionen Mark für diese Vertriebenensoforthilfe ausgeschüttet – fast jeder zweite Vertriebene bekam eine Unterstützung.

Anders aber als in Westdeutschland, wo seit dem Soforthilfegesetz von 1949 eine vergleichbare „Unterhaltshilfe" fortlaufend gewährt wurde, blieb es in der DDR bei der Einmalzahlung. Alte und bedürftige Vertriebene hatten keine Lobby und blieben allein – angesichts vertreibungsbedingter Besitzlosigkeit für viele alte Menschen eine niederschmetternde Perspektive.

Sie galten nun als „Umsiedler". Denn die sowjetische Besatzungsmacht wünschte eine dauerhafte „Sesshaftmachung", Begriffe wie „Flüchtlinge" oder „Vertriebene" wurden folglich von Amts wegen abgeschafft. Die Bevölkerung hatte ihre eigenen (nicht immer freundlichen) Bezeichnungen, doch die SED-Politik redete bald schon von „Neubürgern" oder „ehemaligen Umsiedlern", um die überaus raschen Fortschritte ihrer erfolgreichen „Assimilations"-Politik anzudeuten.

Die gesellschaftliche Wirklichkeit widerlegte derartige Sprachpolitik aber nur zu oft. Viele insbesondere aus der älteren Generation wünschten sich die alte Heimat zurück. Das kollidierte mit der offiziellen SED-Politik einer Anerkennung der Oder-Neiße-Linie als „Friedensgrenze" (1950). Unbehagen in der verordneten „neuen Heimat" wurde freilich auch – nicht anders als in Westdeutschland – durch feindselige Nachbarn gespeist, denen die Neuen vielfach als „verstohlenes Flüchtlingspack und faules Volk" (so eine Ostpreußin 1948) galten.

Freilich muss man differenzieren. Zwar hatten alle Vertriebenen psychologisch und materiell am Verlust ihrer Heimat und ihres Besitzes schwer zu tragen, doch das jeweilige soziale Umfeld schuf unterschiedliche Integrationsvoraussetzungen: Arbeiter und Handwerker siedelten überwiegend in Städten, wo die Verschmelzung mit der eingesessenen Bevölkerung rascher vor sich gehen konnte als in

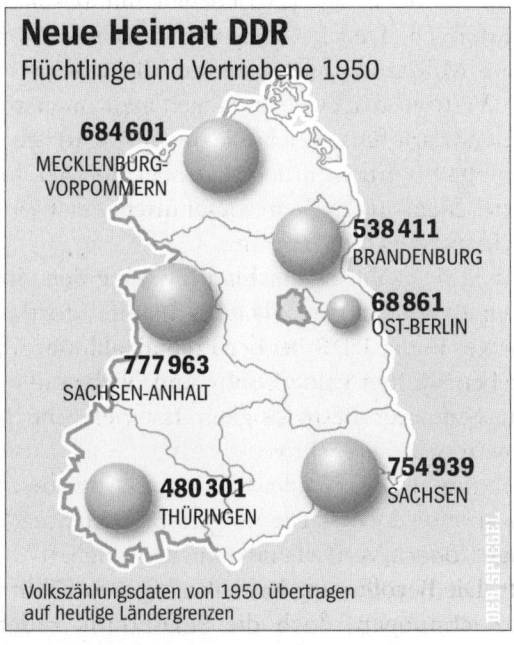

Neue Heimat DDR
Flüchtlinge und Vertriebene 1950

684 601
MECKLENBURG-
VORPOMMERN

538 411
BRANDENBURG

68 861
OST-BERLIN

777 963
SACHSEN-ANHALT

754 939
SACHSEN

480 301
THÜRINGEN

Volkszählungsdaten von 1950 übertragen
auf heutige Ländergrenzen

DER SPIEGEL

kleinen Dorfgemeinden. Vertriebene Bauern, denen eine Beteiligung an der Bodenreform verwehrt geblieben war, hatten dort als Arbeiter bei einheimischen Landwirten „täglich vor Augen, dass die eingesessenen Bauern ungeschmälert all ihren Besitz" behalten hatten (so die brandenburgische Regierung 1946).

Insgesamt befanden sich Vertriebene in der SBZ in einer frustrierenden Lage: Durch die Politik wurde ihre besondere Hilfsbedürftigkeit zunächst überall anerkannt, was ähnlich wie im Westen in eine besondere Integrationspolitik für die „Umsiedler" mündete. Gesellschaftlich hingegen war das Gruppenschicksal der Vertriebenen vielfach Ausgrenzung und Abstieg. Erst das doppelte deutsche Wirtschaftswunder im Laufe der fünfziger Jahre entspannte die Lage.

Ein Kernproblem blieb die Wohnungsunterbringung. Während man in der Bundesrepublik nach 1950 auf großzügigen Neubau setzte, fielen die diesbezüglichen Erfolge der DDR-Planwirtschaft mehr als bescheiden aus. So blieb der DDR langfristig nur die weitere Umverteilung bereits bestehenden Wohnraumes, bei dessen Zuteilung die Vertriebenen freilich mit immer mehr Bürgern aus anderen, meist wirtschaftlich wichtigen Anrechtsgruppen konkurrieren mussten.

Wohnungsneubau war in der SBZ/DDR kaum möglich. Zwar führte die frühzeitige Anstrengung des 1947 begonnenen „Neubauernbauprogramms" bis 1953 zur Errichtung von 95 000 Häusern. Zu einem guten Teil kamen die auch Vertriebenen zugute – allerdings nur einer winzigen Minderheit von wenigen Zehntausend unter den vier Millionen. Außerdem war für diese Neubauten teilweise bereits bestehender Wohnraum abgerissen worden – darunter aus ideologischen Gründen allein 1947/48 an die 1500 enteigneten Gutshäuser. Diese Wohnraumvernichtung ging dann oft noch zu Lasten anderer Vertriebener, die bis dahin in diesen Gebäuden untergebracht waren.

Obwohl die bürokratische Wohnraumumverteilung zu Lasten Einheimischer eher viel weiter ging als in den westlichen Besatzungszonen, gelang dennoch die beabsichtigte Angleichung der Lebensverhältnisse nicht. Beharrlich schützten die Alteingesessenen ihre Besitzstände. Hier hatte auch eine Diktatur gegen die einheimische Bevölkerungsmehrheit wenig auszurichten.

Jede Wohnraumumverteilung war mit Kleinkriegen zu erkaufen, was zahlreiche Wohnungsbehörden auf den Weg des geringsten

Widerstandes zwang. Obwohl die durchschnittliche Wohnfläche für Vertriebene zwischen 1947 und 1949 verdoppelt werden konnte, hatten die neuen Bürger mit 4,7 Quadratmetern auch weiterhin nur etwa die Hälfte des Wohnraumes der alten zur Verfügung. Die Verbesserungen waren in den Industrieregionen günstiger verlaufen als in den Agrargebieten. Das passte zu den sozialen Schieflagen im ganzen Land. 1950 machte Innen-Staatssekretär Hans Warnke (SED) die DDR-Volkskammer auf die erheblichen Wohnraumunterschiede zwischen den sozialen Schichten aufmerksam. Eine Stichprobe im brandenburgischen Kreis Calau hatte gezeigt, dass trotz aller bisherigen Umverteilungspolitik die Pro-Kopf-Wohnfläche von Selbständigen und Angestellten zweimal so groß war wie jene von einheimischen Arbeitern – und sogar dreimal so groß wie die von Vertriebenen.

Immerhin entstanden in den großindustriellen Standorten allmählich sozial mobile „Schmelztiegel" dicht neben den beharrlichen Sozialstrukturen ländlicher Dorfgesellschaften. Das war ein Erfolg. Nicht nur aus sozialen Motiven, sondern auch zur Förderung der Assimilation sollten Vertriebene so schnell wie möglich aus den Ghettos der Sammellager heraus. Deshalb auch zählte die Unterbringung Vertriebener in so genannten Dauerwohnungen – und sei es durch Zwangseinweisungen als Untermieter – zum Kernbestand sozialistischer Integrationspolitik.

Die SED-Propaganda machte jedoch von dieser wichtigen Integration in industrielle Betriebsbelegschaften wenig Aufhebens, denn mit diesen Erfolgen unterschied sich die DDR kaum von westdeutschen Integrationsverläufen.

Der Unterschied der Systeme und der vermeintliche Vorsprung der DDR-Politik ließ sich viel besser an der Bodenreform demonstrieren, denn Vertriebenenintegration durch Enteignung und Umverteilung von Land hatte es im Westen nicht gegeben. Noch 1970 hielt SED-Chef Walter Ulbricht mit Blick auf die 1945 erfolgte Enteignung des Großgrundbesitzes selbstzufrieden dem Westen vor: „Was wir fertig gebracht haben, das hätte man auch in Westdeutschland fertig bringen können."

Aber was genau hatte man erreicht? Zunächst einmal bedeutete die Bodenreform eine Form der Integration durch gewaltsame Desintegration. Bisherige Landbesitzer und deren Angehörige wurden enteignet und meist auch vertrieben, um Platz für neue Kleinbesitzer – darunter etliche Neubürger aus dem Osten – zu schaffen. Auf diese Weise erschienen Vertriebene, die zu Neubauern geworden waren, wie Profiteure der SED-Diktatur. Ähnlicher Konfliktstoff war bereits dadurch entstanden, dass dank der vergleichsweise rigorosen Entnazifizierung der Beamtenschaft die Voraussetzung dafür geschaffen wurde, bis 1950 rund 140 000 Vertriebene im öffentlichen Dienst der DDR unterzubringen.

Die Bodenreform mit dem sozialrevolutionären Anspruch war wirtschaftlich unmodern. Grundsätzlich bot die Vertreibung mit ihren Folgen in beiden deutschen Nachkriegsgesellschaften die Chance auf einen Modernisierungsschub für die Erwerbsstruktur. Daran gemessen hatten die Bodenreform und die anschließende „Neubauern"-Förderung etwas zutiefst Anachronistisches.

Indem der bisherige Großgrundbesitz in über 200 000 je acht Hektar kleine „Neubauernhöfe" parzelliert wurde, erlebten zwar etliche vertriebene Landwirte eine bescheidene Statusrestauration, doch zugleich war sie ökonomisch unsinnig. Die neue kleinbäuerliche Betriebsstruktur führte zwangsläufig zu Produktionsrückgängen und damit zu Engpässen in der Nahrungsmittelversorgung der Bevölkerung.

Weil die meisten Neubauernbetriebe nur durch massive Subventionen überleben konnten, wurde diese Art der Integration zu einer kostspieligen Farce, deren Scheitern durch die Bildung landwirtschaftlicher Produktionsgenossenschaften ab 1952 aufgefangen werden musste. Allein das Neubauern-Bauprogramm dürfte in knapp sechs Jahren 900 Millionen Mark verschlungen haben. Kein Wunder, dass DDR-Planungsminister Heinrich Rau das Ganze schon 1950 ahnungsvoll als „Fass ohne Boden" sah.

Kaum ein Neubauernhof verfügte über Maschinen oder Ackergeräte, auch das allgemeine Lebensniveau der Neubauern erschien politischen Kontrolleuren noch 1950 „kaum vorstellbar niedrig, sowohl ernährungs-, kleidungs- als auch einrichtungsmäßig" (so ein interner Bericht der Ost-CDU). Manche Neubauernfamilien hatten vor der letzten Ernte regelrecht hungern müssen. Bei solchen Verhältnissen war es kein Wunder, dass die Zahl der Hofaufgaben von Jahr zu Jahr zunahm, zumal das Leben in den Städten sich allmählich verbesserte.

Gerade Vertriebene hatten oft die schlechtesten Böden erhalten und mussten, da sie über keine eigenen Wohn- und Wirtschaftsgebäude verfügten, jahrelang kilometerweite Fußmärsche zu ihren Betrieben in Kauf nehmen. Trotzdem bot die Beteiligung an der Bodenreform zeitweilig bis zu 91 000 Familien aus dem Osten einen gewissen sozialpsychologischen und materiellen Halt. Ein Teil dieser „Umsiedler-Neubauern" fand in der kollektivierten DDR-Landwirtschaft eine Zukunftsperspektive. Insgesamt aber wurde die Zukunft der Vertriebenen nicht von sozialrevolutionärer Agrarpolitik auf dem Lande, sondern vielmehr durch gezielte Abwanderung vom Lande in die Industrie geprägt.

In gewisser Hinsicht war jedoch der Umstand, dass Vertriebene 1950 über 43 Prozent der DDR-Neubauern stellten, ein beträchtlicher Integrationserfolg. Waren doch die neuen Bürger in der ersten Zeit nach der Bodenreform in den Dörfern „als Fremde und Eindringlinge behandelt" worden – wie die brandenburgische Landesregierung 1947 einräumte. Das machte klar, wie sehr die Vertriebenen gesellschaftlich abseits standen und politischer Unterstützung durch den Staat bedurften.

Eine solche Parteinahme gegenüber der Mehrheitsgesellschaft aber war für die SED riskant. Materielle Umverteilung oder sozialpolitische Gruppenförderung rief oft heftigen Widerstand oder Sozialneid einheimischer Bevölkerungsgruppen hervor, denen es nach eigener Einschätzung ja auch an vielem fehlte.

Schon 1948 erwogen SED-Politiker, jede besondere Vertriebenenförderung einzustellen – weil Mittel für Sozialpolitik knapp und öffentliche Diskussionen über Vertreibung politisch unerwünscht waren, aber auch weil man die Gräben zwischen Alteingesessenen und Vertriebenen durch Förderung der Minderheit nicht noch zusätzlich vertiefen wollte.

Doch eine Geste an die Vertriebenen war unvermeidlich. Schließlich hatten bei ihnen Berichte über die 1949 einsetzenden westdeutschen Hilfsprogramme und auch die frühzeitige Anerkennung der Oder-Neiße-Grenze durch das SED-Regime heftige Unruhe ausgelöst. Deshalb begann die DDR, wenigstens zeitweise, wieder mit Sozialpolitik für Vertriebene.

Das „Umsiedlergesetz" vom September 1950 wurde zur DDR-Variante des Bonner „Soforthilfegesetzes". Im Unterschied zur Bundesrepublik freilich war das sozialpolitische Angebot ausschließlich an Vertriebene gerichtet. Prompt erregte es neuen Unmut unter den nun wieder benachteiligten einheimischen Kriegsgeschädigten, insbesondere den Opfern des Bombenkrieges. Das trug zur bald folgenden ersatzlosen Einstellung der Vertriebenenförderung nicht wenig bei.

Zudem diente auch die Neuauflage der DDR-Vertriebenenförderung primär der Integration in die DDR-Arbeitsgesellschaft, richtete sich also vor allem an Neubauern, Handwerker, Industriearbeiter oder qualifikationsbereite Jugendliche aus dem Osten. Alte und Arbeitsunfähige gingen hingegen leer aus.

Einzig der „Wohnbedarfkredit" – bis zu 1000 Mark pro Haushalt für Mobiliar und Hausrat – schien unterschiedslos allen Vertriebenen zu nutzen. Doch auch hier wurde man bald eines Besseren belehrt. Sozial Schwache und Rentner übten Zurückhaltung, denn die Kredittilgung hätte sie übermäßig belastet.

Alsbald sahen sich auch besserverdienende Facharbeiter durch nachgeschobene verschärfte Richtlinien ausgegrenzt – für viele ein eklatanter Widerspruch zur ansonsten von der SED propagierten Förderung der „Aktivisten und Bestarbeiter". Der Zorn war groß. Aus Potsdam wurden anlässlich der Neuregelungen Ende 1950 „regelrechte Tumulte" vermeldet, wobei auch Parteimitgliedsbücher herumgeflogen sein sollen.

Jedenfalls verkehrte sich die anfängliche Begeisterung vieler Vertriebener über das DDR-Umsiedlergesetz rasch ins Gegenteil. Vor allem begriff man bald, dass Kredite mit langjährigen Tilgungsverpflichtungen einen auf Teilentschädigung zielenden Lastenausgleich, wie er ab 1952 in der Bundesrepublik durchgeführt wurde, nicht ersetzen konnten.

Da die DDR die Vertriebenen mit ihrer Umsiedlerpolitik nicht einzubinden und und von lästigen Eigeninitiativen abzuhalten vermochte, setzte sie auf politischen, teils polizeilichen Gegendruck. Wer es wagte, die allzu eng gezogenen Grenzen parteikonformer Umsiedlerpolitik zu sprengen – etwa durch offene Diskussion über Grenzfragen oder Lastenausgleich – riskierte Strafe. Unterdrückt wurden allein schon Hinweise darauf, dass es solche Debatten überhaupt gab.

Als die DDR das Vertriebenenproblem Mitte der fünfziger Jahre von der Agenda strich, dürfte das im Sinn der öffentlichen Meinung gewesen sein; denn auf den Widerwillen der Mehrheitsbevölkerung konnte die Partei, bei allen sonstigen Divergenzen, mit ihrer Vertriebenenpolitik bauen.

Die benachteiligte Minderheit wiederum war zu schwach, um eine längerfristige Beibehaltung wirklicher Unterstützung zu erzwingen, etwa durch organisierte Interessenpolitik, wie dies den Vertriebenenverbänden im Westen gelang. Seit Mitte der fünfziger Jahre bestand daher das Integrationsangebot der SED an die Vertriebenen nur noch in der individuellen Mitarbeit in der DDR-Arbeitsgesellschaft.

Man sollte freilich nicht unterschätzen, dass damit auch Aufstiegschancen verbunden waren, vor allem für die jüngere Vertriebenengeneration und für Frauen. Die frühe DDR-Gesellschaft war durch die Entmachtung bisheriger Eliten und bis 1961 auch durch massenhafte Westabwanderung gekennzeichnet und mithin in hohem Maße sozial mobil.

Die „erste moderne Gesellschaft auf deutschem Boden", wie der Soziologe Ralf Dahrendorf mit Blick auf diese Aufstiegsmobilität 1965 die DDR bezeichnet hat, war zweifellos eine „Leistungsgesellschaft". Das bot auch den Vertriebenen Möglichkeiten. Gerade für sie, die 1945 fast ohne jeden persönlichen Besitz dagestanden hatten, verschmolz vielfach der gemeinsame Wiederaufbau mit dem persönlichen, hart erarbeiteten Aufstieg „aus Ruinen".

Aus der kontrollierten Öffentlichkeit waren Begriff und Probleme der „ehemaligen Umsiedler" seit Mitte der fünfziger Jahre nahezu völlig verschwunden. Sie tauchten erst in den achtziger Jahren bei DDR-Historikern zaghaft wieder auf.

Tabuisiert war bis dahin die Rolle der Roten Armee beim Vertreibungsgeschehen, ebenso die nicht aufgearbeitete Problematik der „Friedensgrenze" und damit das Verhältnis zwischen Deutschen, Polen und Tschechoslowaken. Hinzu kam der unbewältigte gesellschaftliche Grundkonflikt – die verdrängte Kluft zwischen Vertriebenen und alteingesessener Mehrheit.

Doch es hatte auch in der Bundesrepublik bis 1965 gedauert, ehe die Ost-Denkschrift der evangelischen Kirche den „Kern des Vertriebenenproblems" ganz offen benannte: die traumatische Erfahrung der Ankunft „mit allen menschlichen Erniedrigungen" und dem folgenden „Komplex mangelnder gesellschaftlicher Aufnahme und Anerkennung".

Zu solch selbstkritischer Befragung war die DDR-Gesellschaft erst recht nicht bereit. Nicht zuletzt, um diesem wunden Punkt der eigenen Geschichte zu entgehen, war Heiner Müllers provokantes Drama „Die Umsiedlerin" nach einer Probevorstellung 1961 sofort verboten worden.

Erst 15 Jahre später durfte das Stück – freilich unter dem unverfänglichen Titel „Die Bauern" – öffentlich aufgeführt werden. Nach der Premiere trat Klaus Gysi, der ehemalige DDR-Kulturminister, an den sarkastischen Chronisten des konfliktreichen „Lebens auf dem Lande" in der frühen DDR heran und raunte ihm augenzwinkernd zu: „Zu früh damals."

Das Trojanische Pferd

Wie SED-Spitzenleute eine Revision der
Oder-Neiße-Grenze versuchten.

Von Fritjof Meyer

Siebzig Jahre war Wilhelm Pieck alt geworden, da besuchte er seine Geburtsstadt Guben an der Oder. Vor der Stadtverwaltung hielt der Altkommunist, der 1919 als Kampfgenosse Rosa Luxemburgs verhaftet worden war und den Krieg in Moskau verbracht hatte, am 5. Mai 1946 eine Rede voller Nostalgie: „Wie ganz anders sieht jetzt unser ehemals so schönes Guben aus – es ist zerstört und auseinander gerissen."

Die Stadt ist seit dem Kriegsende entlang der Oder zwischen Polen und Deutschland aufgeteilt, und ihrem heimgekehrten Sohn, der hernach zum DDR-Staatspräsidenten aufstieg, missfiel das: „Der schönste Teil ist uns entrissen und in fremde Verwaltung gegeben worden." Politisch korrekt war die Bemerkung nicht. Klar: Er litt.

Er war auch nicht ganz auf der Parteilinie. Gleich nach der Jalta-Konferenz der großen Drei, noch in der Sowjetunion am 1. März 1945, hatte Pieck in der KPD-Parteischule vorgetragen: „Die Westgrenze Polens soll endgültig erst auf der Friedenskonferenz festgelegt werden", wo mit der polnischen Regierung verhandelt werde – über Danzig, Ostpreußen, Oberschlesien, „außerdem Gebiete östlich der Oder". Seine Wissensquelle: eine Rede Churchills.

So war es wohl nicht nur Stimmenfang, als der SED-Chef einen anderen Ausflug unternahm – vor den entscheidenden Berliner Kommunalwahlen, welche mit dem Sieg der Sozialdemokraten die Teilung der Stadt, den ganzen Kalten Krieg einleiteten. Am 16. Oktober 1946 begab sich Pieck in den West-Berliner Bezirk Steglitz und warb dort um westliche Wähler mit einer überraschenden Zusage: „Wir werden alles tun, damit bei den Alliierten die Grenzfragen nachgeprüft und eine ernste Korrektur an der jetzt bestehenden Verwaltung der Ostgrenze vorgenommen wird."

Die Kommunisten verloren trotzdem die Wahl, neun Tage danach senkte „Glos ludu", das Zentralorgan der polnischen Kommunisten, über Pieck ihr Fallbeil: „Warum kapituliert er heute vor den dunklen Kräften der Reaktion und des Krieges? Das Resultat der Berliner Wahlen hat ihm wohl den besten Beweis erbracht, dass ihm diese Kapitulation keinen Nutzen gebracht hat – sondern eine bedeutende Niederlage."

Pieck, giftete die Warschauer KP-Zeitung, befinde sich offenkundig „unter einem starken Druck des deutschen Chauvinismus, der sich sogar durch die Reihen seiner eigenen Partei hindurchdrückt". Er mache sich, wenn auch in abgeschwächter Form, zum Fürsprecher von Aggression und Imperialismus und erleichtere faschistischen Elementen die Arbeit.

Das Blatt zitierte den eigenen Parteichef Wladyslaw Gomulka, der sich in Breslau beschwert hatte, die deutschen Parteigenossen würden in Sachen polnischer Westgrenze „Stillschweigen bewahren oder höchstens sich zu einem schwachen Auftritt aufschwingen". Mehrfach habe man Aussprüche einzelner SED-Politiker erlebt, die „auf eine Revision der Oder-Neiße-Grenze hinzielen".

Denn den Polen war vorher schon aufgefallen, dass sich die deutschen Glaubensbrüder mit der später so genannten „Friedensgrenze" schwer taten. Die polnische Zeitung „Tygodnik Powszechny" zog bereits am 3. Februar 1946 drastische Schlussfolgerungen:

„Wenn die Farbe des ‚Herrenvolks' in die rote Farbe wechselt, so kann man den Eindruck haben, als ob das Hakenkreuz auf dem Banner verdeckt wird mit dem gebrochenen Kreuz. Das Rot ist geblieben und mit ihm die deutsche Konspiration in allen Besatzungszonen, die deutsche Infiltration in den Polen zurückgegebenen Gebieten. Deshalb sollte man heute, wo immer mehr Deutsche mit roten Armbinden auftreten, um Polen, Russen, Amerikaner oder Engländer zu blenden, die Vorbehalte gegen diesen ‚Nationalkommunismus' berücksichtigen und vorsichtig vorgehen, damit sich in die internationale Zusammenarbeit nicht Elemente einschleichen, die mit dem Komplex der Überlegenheit erblich belastet sind. Das Trojanische Pferd muss verrecken."

Die polnische Militärmission in Berlin meldete am 23. April 1946 nach Warschau, das SED-Vorstandsmitglied Max Fechner habe auf einem FDJ-Treffen in Bautzen erklärt: Nachdem die SED das Vertrauen der sowjetischen Behörden gewinnen konnte, werde sie eine Änderung der Oder-Neiße-Grenze und eine teilweise Rückkehr der Deutschen in diese Gebiete anstreben. Er verfüge über glaubwürdige Angaben, wonach es dazu kommen werde.

Vier Wochen später, am 21. Mai 1946, warnte Polens Vizepremier Stanislaw Mikolajczyk: „Wir kennen die Deutschen und wissen, dass sie immer dieselben sind – wie beim Fritz (Friedrich dem Großen), so auch bei Wilhelm und Hitler ..." Das publizierte er in dem Massenblatt „Gazeta Ludowa": „Einst kann sich herausstellen, dass auch die deutschen Kommunisten mit ihrem Einfluss den deutschen Imperialismus zu beleben suchen, der Polen bedroht."

Erst nach einem Jahrzehnt der Zurückhaltung und sieben Jahre nach Anerkennung der „Friedensgrenze" durch die DDR brach bei den deutschen Kommunisten die Ökonomie durch. Am 4. Februar 1957 äußerte ein Vertreter der DDR-Plankommission namens Baum gegenüber dem polnischen Premier Józef Cyrankiewicz, was er nur mit höchster Billigung sagen konnte: Wenn Polen Kohle an die Bundesrepublik verkaufe statt an die DDR – die davon abhängig war –, könne in seinem Staat eine Diskussion über die Oder-Neiße-Grenze ausgelöst werden.

Die gab es sogar, und zwar angeblich in einem Gespräch zwischen einem unbekannt gebliebenen Warschauer Politbüromitglied und seinem DDR-Kollegen Hermann Matern, dem Chef der SED-Kontrollkommission. Matern machte 1957 Ferien in Polen, zuvor hatte er seinen Parteichef Walter Ulbricht in der Leitung des Politbüros vertreten. Aus Polen liefen Nachrichten ein: Dort sage man, wenn die Westgrenze nicht mehr angefochten sei, könnten die Sowjetsoldaten ja das Land verlassen, endlich. Aus den ehemals deutschen Westgebieten – dort lebten nur fünf Millionen Polen – gebe es dann allerdings eine Wanderungsbewegung nach Deutschland.

Was Urlauber Matern nun von seinem polnischen Kollegen gehört haben will, ist nur aus einem Dokument ersichtlich, das sich im ZK-Archiv der KPdSU angefunden hat: Eine Information an das Politbüro, also an Chruschtschow, Breschnew und sieben weitere Führungsgenossen, über eine Mitteilung Materns. Der habe berichtet, dass der polnische Genosse ihm gesagt habe, die Erschließung der Westgebiete gehe schlecht voran. Und dann die Sensation: „Die Polen würden diese Gebiete gern an die DDR zurückgeben, falls

Polen von der UdSSR Territorien der Westukraine und Weißrusslands wiederbekommt."

Der Bericht ging, soweit sich ermitteln lässt, ohne Beschluss zu den Akten. Doch das Thema war noch nicht ganz erledigt: Gleich nach dem Mauerbau 1961 riet eine Arbeitsgruppe der DDR-Plankommission ihrer Partei und Regierung, zwecks Einsparung hoher Kosten – nämlich für den Ausbau der Häfen Rostock und Warnemünde – „mit den polnischen Genossen Gespräche aufzunehmen, zwecks einer neuen Regelung der Probleme, die mit der Friedensgrenze an Oder und Neiße in Zusammenhang stehen, sowie einer Regelung zur gemeinsamen Nutzung des Stettiner Hafens und des auf polnischem Hoheitsgebiet liegenden unteren Oderlaufs", womit Swinemünde gemeint war.

Man könne vorschlagen, „den friedliebenden Deutschen, das heißt den Organen des Außenhandels und des Verkehrswesens der DDR, einen ungehinderten Zugang nach Stettin zu ermöglichen". Die verwegenen Planer fragten, warum ein Abbau der Zollgrenzen wie in der „imperialistischen EWG" nicht auch in sozialistischen Staaten möglich sei.

Ambitionen auf Stettin, das westlich der Oder liegt, wurden auch Ulbricht nachgesagt. Der polnische Nationalkommunist Wladyslaw Gomulka, den er wegen seiner Unabhängigkeit hasste, geriet noch 1969 „in Wut", so berichtete Dolmetscher Mieczyslaw Tomala: Im Entwurf des deutsch-deutschen Grundlagenvertrags las er die Anerkennung der Oder-Neiße-Grenze – aber der Vertrag sollte nur zehn Jahre gelten.

Aktion Rote Faust

*Im brandenburgischen Felgentreu siedelte die
Rote Armee 1945 800 Flüchtlinge an. Ihr Subcomandante Willi Mayer wollte ein „sozialistisches
Dorf" aufbauen – seine Neu-Bauern dagegen
setzten lieber auf Zugewinn und Wohlergehen.*

Von Hans Halter

Fünfzig Kilometer südlich von Berlin, in der armen Mark Brandenburg, gedeiht auf Ödland nur die Krüppelkiefer. Die Gegend
ist dünn besiedelt. Hier hat der Kaiser seine Kanonen erproben
lassen, der österreichische Gefreite Adolf Hitler 1916 im Lazarett Beelitz eine Granatsplitterverletzung auskuriert, das Heer
sein Oberkommando in Zossen unter dickem Beton in Sicherheit
gebracht.

Den ganzen Militärkram erbte am 8. Mai 1945 die Rote Armee.
„Altes Lager", „Neues Lager", Kasernen ohne Zahl, Bunker, Zehntausende Hektar Wald und Flur, eine eigene Eisenbahn und, neben-
bei, das Dorf Felgentreu. Das lag am Rande eines Artillerieschießplatzes und war 1937 gegen Bargeld von den Ureinwohnern verlassen
worden. Ein schönes Dorf, gute Erde, satte Wiesen, etwas sehr Sel-
tenes in Brandenburg.

Durch den Kanonendonner verlor Felgentreu zwischen 1937 und
1945 erst die Fensterscheiben, dann die Dachziegel, schließlich die
Türen aller Häuser. Erfreulicherweise kam kein General auf die Idee,
die gerupften Gebäude unter Zielfeuer nehmen zu lassen.

So fiel der Roten Armee am 24. April 1945 ein nur wenig lädiertes
Dorf in die Hände – und, schöner noch, unverletzt Wilhelm („Willi")
Mayer, ein deutscher Genosse aus echtem Schrot und Korn, richtiger
Proletarier, Kommunist von Kindesbeinen an. Während der Nazi-
Zeit saß er als Hochverräter vier Jahre lang im Zuchthaus, danach
arbeitete er auf Weisung der Gestapo als Schmied im Nebenlager des
„Stalag III A" in Felgentreu. Willi Mayer, wehrunwürdig, kooperierte

mit den fleißigen Stalag-Kriegsgefangenen, meist Jugoslawen und Franzosen.

Die illegale Widerstandsgruppe „Aktion Rote Faust", die der Kommunist ab 1943 in Felgentreu aufbaute, besaß am Tag der Befreiung insgesamt 38 Schusswaffen und 20 Handgranaten. Mayer und seine Kombattanten begrüßten Stalins Männer als Retter, und von Vorteil erwies sich dabei, dass aus den Wehrmachtskartoffeln ein bekömmlicher Schnaps gebrannt worden war.

Auch darauf verstand sich Willi Mayer. Die Rotarmisten schenkten ihm eine geladene Pistole, Vertrauen gegen Vertrauen, eine vielfach gestempelte Bescheinigung und das am besten erhaltene Haus in Felgentreu.

Dann kamen die Flüchtlinge. Ein leeres Dorf, mitten in Deutschland! Subcomandante Mayer und sein sowjetischer Oberst gaben sich abends beim Selbstgebrannten ihren Visionen hin. Das neue Dorf müsse von Anfang an „sozialistisch" sein – also wurde erst mal die Kirche abgerissen. Es dürfe keine Reichen und keine Armen mehr geben – deshalb herrschte eine strenge Zuteilungswirtschaft. NS-Belastete sollten nichts zu sagen haben – also wurde ein 20-jähriger Anti-Nazi zum Bürgermeister ernannt. Der bekam auch eine Pistole.

Den Flüchtlingen war alles recht. Die meisten hatten weite Wege hinter sich. Es waren Deutsche aus Bessarabien am Schwarzen Meer, aus der Bukowina in Rumänien, aus den Karparten, aus Wolhynien, aus Polen – aus sieben Ländern, so hieß es, und manche alten Bauern konnten slawische Sprachen. Aber niemand hatte ein Pferd retten können.

Um die verlorenen Pferde ging das abendliche Gespräch unter den Neubürgern, und mancher, wie der Zimmermannslehrling Egon Schulz, tröstete sich damit, dass die Polen seiner Familie an der Neiße zwar die Trakehner weggenommen, aber wenigstens nicht erschossen hatten.

Das pferdelose Leben in Felgentreu währte etliche Jahre. Für die vertriebenen Bauern war es voller Melancholie. Dass sie hart arbeiten mussten auf ihrem einen Hektar Land, der ihnen nach der Bodenreform zukam, dass es keine Fensterscheiben, Dachpfannen und Ziegelsteine gab, das nahmen die Landmänner hin. Aber keine Pferde? Erst ein Ross gibt dem Bauern Stolz, Kraft und Herrlichkeit. Nur ein Pferd macht frei.

Willi Mayer konnte keine Pferde herbeizaubern. Zu Hilfe aber kam den Felgentreuern der lange, heiße Sommer 1948. Südlich des Dorfes verbrannte die Sonne alles Gras. 100 Kilometer weit, bis aus Sachsen, trieben Landwirte Pferde und Kühe in das brandenburgische Nest. Dort profitierte man von zwei Umständen – herrenloses Grasland gab es mehr als genug, denn die Soldaten erlaubten auf ihren riesigen Schießplätzen das Ernten. Und grün war das Gras auch, denn die Gegend ist wasserreich. Für 30 Zentner Heu konnte man ein Schwein eintauschen, für 80 Zentner eine Kuh – und für 100 Zentner ein Pferd. Felgentreu gewann den Bauernstolz zurück.

Es ging friedlich zu am Rande des Artillerieschießplatzes. Selten flog eine Granate aus der Bahn. Konflikte mit Einheimischen gab es nicht, weil nur drei alte Felgentreuer zurückfanden in ihr Dorf, alles kauzige Junggesellen.

Auch Mayer war zufrieden. Seine Partei, die SED, hat ihn nicht lange in Felgentreu belassen. Erst wurde der Schmied Kurator einer Kaderschmiede, die später Akademie für Staat und Recht hieß. 1952 ernannte man ihn zum General der Deutschen Volkspolizei. Wenn Willi Mayer sich in Felgentreu blicken ließ – zum 1. Mai oder dem Erntefest, und das tat er gern –, trug der kraftstrotzende Haudegen meist einen kleinen Pekinesen auf dem Arm.

Im Herbst 1950 erging das letzte DDR-Gesetz zu Gunsten der „ehemaligen Umsiedler", seither galt die Integration als abgeschlossen. Über Vertreibung wurde einfach nicht mehr geredet. Heimatvereine, gar Vertriebenverbände gab es nicht. Und wer sich dennoch dem Thema widmete, bekam Ärger mit der Staatsgewalt. Anders in Felgentreu, man war ja unter sich.

Egon Schulz holt die alten Fotos aus der Schublade. Sie zeigen ihn in den fünfziger Jahren mit der Felgentreuer Schwadron hoch zu Ross auf dem Dorfplatz. Man war wieder wer. Reiterspiele gaben dem 1. Mai, laut Losung eigentlich ein „Kampftag für Frieden und Einheit", das Flair. Alles war, erinnern sich die ehemaligen Neusiedler, fast so schön wie in Wolhynien, der Bukowina, den Karpaten oder sonstwo östlich der Oder.

Vom kargen Boden der durch den Krieg und die Reparationen ausgepowerten DDR mussten nicht nur Einheimische und Umsiedler ernährt werden, sondern auch bis zu einer Million Sowjetsoldaten, die das Land zwischen Oder und Elbe besetzt hielten.

In Felgentreu arrangierte man sich mit den zeitweise rund hunderttausend Sowjetmenschen in den Wäldern und Bunkern nebenan. Das Miteinander von Vertriebenen und Vertreibern geriet nur dann aus der Balance, wenn der unvermeidliche Wodka ins Spiel kam. Sto Gramm, 100 Gramm, auf ex, oder du bist nicht mehr mein Bruder; handliche Kalaschnikows verliehen der russischen Trinksitte Nachdruck. Schulz, jetzt Zimmerermeister in Ruhe, hat damals unter Feuer einen volltrunkenen Soldaten entwaffnet. Der wurde im Stall arretiert, bis die alarmierte Offizierspatrouille den durstigen Muschkoten einsammelte.

Die Nachkriegsjahre stellten die Vertriebenen unter hohen Anpassungsdruck. Der Sozialismus sollte siegen, deshalb gab es in Felgentreu landwirtschaftliche Produktionsgenossenschaften (LPG, Typ I, II, III), ein Rinderkombinat, die Vereinigung der gegenseitigen Bauernhilfe, die Maschinen-Traktoren-Station.

Doch der Zwang zur Kollektivierung, der andernorts die Bauern in die Flucht nach Westen trieb, bewirkte in Felgentreu wenig. Man blieb beieinander, die schönen Mädchen übten den Bändertanz, die Männer das Reiten, der Bürgermeister das Reden. Gemeinsam freute man sich, dass es aufwärts ging und Neider ringsum schon vom „reichen Felgentreu" sprachen.

Der Zugewinn war im Plan so nicht vorgesehen. Er speiste sich aus der Marktlücke Blumenzucht – ein leidvolles DDR-Thema, schlimmer noch als der Bananenmangel – und den deutsch-russischen Wiesen, einem rechtlichen Niemandsland. Immer gab es Heu en masse, private Initiativen für eine Tier- und Blumenzucht im Schatten der Sowjetarmee und bald die profitable LPG Gartenbau. Die hatte große Gewächshäuser, heizte sie mit Erdwärme und das alles mitten in der blumenarmen, sterbenden DDR.

Jedes Frühjahr lieferte Egon Schulz 20 Zentner junge Möhren, die im Plan nicht vorgesehen waren, deshalb „freie Spritzen" hießen und Geld wert waren. „Wer in Felgentreu zu nichts kam, der war richtig faul", urteilt eine Frau Opitz, einst Hauptbuchhalterin der LPG Gartenbau, Typ III. Sie lebt heute wie fast alle Zuwanderer in einem schmucken, eigenen Haus.

Die letzten Jahre der DDR haben viele Felgentreuer in guter Erinnerung, jedenfalls ökonomisch betrachtet. Das seit 1945 zwischen sowjetischen Soldaten und deutschen Vertriebenen zum beiderseitigen Wohl austarierte Gleichgewicht kippte. Die Sowjetmenschen wurden zu Verlierern. Wenn ein General zum Weltfrauentag Blumen für die Damen seiner Offiziere brauchte, musste er erst mal eine Kompanie Soldaten tagelang für Schwarzarbeit im Blumenmeer abstellen, Muschkoten für das Unkrautzupfen.

Als die DDR 1989 implodierte, arbeiteten in Felgentreu bereits russische Offiziersfrauen als illegale Gastarbeiterinnen. Ihr Lohn war kärglich, wurde aber ab Sommer 1990 in Westgeld ausgezahlt. Manche Felgentreuer verstanden das als eine Wegzehrung für den langen Treck der sowjetischen Armee, zurück Richtung Osten.

Der zweite lange Marsch

Mit beispiellosem Aufwand nahm Nachkriegsdeutsch-
land zwölf Millionen Landsleute aus dem Osten auf.
Über 100 Milliarden Mark kostete der Kraftakt, dennoch
trugen die Vertriebenen die Hauptlast. Für die meisten
von ihnen war es ein jahrzehntelanger harter Kampf
gegen Not und sozialen Abstieg.

Von Christian Habbe

Hamburg lag in Trümmern, und durch die verwüsteten Straßen irrten wie überall in Deutschland Flüchtlingsmassen – Zehntausende
ohne Heimat, ohne Hoffnung, ohne Orientierung im neuen Zuhause.

Das galt freilich nicht für den jungen Mann, der zielstrebig durch
die Menge radelte, oft anhielt und sich Notizen machte. Gerhard
Falk, 23, war ein Versprengter wie die anderen, auf der Flucht vor
den Russen in die Stadt an der Elbe verschlagen. Aber er schien, als
einer von wenigen, schon einen Ausweg zu wissen.

Halb Deutschland taumelte damals am Abgrund und wusste dabei
nicht mal genau, wo der lag. Eine gigantische Völkerwanderung aus
dem Osten war im Westen angekommen, jedoch noch lange nicht
am Ziel. Das brachte den Neu-Hamburger auf eine Idee: „Stadt-
pläne werden gewünscht."

Und da man die auch in voll gestopften Straßenbahnen nutzen
sollte, mussten sie schmal zu falten sein. Falk ging ans Werk. Noch
1946 wurde die erste Hamburg-Auflage (50 000 Faltpläne) produ-
ziert – sie war im Nu verkauft und der Erfinder damit fast schon ein
gemachter Mann.

Er war ein Glückspilz – und seiner Zeit ebenso weit voraus wie
vielen seiner Landsleute. Denen wies er nicht nur als Kartograf die
Richtung: Das ganze Land machte sich bald an den Wiederaufstieg –
ein Beginn bei null.

Der Schriftsteller und Ostpreußenflüchtling Siegfried Lenz lernte
erst einmal, dass am besten überlebt, wer schnellstens seinen Besitz

als „sehr vergänglich und verrutschbar" begreift. Das wurde gerade eine Massenerfahrung, ebenso die Lenz-Einsicht, „dass man nach Möglichkeit sehr disponibel leben sollte".

Alles schien disponibel. Ein Land wurde vollständig umgekrempelt. 25 Jahre dauerte die Rückeroberung der Normalität, jedenfalls nach amtlicher Lesart. 1969 wurde in Bonn das Bundesvertriebenenministerium aufgelöst und damit die wirtschaftliche und soziale Eingliederung der Zuwanderer für bewältigt erklärt.

Dahinter stand eine große Solidarleistung, die freilich in späteren Bonner Sonntagsreden zum Mythos erhoben wurde. Dagegen steht, dass sich die meisten der Vertriebenen erst noch auf einen zweiten langen Marsch machen mussten; der war voller Widerstände, Demütigung und Verzicht.

In den westlichen Zonen lebten nun pro Quadratkilometer weit über 200 Menschen statt wie vor dem Krieg 160. Für Städter aus dem Osten war in Städten des Westens schon angesichts des bombenbedingten Fehlbestands von 4,3 Millionen Wohnungen kein Platz. So mussten sie sich mehrheitlich auf dem Dorf durchschlagen, was wiederum Heerscharen vom Land ein Unterkommen in gewohntem Milieu verbaute.

Das Resultat war der komplette Existenzbruch für ein halbes Volk. Zwei Drittel der vor dem Krieg noch selbständigen Ostler hatten zwischen 1945 und 1950 den Erwerbszweig zu wechseln, bei den Agrarbeschäftigten waren es sogar 87 Prozent. Unter den vertriebenen Berufstätigen mussten nun doppelt so viele wie vor dem Krieg als Arbeiter schuften.

Ihren Beitrag zum viel zitierten deutschen Wirtschaftswunder haben sie auch abgeleistet. Als die Industrie steil aufstieg und als ab 1950 binnen fünf Jahren aus einer Arbeitslosenrate von 11 Prozent Vollbeschäftigung wurde, bannte das Heer der Flüchtlinge den frühzeitigen Arbeitskräftemangel.

Ganze Handwerkerpopulationen aus Schlesien oder dem Sudetenland etablierten sich mit Fleiß und altem Wissen wieder am Markt. Die Schmuckmacher aus Gablonz (Nordböhmen) arbeiten in Neugablonz (Allgäu) immer noch. Bis heute halten Nachfahren der 194 Sudetenfamilien, die nach dem Krieg zwischen Rhein und Eifel 25 Glasfabriken gründeten, als Produzenten „böhmischer Glaskunst" die Stellung.

Überall haben die hungrigen Neubürger Schwung in die Boom-Gesellschaft gebracht. Karrieren ähnlich der des Kartografen Falk wurden bald geläufig. Rastlose Workaholics rotierten mit einer Aufbauwut, als hätten sie „wie eine Kerze an beiden Enden gebrannt" (so die „Zeit" 1978 über den mit 56 Jahren gestorbenen Falk).

Sie stampften, kaum sesshaft geworden, Vorzeigemarken des neuen Aufschwungs aus dem Boden. Ohne die Integration der Vertriebenen wäre ein Wirtschaftswunder solchen Ausmaßes nie möglich gewesen – da sind sich die Ökonomen einig.

Welch ein Vorhaben. Fast 10 Millionen zusätzliche Deutsche nahm allein die Bundesrepublik bis 1970 auf und assimilierte sie, regelte schwere Verteilungskonflikte und brachte die selbst noch nach heutigen Maßstäben horrende Summe von über 100 Milliarden Mark für Eingliederungshilfen auf. Eine Erfolgsgeschichte par excellence und für viele „das eigentliche Wunder unserer Nachkriegsgeschichte", wie es 1979 der Bonner Innenstaatssekretär Siegfried Fröhlich formulierte.

Zur gleichen Zeit musste Ostdeutschland eine relativ noch größere Zuwanderungswelle verkraften. Fast 4,5 Millionen aus Ostpreußen, Pommern oder Schlesien machten auf dem Gebiet der späteren DDR Halt. Hunderttausende von ihnen zogen zwar bald in die westlichen Besatzungszonen weiter, doch die Integrationslast drückte schwer genug auf den ostdeutschen Staat.

Not schärfte wie in der Bundesrepublik die Abwehrreflexe der alteingesessenen Bevölkerung; für die waren die neuen Nachbarn, „was heute die Asylanten sind", erinnerte sich der DDR-Dramatiker Heiner Müller, der mit seinem Bühnenstück „Die Umsiedlerin" für Furore gesorgt hatte.

Sowjetkontrolleure und deutsche Planbürokraten mochten allerdings nicht einmal eine Debatte über Integrationsverweigerung dulden. Peinlich waren Besatzungsstellen darauf bedacht, eine Diskriminierung Zugereister zu unterbinden, Wirtschaftsplaner beeilten sich, durch Bodenreform und arbeitsintensive Industrialisierung genügend Platz im Produktionsprozess zu schaffen.

Sozialistische Brüderlichkeit war Chefsache in der DDR, denn „die Stimmung der Altbevölkerung verändert sich, wenn ihr der Umsiedler nicht mehr als ständig fordernder Habenichts entgegentritt",

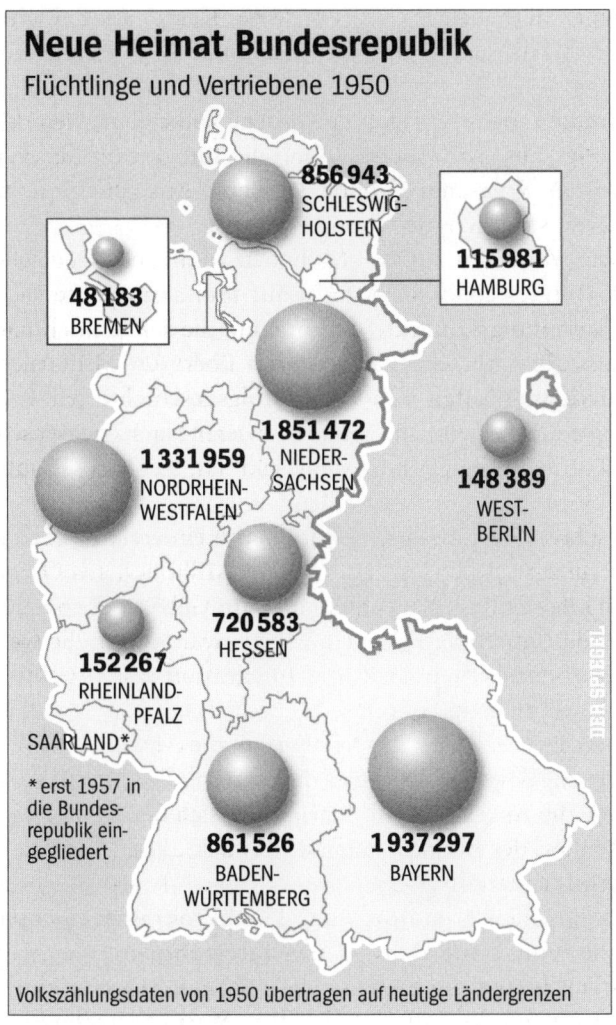

Neue Heimat Bundesrepublik
Flüchtlinge und Vertriebene 1950

856 943
SCHLESWIG-HOLSTEIN

115 981
HAMBURG

48 183
BREMEN

1 851 472
NIEDER-SACHSEN

1 331 959
NORDRHEIN-WESTFALEN

148 389
WEST-BERLIN

720 583
HESSEN

152 267
RHEINLAND-PFALZ

SAARLAND*

* erst 1957 in die Bundesrepublik eingegliedert

861 526
BADEN-WÜRTTEMBERG

1 937 297
BAYERN

Volkszählungsdaten von 1950 übertragen auf heutige Ländergrenzen

DER SPIEGEL

hatte die von Walter Ulbricht selbst geleitete „Umsiedlerkommission" der SED erkannt.

Der Empfang für die Fremdlinge aus den Ostgebieten war auch im Westen alles andere als herzlich. Das zeichnete sich schon vor Kriegsschluss ab. Das Ende ihres Regimes vor Augen, machten sich die Nazi-Einpeitscher keine Mühe mehr, für Zusammenhalt des eben noch beschworenen Germanentums zu werben. Joseph Goebbels schien von der elenden Invasion vertriebener Ostsiedler und Volksdeutscher geradezu angewidert: „Was da unter der Marke deutsch in das Reich hineinströmt, ist nicht gerade erheiternd", schrieb der Chefpropagandist in sein Tagebuch.

Das Volk muss es ähnlich gesehen haben, jedenfalls wurden die Ankömmlinge überall als „lästige Zugabe zum verlorenen Krieg" angesehen, als hergelaufenes Gesindel und „Polacken" attackiert, manchmal auch tätlich.

Im Zeichen strenger Lebensmittelrationierung und verwüsteter Wohnungen war unter Einheimischen Solidarität ein rares Gut. Außerdem prallten im Deutschland des Kriegsendes zwei Elendsfronten aufeinander. Die abgebrannten Einheimischen mochten sich ungern ausmalen, dass man noch mehr verlieren kann, als sie selbst verloren hatten: Trümmermenschen, die auf den Leichenfeldern ihrer zerbombten Stadtteile oft nur knapp davongekommen waren, fehlte der Sinn für fremde Klagelieder über Heimatverlust, Erfrierungstod oder Panzerketten, wie sie über Menschen und Wagen hinwegwalzten.

Die Gleichgültigkeit gegenüber dem Geschick der Vertriebenen wirkte verletzend. Für den Nationalsozialismus und seine Verbrechen hatten die Deutschen insgesamt zu büßen, doch die aus dem Osten wurden um ein Vielfaches härter bestraft als der große Rest.

Das Potsdamer Abkommen, das im Spätsommer 1945 die bisherige Willkür bei den Vertreibungen durch Reglementierungen ersetzte, half den Verjagten nicht wirklich: Sie kamen auch weiterhin entwurzelt im Westen an.

Viele hatten kaum mehr bei sich als die weißen Armbänder mit dem „N" (für „Němci" = Deutsche), mit denen die Vertreiber sie über die tschechische Grenze gezwungen hatten. Im Westen bestätigte sich ihnen an jedem Tag auf der Straße, was das „Neue Deutschland" 1946 schrieb: dass „die Hauptlast privaten materiellen Verlustes sehr einseitig und zufällig" verteilt worden war – zu ihren Lasten.

Die aus Westpreußen geflohene Kleinfamilie Steinbach zwang man zwar nicht wie Bekannte aus der Heimat, „in Schweineställen, durch die noch die Gülle floß", Wohnsitz zu nehmen. Aber der Bauer, der um Milch für das kranke Kleinkind gebeten wurde, „gab nichts, nicht mal einen halben Liter". So erzählt es Erika Steinbach (Jahrgang 1943), heute Präsidentin des Bundes der Vertriebenen (BdV).

Wohnraum für die neuen Nachbarn rückten viele Einheimische oft nur per amtlicher Beschlagnahme heraus, Nahrungsmittel im Tausch gegen die letzten Wertsachen. Mehr als ein Eimer Wasser als Tagesration war oft nicht übrig, beim Dorfschulmeister des münsterländischen Rödinghausen mussten die Einquartierten sich zum Verlassen des Hauses jedes Mal abmelden.

Flüchtlinge als Landplage – sie kämen „wie die Kartoffelkäfer", stichelte der Pfarrer im niedersächsischen Wunstorf. Vor allem das Bürgertum aus den zerstörten Städten des Ostens, das massenhaft in den Dörfern der westdeutschen Provinz untergebracht wurde, galt als Konkurrent im Kampf um knappe Nahrungsreserven und noch dazu als Fremdkörper mit anderer Mentalität.

Ostpreußische Protestanten quartierten sich in katholischen Hochburgen ein, katholische Zuzügler aus Schlesien brachten in manchen Landstrichen Bayerns oder Westfalens die angestammten konfessionellen Mehrheiten ins Kippen. Das schuf Konfliktherde. Denn es war auch ein Zusammenprall unterschiedlicher Kulturen, und die Ostler kamen gleich immer in riesigen Scharen.

Hunderttausende mussten ihre ersten Westjahre in provisorischen Unterkünften verbringen. Humanitäre Organisationen beklagten „wilde Flüchtlingslager an den Stadträndern". 1945 gab es die Notunterkünfte immer noch. „Knoblauch-Dorf" oder „Weihrauchsiedlung" hänselten Einheimische die ihnen aufgezwungenen Neubürger, und die hielten dagegen. In der westfälischen Landgemeinde Heek (3700 Einwohner, davon gut ein Viertel Einquartierte) verloren Ostler die Geduld. Einen Schlesier machte der Schinken- und Käsekonsum seines Hauswirts wütend: „So leben Nazis. Ich kann meinen Kindern kaum eine trockene Kartoffel bieten." Und der Leiter des Wohnungsamtes von Heek wurde nach einem Disput mit Vertriebenen „mit einem Aktenlocher am Kopf verletzt", wie eine Chronik beschreibt.

In der Massenunterkunft von Dachau gab es eine regelrechte Lagerrevolte. „Klassenkämpferischen Geist" machten Beobachter in den Notunterkünften aus. „Wenn die Ordnung zerfällt", jammerte die um die Ruhe der besseren Kreise besorgte „Frankfurter Allgemeine Zeitung" („FAZ") noch 1952, „entsteht die Brutstätte des Nihilismus."

Der „homo barackensis" („FAZ") muckte auf, und der Kleinkrieg unter Nachkriegsdeutschen rief schließlich sogar die Alliierten auf den Plan. Der Stress mit den Einwanderern fördere „ein bedeutendes Unmutspotenzial", vermerkte ein Memorandum der britischen Militärregierung. Ohne einschneidende Verbesserungen werde „Deutschland zu einem unbequemen Partner der westlichen Gemeinschaft".

Das befürchteten wohl auch die Militärverantwortlichen der US-Zone, die den Einheimischen sogar per Reglement „empfindliche Strafen für Diskriminierung oder Agitation gegen Neuankömmlinge" androhten. US-General Lucius D. Clay persönlich vergatterte die versammelten Ministerpräsidenten der deutschen Länder zur Wachsamkeit.

Als die Deportationszüge aus dem Osten ankamen, wie es das Potsdamer Abkommen sanktioniert hatte, zeigte sich auch außerhalb Deutschlands die Öffentlichkeit schockiert. Es gab zwar vereinzelt hämische Genugtuung über den „Katzenjammer nach Hitler" („New York Herald Tribune"), doch bald überwog bei Presse und Politikern im westlichen Ausland das Unbehagen an dem „namenlosen Elend" („Neue Zürcher Zeitung"), das da heranrollte.

Im Londoner Unterhaus sprach der Labour-Abgeordnete A. E. Davies lange über die „große Tragödie" der Kinder und alten Leute, die er beim Besuch eines Aufnahmelagers an der niedersächsischen Zonengrenze gesehen hatte. Die „New York Times" beschrieb die Umstände der Vertreibung beklommen als „Verbrechen gegen die Menschlichkeit, für das die Geschichte eine fürchterliche Vergeltung fordern wird".

Die Militärverwaltungen sahen im deutschen Nachkriegschaos vor allem einen möglichen Explosionsherd entstehen. Um Protestpotenzial abzubauen, gab es alliierte Vorsichtsmaßnahmen gegen die räumliche, kulturelle und politische Bildung von „Zellen". Der Zensur- und Umerziehungsapparat der Alliierten bremste die Thematisierung oder gar Dramatisierung des Flüchtlingsproblems.

In einer Untersuchung zur Filmpropaganda nach dem Krieg beschrieb die Historikerin Sylvia Schraut den „Wunschflüchtling" der Militärs: Der sah sich nicht als Angehöriger einer Minorität, kritisierte niemals die Besatzer, sondern zeigte statt Nationalstolz Aufbauwillen – „er machte keinen Ärger und glaubte nicht an die Rückkehr in die alte Heimat".

Besonders argwöhnisch beobachteten die Militärs Ansätze politischer Regungen unter den Vertriebenen. Alles, was nach Zusammenschluss aussah, wurde gestoppt – sogar Selbsthilfeorganisationen wie die „Südostdeutsche Hilfsstelle". Es herrschte absolutes Koalitionsverbot.

Der „Flüchtlingsplan", den die Siegermächte USA und Großbritannien gemeinsam mit Stalin 1945 in Kraft gesetzt hatten, sollte die räumliche Ballung Unzufriedener zerstreuen, so gut wie möglich. Er sah vor, binnen eines halben Jahres in Deutschland 6,7 Millionen Menschen auf die jeweiligen Zonen zu verteilen. Sollten die Ortsansässigen ruhig etwas zusammenrücken. Aber bei diesen 6,7 Millionen blieb es ja nicht. Unablässig strömten Flüchtlinge aus den Vertreibungsgebieten und der Sowjetzone westwärts – es sollte fast ein Fünftel der bundesrepublikanischen Wohnbevölkerung werden.

1949 sahen die Alliierten ihren Irrtum ein. „Es gibt mehr Deutsche in Deutschland, als für die künftige Ruhe in Europa gut wäre", erkannte General Brian Robertson, Chef der englischen Militärregierung.

Die geplante Verteilung erwies sich deshalb als Fehlkonstruktion. Frankreich, das erst später zu den Siegermächten gestoßen und bei der Potsdamer Konferenz noch nicht präsent war, hatte sich bislang herausgehalten. Die französische Zone in Südwestdeutschland nahm vorerst überhaupt keine Neuzugänge auf.

Die konzentrierten sich somit auf das Territorium der Amerikaner und Briten – besonders betroffen: Niedersachsen, Schleswig-Holstein und vor allem Bayern, dessen Bevölkerungszahl 1946 um zwei Millionen über der Vorkriegsmarke lag. 764 Bahntransporte mit 786 000 Vertriebenen kamen allein aus der Tschechoslowakei; säuerlich wurden die Sudetendeutschen als „vierter Stamm Bayerns" vermerkt.

Da gab es groteske Fälle von Überfremdung. In einem Dörfchen wie Holzhausen am Starnberger See bekamen die 561 Angestammten ungebetenen Zuzug von 824 Vertriebenen und Evakuierten. Zwei Drittel der zwei Millionen Neubayern aus dem Osten landeten in Orten unter 4000 Einwohnern, wo die Unterschiede in Mentalität, Dialekt und Lebensweisen hart aufeinander prallten.

Zwangsläufig entstanden überall Brennpunkte, an denen, so beobachtete die Autorin Elisabeth Pfeil („Der Flüchtling"), „alles in Bewegung geraten war, Menschen, Güter, Vorstellungen, Werte".

Mühsam versuchten es die überforderten Behörden mit Zuzugssperren, Zwangseinweisung und Berufsquotierung, doch die Mängel ließen sich nicht verwalten, und die Opfer litten. Im überfüllten Schleswig-Holstein (Vertriebenenanteil 1950: 33 Prozent) drohten Flüchtlinge gar an, von neuem mit Ross und Wagen zwecks Landnahme in anderen Teilen der Republik auf die Fahrt zu gehen. Zehntausende seien marschbereit, meldete die „Vertriebenen-Korrespondenz" und rief den Politikern eindringlich „das Treckgespenst" in Erinnerung.

So war eine der ersten wichtigen Regelungen der gerade gegründeten Bundesrepublik eine „Verordnung über die Umsiedlung von Heimatvertriebenen". Erst jetzt war es möglich, den Flüchtlingen Wohnsitze in Landesteilen mit genügend Aufnahmefähigkeit und Arbeitsplätzen anzubieten.

Ein weiterer Massenexodus begann – diesmal freiwillig. 400 000 verließen binnen kurzem Schleswig-Holstein, 350 000 Niedersachsen, 265 000 Bayern. Zwischen 1949 und 1960 hat auf diese Weise jeder Vertriebene seinen Wohnsitz innerhalb des Bundesgebiets einmal verlagert, rechnete das Bonner Innenministerium vor.

Mit Gründung des Bonner Staates nahm die Politik sich ihrer Problembürger endlich mit der erforderlichen Energie an. In Gang kam nun eine Sozialmaschine, wie sie das Land noch nicht erlebt hatte. Auf einmal war alles möglich, und eine Art Füllhorn ergoss sich über die staunenden Opfer: Hausrats- und Vermögensentschädigungen, Ausbildungshilfe und Arbeitsplatzbeschaffung, Aufbaumittel und Wohndarlehen.

Perfektionistisch bauten jetzt Parlamentarier und Ministeriale am Fundament für den späteren Sozialstandort Deutschland. Ein imposanter Probelauf: Dem Soforthilfegesetz vom August 1949

folgte das Flüchtlingssiedlungsgesetz, später das Bundesvertriebe-
nengesetz.

Kernstück war das Lastenausgleichsgesetz (LAG), das zum ersten
Mal die besonderen Opfer der Vertriebenen gesetzlich anerkannte:
Die Präambel des LAG sicherte den „Anspruch der durch den Krieg
und seine Folgen besonders betroffenen Bevölkerungsteile" auf Ein-
gliederungshilfe und Ausgleich ihrer Lasten. „Aus bloßen Fürsorge-
empfängern waren rechtlich Gleichgestellte geworden", resümiert
der Historiker Erik Franzen.

Den „Lastenausgleichsfonds" speiste eine Vermögensabgabe, die
über 30 Jahre lang und mit beträchtlichem Effekt den besitzenden
Bundesdeutschen abgezwackt wurde. Von den rund 100 Milliarden
Mark, die im Lauf der Zeit insgesamt aus öffentlichen Mitteln an
Vertriebene und Flüchtlinge geflossen sind, stammen nahezu 80 Milliarden aus dem Lastenausgleich. Freilich: Rentenleistungen (je nach
Berechnung bis zu 48 Milliarden Mark) sowie Zuschüsse für Investitionen und Wohnungsbau (750 000 Neubaueinheiten wurden finan-
ziert) belasteten das Hilfsbudget derart, dass für reine Entschädi-
gungszahlungen nur 23 Milliarden übrig blieben.

Die meisten Anspruchsberechtigten erhielten kaum mehr als
Kleckerbeträge, die oft auch noch in Raten gestückelt wurden. „Für
ein verlorenes Haus", klagte ein Landwirt seinem Verbandsblatt,
„kann man nicht mal einen Bauplatz kaufen, und für den Verlust
eines Waldes erhält man allenfalls den Wert eines Baumes als
Entschädigung."

Direkter politischer Einfluss auf die Integration war den Flüchtlingen, da das Koalitionsverbot der Alliierten galt, bis zur Republik-
gründung 1949 verwehrt. Da erst durften Vertriebene Parteien bilden, doch die meisten politisch Ambitionierten hatten sich längst
den großen Parteien angeschlossen.

Bedeutendste Flüchtlingspartei wurde der „Block der Heimatver-
triebenen und Entrechteten" (BHE). Der reüssierte vor allem bei
Landtagswahlen, etwa 1950 in Schleswig-Holstein mit 23,4 Prozent
der Wählerstimmen, kam aber auch 1953 bei der Wahl zum zweiten
Bundestag auf 5,9 Stimmenprozente sowie zwei Ministersessel im
Kabinett Adenauer.

Die BHE-Klientel fand sich vorzugsweise am ganz rechten Wäh-
lerrand, denn auch die alten Nazis fühlten sich nun entrechtet. Die

Partei scheiterte gleichwohl bei der Bundestagswahl 1957 an der Fünf-Prozent-Hürde und verabschiedete sich dann nach und nach auch von der Landesebene. Die Wählerschaft habe sich „nach ihrer Eingliederung den saturierten Kreisen" zugewandt, entdeckte Gründungsmitglied Hans-Adolf Asbach mit Verbitterung.

Wirksamer verschafften sich die Vertriebenen ohnedies mit der organisierten Kraft ihrer Landsmannschaften und Verbände Luft. Was auf all den Sudetentreffen und -tagen der Heimat gefordert wurde, geriet so angesichts Millionen potenzieller Adressaten zu politischem Sprengstoff. Kaum ein Politiker, der nicht dem von Verbandsoberen lautstark eingeforderten „Recht auf Heimat" zugestimmt hätte.

Das konnte in den östlichen Nachbarländern leicht als Revanchismus verstanden werden – und wurde es auch. Vertriebenenorganisationen zeigten rechtslastiges Profil, und ehemalige Nazi-Größen nisteten sich gelegentlich in Verbandsvorständen ein. Etwa der Christdemokrat Hans Krüger, der wegen NS-Vergangenheit sein Amt als Vertriebenenminister im Kabinett Erhard verlor und bis zum Sturz 1964 seine „heimatpolitischen Anliegen" auch als BdV-Präsident vertreten hatte.

Politiker aller Parteien besetzten Verbandsposten, gelegentlich sogar die Spitze, wie die sozialdemokratischen BdV-Präsidenten Wenzel Jaksch oder Reinhold Rehs. Doch hielten sich Linke und Liberale den militant auftretenden Landsmannschaften („Schlesien bleibt unser") eher fern. Als Bundeskanzler Willy Brandt am Ende des Kalten Krieges den historischen Ausgleich mit den osteuropäischen Staaten suchte, witterten Verbandsrepräsentanten schnöde „Verzichtspolitik". Danach galt allein die Union als Partner – und vor allem die CSU, die sich auf farbenfrohen Pfingsttreffen mit Tiraden gegen die sozialliberale Ostpolitik anbiederte.

Diese Rhetorik hielt die Vertriebenenverbände andererseits ins System eingebunden und ihre Mitglieder gleichzeitig als Wähler bei der Stange – ein schlaues Erfolgsrezept, das in der Frühphase der Republik schon von Konrad Adenauer erprobt worden war. Der hatte den „sozialen Sprengstoff der Vertriebenen durch ihre Integration in eine folkloristische Subkultur und durch das Versprechen eines ‚Rechts auf Heimat' entschärft", beschrieb 1973 eine Streitschrift der Bundeszentrale für politische Bildung.

So waren die Organisierten (zeitweise 4,5 Millionen) politisch mobilisierbar – etwa gegen die jahrelang zwischen den Parteien umkämpfte Anerkennung der Oder-Neiße-Linie.

Die Verbrechen, die an den Flüchtlingen verübt wurden, galten in den siebziger und achtziger Jahren primär als Reflexe auf Hitler-Deutschlands Verbrechen. Darüber aber immer wieder von den Landsleuten belehrt zu werden, die das Kriegsende ein paar hundert Kilometer westlich von der Roten Armee überdauert hatten, empfanden die entwurzelten Ostdeutschen als ungerecht.

„Auf ihren Seelen ist lange Zeit herumgetrampelt worden", beharrt BdV-Präsidentin Erika Steinbach, die im Januar 1945 auf einem beschädigten Schiff von Gdingen nach Schleswig-Holstein flüchtete. Die Schlüsselleistung zur geglückten Eingliederungsgeschichte kam nach ihrer Einschätzung von den Vertriebenen selbst – nach allem, was sie erlebt hatten, „ein Riesenkraftakt".

Autorenverzeichnis

Rudolf Augstein ist Herausgeber des SPIEGEL
Stefan Aust (Hg.) ist Chefredakteur des SPIEGEL
Detlef Brandes ist Professor für Kultur und Geschichte der Deutschen
im östlichen Europa an der Heinrich-Heine-Universität Düsseldorf
Stephan Burgdorff (Hg.) leitet das Ressort Sonderthemen des SPIEGEL
Thomas Darnstädt ist Autor im Politikressort des SPIEGEL
Ullrich Fichtner ist Reporter im Ressort Gesellschaft des SPIEGEL
Christian Habbe ist Redakteur im Ressort Sonderthemen des SPIEGEL
Volker Hage ist Redakteur im Kulturressort des SPIEGEL
Hans Henning Hahn ist Professor für Moderne Osteuropäische Geschichte
an der Carl von Ossietzky Universität Oldenburg
Hans Halter ist Autor im Wissenschaftsressort des SPIEGEL
Clemens Höges leitet das Deutschlandressort des SPIEGEL
Robert Jungk (1913 bis 1994) war Zukunftsforscher und Publizist.
Uwe Klußmann ist Korrespondent des SPIEGEL in Moskau
Claus Christian Malzahn ist Reporter im Auslandressort des SPIEGEL
Walter Mayr ist Korrespondent des SPIEGEL in Wien
Cordula Meyer ist Redakteurin im Deutschlandressort des SPIEGEL
Fritjof Meyer ist Autor im Auslandsressort des SPIEGEL
Hans-Joachim Noack leitet das Politikressort des SPIEGEL
Karl Schlögel ist Professor für Moderne Osteuropäische Geschichte an der
Europa Universität Viadrina in Frankfurt (Oder)
Bruno Schrep ist Reporter im Deutschlandressort des SPIEGEL
Hans-Ulrich Stoldt ist Redakteur im Politikressort des SPIEGEL
Michael Schwartz ist Historiker am Institut für Zeitgeschichte München
Heinrich Schwendemann ist Dozent am Historischen Seminar
der Universität Freiburg
Rainer Traub ist Redakteur im Ressort Sonderthemen des SPIEGEL
Hans-Ulrich Wehler war bis zu seiner Emeritierung 1996 Professor
für Allgemeine Geschichte an der Universität Bielefeld
Erich Wiedemann ist Reporter im Auslandsressort des SPIEGEL
Klaus Wiegrefe ist Redakteur für Zeitgeschichte im Politikressort
des SPIEGEL